Sul Cammino della Libertà

Un Pellegrinaggio in India

Volume 1

Swami Paramatmananda Puri

Mata Amritanandamayi Center
San Ramon, California, Stati Uniti

Sul Cammino della Libertà
Swami Paramatmananda Puri

Pubblicato da
  Mata Amritanandamayi Center
  P.O. Box 613
  San Ramon, CA 94583
  Stati Uniti

——————— *On the Road to Freedom Volume 1 (Italian)* ———————

In Italia: www.amma-italia.it

In India:
  inform@amritapuri.org
  www.amritapuri.org

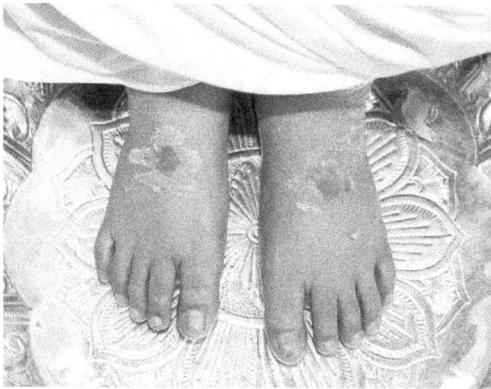

Questo libro è umilmente dedicato a
Sri Mata Amritanandamayi Devi
l'incarnazione della Madre Divina.
Ci prostriamo a Lei con profonda devozione,
rispetto e riverenza.

gurucaraṇāmbuja nirbhara bhaktaḥ
saṁsārād acirād bhava muktaḥ |
sendriya mānasa niyamād evaṁ
drakṣyasi nijahṛdayasthaṁ devam | |

Con totale devozione ai Piedi di loto del Guru,
ti libererai presto dal ciclo della trasmigrazione.
Così, con la mente e i sensi disciplinati,
contemplerai il Signore che dimora nel tuo cuore.

Bhaja Govindam v.31

Indice

Introduzione

Questo libro è stato scritto dietro insistente richiesta di alcuni compagni di viaggio sul sentiero spirituale, i quali pensavano che la mia vita e le mie esperienze di questi ultimi ventotto anni, accanto ad alcuni autentici saggi dell'India, potessero risultare interessanti e utili ad altri aspiranti spirituali. Sentendo la loro richiesta, mi sono subito venute in mente le parole di uno di questi grandi saggi, il quale mi aveva detto che solo chi ha realizzato il Sé avrebbe dovuto scrivere un libro sulla spiritualità. Se una persona ignorante (inteso come colui che non ha realizzato la Verità) l'avesse fatto, sarebbe caduta nella trappola dell'egoismo e subìto una caduta sul piano spirituale. Questo fu proprio ciò che risposi agli amici benintenzionati che insistevano nella loro richiesta. Alla fine dissi loro che non avrei scritto libri a meno che il mio Maestro spirituale, Mata Amritanandamayi, me l'avesse chiesto, sicuro che la sua Grazia mi avrebbe protetto e guidato. Andarono quindi da lei e le parlarono della proposta. Fu allora che la Madre mi pregò di scrivere questo libro come un servizio reso ad altri aspiranti spirituali.

Benché quest'opera sia in forma autobiografica, il suo unico scopo è far risaltare la grandezza e i metodi di insegnamento dei *Mahatma* (saggi) dell'India. Se dalla sua lettura qualcuno dovesse sentirsi spinto a ricercare la compagnia di questi santi e i frutti meravigliosi che ne derivano, allora questo libro avrà più che raggiunto il suo scopo. Come dice l'antico saggio Narada nei suoi *Narada Bhakti Sutra* (Aforismi sulla devozione),

"Estremamente rara è la compagnia dei grandi saggi. Difficilissimo accedervi. La si può acquisire solo per mezzo della Grazia di Dio".

(vv. 39-40)

Sebbene sia vero che ci sono sempre stati e sempre ci saranno dei ciarlatani mascherati da santi, oggi forse ancor più che in passato, se uno è sincero e appassionato nella sua ricerca della Realtà incontrerà sicuramente un vero *Mahatma* che lo guidi sul sentiero spirituale, un cammino paragonato al filo di un rasoio per la difficoltà a percorrerlo senza cadere. Finché vi saranno uomini su questa Terra, ci saranno queste Anime Realizzate che guideranno i ricercatori e placheranno la loro sete di fare una reale esperienza spirituale e trovare la pace della mente. Non bisogna pensare che siano grandi solo i saggi più noti. Di fatto, la maggior parte dei *Mahatma* è relativamente sconosciuta al grande pubblico.

In effetti, benedetti sono quei saggi che vivono nella beatitudine e ne fanno partecipi anche gli altri.

Swami Paramatmananda Puri
Amritapuri, India 1987

Sri Mata Amritanandamayi

CAPITOLO 1

Gli inizi:
da Chicago all'India

"Ho letto da qualche parte che numerosi ricercatori spirituali fanno l'esperienza di ciò che si potrebbe chiamare un barlume di Coscienza cosmica. Potrebbe per favore spiegarmi a cosa assomiglia esattamente questa esperienza?", chiesi.

Ratnamji, un mistico indiano poco conosciuto ma di una grandezza innegabile, mi rispose senza esitare, con un sorrisetto birichino sul viso raggiante:

"Quando all'improvviso in una notte buia scoppia un lampo, se sei su una collina come questa, tutti i dintorni fino ad allora invisibili si illuminano e appaiono chiaramente per qualche secondo. Ma già dall'istante successivo tutto ridiventa buio".

Aveva appena terminato la sua frase che un lampo solcò il cielo. Per un istante il paesaggio venne rischiarato per molti chilometri attorno e poi tutto tornò nero. Nonostante il cielo fosse coperto, fino a quel momento non c'era stato nessun lampo. Ero molto emozionato nel vedere il suo esempio così rapidamente e magistralmente illustrato da Madre Natura stessa e mi chiedevo chi fosse quest'uomo che la natura serviva così. Non feci più nessuna domanda. Stordito, ritornai in camera e mi coricai, domandandomi se avrei rivisto ancora quell'uomo meraviglioso.

Non riuscivo tuttavia a prendere sonno, potevo a malapena credere alla buona stella che mi aveva fatto incontrare un vero saggio senza averlo neppure cercato. Stavo sognando? Com'ero arrivato fin qui, dall'altra parte del mondo, in questo luogo sacro? Improvvisamente ricordai gli eventi che mi avevano indotto a lasciare gli Stati Uniti per venire in India. Tutto era iniziato con la morte di mio padre, sette anni prima...

"O mio Dio! Neal, vieni subito! Papà non sta bene!".

Mi precipitai nella camera dei miei genitori dove trovai mio padre incosciente e con un rantolo che usciva dalla sua gola. Con calma, ma rapidamente, lo distesi sul letto e cominciai a praticargli un massaggio cardiaco. A intervalli, comprimevo vigorosamente il cuore come avevo visto fare alla televisione, in una trasmissione dedicata all'infarto. Mio padre non sembrava reagire e così chiamai subito il medico di famiglia e i soccorsi. Mia madre e mia sorella erano isteriche. Le feci uscire dalla camera e attesi l'arrivo della polizia. I soccorsi arrivarono presto, ma per mio padre fu vano ogni tentativo di rianimazione: arresto cardiaco a quarantaquattro anni. Era un prospero uomo d'affari sul punto di diventare milionario e nella sua vita non era mai stato seriamente malato, ma la morte se l'era portato via inaspettatamente.

Cominciarono ad arrivare i parenti e senza grande successo cercarono di confortare mia madre e mia sorella. Si rivolsero allora a me, che ero il più piccolino e all'epoca avevo dodici anni. Mi sentivo calmo e distaccato, senza la minima voglia di piangere e forse questo li sconcertò. Uscii a passeggiare, riflettendo sul significato di ciò che era appena successo. Dov'era andato mio padre? Il suo corpo giaceva nella camera e presto sarebbe stato sotterrato. Non l'avrei più rivisto. Avvertivo un leggero senso di vuoto, niente più. Mi sentivo soprattutto fuori posto. Tutti piangevano mentre io ero lo stesso di sempre. Durante il funerale, sentendomi un po' colpevole per essere il solo a non versare nessuna lacrima, feci del mio meglio per piangere, ma senza alcun successo. Semplicemente, le lacrime non scendevano. Non è che non amassi mio padre, ma in qualche modo mancava l'attaccamento.

Poco dopo la morte di mio padre, gli inevitabili desideri giovanili cominciarono ad affiorare nel mio animo. Potremmo dire che mi stavo svegliando al mondo esteriore. Sebbene andassi a scuola, la mia unica preoccupazione era uscire e divertirmi. Mia madre non faceva obiezioni, esitava a mostrarsi severa pensando che avessi subito una grande perdita con la morte di mio padre. Forse credeva che imporre la disciplina avrebbe solo accresciuto il mio dolore o forse, semplicemente, non aveva la fermezza di un padre. Se fosse stata capace di tenermi sotto controllo in una fase plasmabile dell'esistenza, la mia vita spirituale sarebbe stata meno tortuosa. Un po' per il mio egoismo e la mia arroganza, un po' per la sua natura indulgente, mi fu permesso di crescere come una pianta selvatica.

Libertà era il mio secondo nome. A quel tempo ignoravo che libertà e anarchia, benché simili in apparenza, sono in effetti agli antipodi. La vera libertà nasce da un'intensa disciplina interiore ed è caratterizzata da una calma interiore, non toccata dagli inevitabili alti e bassi dell'esistenza. Per contro, l'anarchia consiste nell'essere in balìa dei capricci della mente e dei suoi umori, senza pensare alle conseguenze. Lungi dal conoscere la felicità e la pace della libertà, l'anarchico è sempre inquieto. Schiavo delle sue pulsioni, è continuamente sballottato dalle onde altalenanti del piacere e del dolore di cui è fatta la vita. Senza una sistematica disciplina della mente non è possibile una vera libertà, ma a quel tempo non sapevo e neppure m'interessava conoscere la differenza tra le due.

Dopo la maturità liceale, mia madre mi chiese cosa mi sarebbe piaciuto come regalo per il diploma. Le risposi che il mio più grande desiderio sarebbe stato trascorrere l'estate in Europa prima di decidere come proseguire nei miei studi. Lei accettò e ben presto mi ritrovai a viaggiare per l'Europa da solo. Pieno di aspettative, andavo da un luogo all'altro; vidi numerose opere d'arte e monumenti storici quali la Torre Eiffel, l'Abbazia di Westminster e i capolavori di Leonardo da Vinci. Stranamente, mi sembravano tutti uguali: nient'altro che mattoni, cemento, legno o ferro, disposti in modi diversi. Nulla di tutto ciò suscitava il benché minimo interesse in me. Il tour che prometteva di essere elettrizzante risultò una noia mortale.

Mi dissi che forse c'era qualcosa in me che non andava. Com'era possibile che rimanessi di ghiaccio quando milioni di turisti ne restavano invece incantati? Benché avessi appena diciassette anni, cominciai a interrogarmi seriamente sul senso della vita senza potervi dare una risposta soddisfacente. Il piacere e il divertimento sembravano essere il fine immediato della mia vita, ma questo viaggio aveva procurato la mia prima delusione. Forse in futuro la mia ricerca del piacere sarebbe stata più fruttuosa, oppure il piacere era solo una proiezione della mia mente? Ciò che per molti era motivo di grande gioia, non mi rendeva felice. Rientrai negli Stati Uniti deluso e un po' perplesso, ma ben deciso a scoprire cosa mi avrebbe reso felice.

Al mio ritorno dall'Europa, Earl, mio fratello maggiore, m'invitò ad andarlo a trovare ad Ann Harbor, in Michigan, dove stava studiando per conseguire la laurea magistrale. Andai a Chicago in macchina e arrivai da lui verso l'ora di cena. Scoprii con sorpresa che era diventato vegetariano. Era nettamente più snello, in una forma migliore e più calmo rispetto all'ultima volta che l'avevo incontrato. Gli chiesi cosa lo avesse spinto a cambiare le sue abitudini alimentari.

"Sei mesi fa ho cominciato a praticare l'Hatha Yoga, ho trovato un'insegnante qui ad Ann Harbor che ha trascorso parecchi anni in India studiando yoga sotto la guida di un maestro. É una persona particolare. Mi piacerebbe che la incontrassi. Mi ha spiegato che il cibo ha una doppia natura: grossolana e sottile. La parte grossolana forma il corpo mentre quella sottile influisce sulla natura della mente. La componente sottile dell'alimentazione vegetariana è più salutare e rende progressivamente più calma la mente, favorendo così la meditazione. Grazie alla meditazione, è possibile sperimentare la beatitudine della realizzazione del Sé, una beatitudine al cui confronto i piaceri dei sensi sono scialbi. Conoscere intuitivamente, facendo l'esperienza diretta, che non siamo né il corpo fisico né la mente inquieta bensì una massa immortale di pura Esistenza e pura Beatitudine, è realizzare il Sé o conoscere la propria vera natura. Molti hanno raggiunto questo stato e ci dicono che il vero scopo della vita è fare questa esperienza. Possiamo andare a trovarla domani".

India, yoga, meditazione… una scintilla si accese nel mio cuore, fino ad allora morto. Ero impaziente, ma al tempo stesso avevo paura d'incontrare una "yogini". Immaginavo una creatura che provenisse dalla quarta dimensione. L'indomani mattina mio fratello mi portò dalla sua insegnante di yoga. Che sorpresa! Dopotutto era un essere umano! Barbara era una donna di mezza età, solare, dolce e spontanea. Mi sentivo sollevato. Mi aspettavo infatti di vedere un personaggio serio che, che a testa in giù, levitava a un metro dal suolo! Diventammo subito amici. Mi diede una copia della *Bhagavad Gita*, un testo molto noto sullo yoga, e mi chiese di leggerla. Dopo aver pranzato con lei e parlato del più e del meno, io e Earl tornammo a casa. Pur breve, questo incontro fu forse quello più importante della mia vita! A quel tempo non avevo capito che era stato gettato in me il seme della spiritualità che ben presto sarebbe germogliato e diventato poi l'esteso albero di una profonda pace interiore.

Quella sera iniziai a leggere la *Bhagavad Gita*, il testo sacro induista forse più venerato, in cui è racchiusa l'essenza di tutte le altre Scritture. La *Bhagavad Gita* fa parte di un'opera molto più vasta, il *Mahabharata*, e contiene la filosofia della scienza della Conoscenza del Sé che Krishna, un'incarnazione divina, insegnò al suo discepolo Arjuna sul campo di battaglia. In tutto il mondo, i più eminenti studiosi hanno proclamato che nella *Bhagavad Gita* viene esposta la più alta saggezza raggiungibile dall'uomo. Non riuscivo neppure a pronunciarne il titolo, ma cominciai a leggerla pieno di speranza.

Ogni parola che leggevo era un colpo al cuore. Avevo l'impressione di essere Arjuna e che Sri Krishna si rivolgesse direttamente a me. Tutte le domande in sospeso trovavano risposta, interrogativi ancora vaghi acquistavano chiarezza e anche i dubbi svanivano. Prima di leggere la *Bhagavad Gita* non avevo compreso il significato della parola "saggezza". La natura della mente e lo scopo della vita venivano spiegati con grande chiarezza. Mi apparve evidente che lo scopo della vita non era cercare di gratificare i sensi senza sosta, fino alla morte, bensì capire come funziona la mente, purificarla e trascenderla per sperimentare la Realtà, dove regna sovrana una serena Beatitudine. Per la prima volta dopo la mia fanciullezza, scoppiai a piangere. Non erano lacrime di tristezza o di egoismo, ma di gioia. Quella notte non dormii, tanto era grande la sete di finire il libro. Di quando in quando, mio fratello si affacciava alla porta per vedere se tutto andasse bene. Cosa avrei potuto dirgli? Quella notte ero entrato in un altro mondo, ecco tutto.

L'indomani decisi di adottare una dieta vegetariana. Ero talmente ingenuo che pensavo che questo sarebbe bastato per raggiungere la Realizzazione del Sé! Mi aspettavo di conseguire lo stato supremo di *samadhi* (assorbimento nella Realtà Suprema) in pochi giorni! Dopo aver passato diversi giorni in compagnia di mio fratello rientrai a Chicago, felice di aver trovato una strada nella vita.

Decisi che non mi sarei subito iscritto all'università. Mi sembrava che lo scopo principale di questa educazione istituzionalizzata fosse dare agli studenti competenze che permettessero loro di guadagnarsi da vivere e poter fruire così dei cosiddetti piaceri della vita. Sentii che a me bastava vivere in modo molto semplice senza aver bisogno di tanto denaro, quindi era sufficiente trovare un impiego modesto. Perché trascorrere quattro o sei anni della mia vita all'università?

Naturalmente questa decisione deluse mia madre. Si aspettava che avrei condotto un'esistenza più conforme alla norma e frequentato l'università. Tuttavia accettò la mia decisione e, sperando che avrei successivamente cambiato idea, mi lasciò fare. Vendetti telescopio, collezione di monete, auto e altri oggetti che in genere possiede un adolescente americano della buona società e decisi di andare sulla costa occidentale per trovare un angolo tranquillo, in campagna, dove mangiare vegetariano e meditare! Peraltro, i miei appetiti sensuali non si erano del tutto placati. Benché avessi letto la *Bhagavad Gita*, non avevo ancora compreso che, se non si controllano i sensi, la mente non può calmarsi. Senza una quiete interiore non è possibile riuscire nella meditazione e di conseguenza realizzare il Sé. Come per ogni altra scienza, anche nella scienza dello yoga bisogna seguire le regole e le procedure stabilite se si vogliono ottenere i risultati desiderati. Pensavo erroneamente che, poiché la Realizzazione del Sé è godere della Beatitudine suprema, avrei potuto facilmente ottenerla con un po' di fortuna e qualche sforzo sporadico, così come accade con i piaceri e le gioie di questo mondo.

Nell'autunno del 1967 presi l'auto di mia sorella e assieme ad alcuni amici partii per Berkeley, in California. A quell'epoca il vegetarianismo non era di moda negli Stati Uniti e trovare questo tipo di cibo viaggiando rappresentava una sfida. Quanto tempo si può vivere di panini al formaggio ed insalata? Mi dissi che, dopotutto, forse la vita spirituale non era per me, ma la vergogna di dover riconoscere la sconfitta così presto m'impedì di lasciar perdere. Arrivato a Berkeley, mi accinsi a trovare la casa ideale nella cornice ideale. La cosa si rivelò meno facile del previsto. Dopo aver cercato per giorni e percorso parecchi chilometri in tutte le direzioni attorno a Berkeley, fui pervaso da un senso di sconfitta e di rassegnazione. Fu allora che, senza dover cercare oltre, la casa ideale attirò la mia attenzione. Decidemmo di affittarla subito. Era abbastanza grande per tutti noi e anche per altre persone. Scrissi a mio fratello e a mia sorella, che decisero di venire a stabilirsi in California e mi raggiunsero poco dopo.

Uno dei principali interessi della mia esistenza divenne la ricerca della Realizzazione del Sé. Ma per dirla tutta, più forte ancora era il desiderio di vivere con una donna. Desiderio abbastanza normale in un adolescente americano, ma il fatto di vivere con mia madre aveva reso la cosa difficile, se non impossibile. Questo era stato senza dubbio uno dei motivi che mi aveva spinto ad abbandonare Chicago per la California, che all'epoca era il paradiso per gente come me. Dopo aver traslocato nella nuova casa, diressi tutti i miei pensieri verso il raggiungimento di quest'ultimo obiettivo. Piuttosto riservato per natura, decisi che, se dovevo trovare la compagna giusta, sarebbe stato nello stesso modo in cui avevo trovato la casa, cioè con l'intervento della Provvidenza. Non feci dunque nessuno sforzo per trovare una ragazza. Per quanto strano possa sembrare, l'indomani stesso una ragazza si presentò alla mia porta. Mi stava cercando! Aveva sentito parlare di me a Chicago ed era venuta in California. Non sapevo se dicesse o no la verità e non volevo saperlo perché il mio desiderio si stava realizzando da solo.

L'impatto che questa vicenda ebbe sulla mia mente fu tale che cominciai a credere in tutta sincerità che qualunque cosa di cui avessi avuto realmente bisogno sarebbe arrivata. In effetti, da allora mi è capitato di constatare innumerevoli volte quanto sia vero. Certamente quello di cui si ha bisogno può variare a seconda del momento e del luogo e può essere sia doloroso che piacevole, ma se si è pazienti, se non si perde di vista l'obiettivo di realizzare Dio, si vedranno spontaneamente le cose disporsi in modo da favorire il progresso spirituale. A quell'epoca avevo bisogno di una ragazza. In seguito divenne fondamentale stare in compagnia di saggi e successivamente mi fu necessario passare attraverso la malattia e la sofferenza. In effetti, agli occhi di un aspirante spirituale, tutto ciò che gli capita è per il meglio e giunge proprio al momento giusto e nel modo più misterioso dall'Essere più compassionevole.

Poco dopo il suo arrivo, Earl mi diede da leggere un altro libro. Si trattava della vita e degli insegnamenti di un grande saggio dell'India: Sri Ramana Maharshi. All'età di sedici anni, Ramana fu improvvisamente sopraffatto dalla paura di morire.

Godeva di perfetta salute e non c'era nessun motivo che giustificasse il sorgere di tale paura in quel preciso momento; tuttavia ebbe l'impressione di stare per morire e di dover risolvere il problema immediatamente. Si distese, finse di essere morto e poi si disse: "Adesso il mio corpo è morto, ma il senso dell'Io continua a risplendere in me. Di conseguenza, io sono lo Spirito immortale e non questo corpo inerte". Non giunse a questa conclusione con la logica, gli apparve piuttosto come un lampo d'intuizione e un'esperienza diretta. Non si trattò di una semplice percezione folgorante della Realtà, destinata a sparire subito nelle tenebre dell'ignoranza. A partire da quel momento, la coscienza di essere puro Spirito al di là della morte continuò inalterata finché abbandonò il corpo nel 1950, cinquantatré anni più tardi. Appena prima di morire, Ramana assicurò i suoi discepoli che sarebbe rimasto con loro e li avrebbe guidati, nonostante la morte del corpo fisico. Aveva raggiunto la Realizzazione con l'atto spontaneo del chiedersi: "Chi sono io?", negando di essere il corpo e la mente poiché non appartenevano al suo vero Sé. Aveva chiaramente fatto l'esperienza di essere la Pura Coscienza che trascende ogni cosa, si era liberato di tutti i desideri e di ogni paura, anche quella della morte, dimorando in una pace perfetta. Ramana visse vicino ad Arunachala, una montagna sacra del sud dell'India, irradiando luce spirituale e serenità, e divenne l'esempio vivente della condotta ideale nella vita quotidiana di un saggio che ha realizzato il Sé. Per giungere a questo stato, consigliava di affidarsi per sempre e totalmente alla guida di un Essere Illuminato, abbandonandosi a lui, oppure seguire da soli il sentiero dell'autoindagine. Seguendo l'una o l'altra via, si sarebbero acquisite la serenità e la concentrazione necessarie per fare l'esperienza della Verità che è in noi.

La vita e gli insegnamenti di Ramana mi piacquero tantissimo e decisi di praticare entrambi i cammini. La ricerca del Sé consisteva per me nel sedermi e ripetere silenziosamente dentro di me: "Io, Io, Io…", cercando di fissare la mia attenzione sul significato di questa parola, su ciò che splende in me come Io. Nella vita quotidiana mi sforzavo di mettere in pratica l'abbandono a Ramana che avevo scelto come Maestro, accettando le circostanze senza reagire positivamente a quelle piacevoli e negativamente a quelle dolorose. Mio fratello m'insegnò alcune posture di Hatha Yoga per migliorare la salute e purificare il sistema nervoso. Tutto ciò contribuì a portare un po' di disciplina nella mia esistenza piuttosto sregolata. All'epoca pensavo che mi sarei sposato e avrei coniugato la vita materiale con quella spirituale, conducendo una sorta di vita spiritualizzata nel mondo.

Tuttavia le cose dovevano andare diversamente.

Un giorno Earl ricevette una lettera da Barbara, la sua insegnante di yoga in Michigan, in cui diceva: "Sono felice di sapere che Neal pratichi le posture che gli hai insegnato. È ancora molto giovane. Perché non diventa monaco e si consacra interamente alla Realizzazione del Sé?". Earl mi mostrò la lettera. Dopo averla letta, mi sentii come qualcuno a cui viene improvvisamente servita una tisana amara mentre sta gustando un dolce. Ero contentissimo della mia ragazza e della mia meditazione e non avevo alcuna intenzione di rinunciare a nessuna delle due. Rimossi dalla mente l'intera faccenda e continuai la mia solita vita.

Qualche giorno più tardi, mentre meditavo, la mia concentrazione divenne improvvisamente più intensa e la mia mente dispersa in varie direzioni si concentrò in un solo punto. Come una fiammella, la mente si spense e in quel momento ci fu solo Luce infinita, Beatitudine perfetta e Unità onnipervadente. Ogni traccia d'individualità o di oggettività era sparita. Impossibile descrivere questa esperienza. Poi, come un ascensore che scende verso i piani più bassi, la mia mentre si ridestò riprendendo consapevolezza del corpo e del mondo. L'istante successivo, però, si fuse di nuovo con quella Luce. Questo fenomeno si ripeté tre o quattro volte e alla fine piangevo e singhiozzavo come un bimbo pensando a quella incredibile Pace e Immensità. Come una certezza sorta da dentro, ebbi la rivelazione che mi sarei fuso di nuovo e per sempre in questa Luce suprema dopo aver subito molte lezioni dolorose nella vita.

Sentivo che, in modo inspiegabile, Ramana era responsabile di questa sublime esperienza. Non gli avevo infatti affidato mentalmente la mia vita? Aveva assicurato ai suoi devoti che sarebbe stato con loro anche dopo la sua morte fisica e così doveva senz'altro essere anche con me. Tuttavia ero caduto in una grande illusione: credevo che aver avuto un'esperienza talmente meravigliosa dopo solo qualche giorno di meditazione significava che, se avessi continuato a meditare, il fenomeno si sarebbe ripetuto finché questa esperienza fosse diventata permanente. E questo sarebbe accaduto nel giro di qualche settimana al massimo! Inutile dire che non fu così, sebbene il ricordo e il gusto di questa beatitudine mi siano sempre rimasti. Mi era stata fatta intravedere la Meta e ora toccava a me percorrere il ripido sentiero.

A partire da quel momento la mia mente cominciò gradualmente a cambiare. Dopo aver fatto yoga sentivo un'ebbrezza leggera, molto sottile. Non solo era fisicamente rigenerante, ma produceva un senso di beatifico distacco dal corpo e dal mondo. Avevo però anche scoperto che l'intimità sessuale faceva sparire quasi totalmente questa serenità fino alle successive posture di yoga. Sebbene fossero molto piacevoli gli istinti animali del sesso, sembravano estremamente grossolani paragonati alla sottile beatitudine spirituale. Non riuscivo a lasciar perdere il sesso né ero disposto a rinunciare al prezioso tesoro di esperienza spirituale appena scoperto. Decisi quindi di evitare il più possibile la mia ragazza e così, dopo lo yoga mattutino, prendevo l'auto e andavo sulle colline dietro Berkeley. Leggevo testi spirituali, meditavo e contemplavo le colline e le valli fino al tramonto. La semplice idea di dover tornare dalla mia ragazza dopo il tramonto mi deprimeva e tornavo a casa a malincuore. Questa routine continuò per qualche giorno senza che risolvessi il problema. La mia amica cominciò a pensare che durante la giornata vedessi un'altra donna e decise di possedermi ancora di più la notte.

Quella situazione mi fece comprendere che la relazione uomo-donna era principalmente basata sull'interesse personale. Se lei mi amava veramente, come sosteneva, perché non cercava di rendermi felice invece di fare l'opposto? Le avevo spiegato le mie esperienze spirituali, il perché andavo sulle montagne durante la giornata e gli effetti dell'atto sessuale sulla mia gioia interiore. Con la fiducia e l'innocenza di un bambino, non le avevo infatti nascosto nulla, ma lei pensava solo al proprio piacere. Un giorno le chiesi: "Se mi radessi la testa e la barba mi ameresti ancora? O se non potessi più fare l'amore con te, mi ameresti ancora?". Un'espressione inorridita si dipinse sul suo viso. Non rispose. Finii così per concludere che ciò che chiamavamo "amore" non era nient'altro che la reciproca soddisfazione dei nostri desideri egoistici, fisici e psichici. In gran parte basato su una mutua attrazione fisica e forse anche su una leggera affinità mentale, questo cosiddetto amore era molto superficiale e bastava un disaccordo per distruggerlo.

A quel tempo non conoscevo l'amore divino, basato sull'abnegazione, dei grandi saggi verso l'umanità sofferente, ma sapevo che un amore così superficiale non valeva molto ai miei occhi. Mi chiedevo come uscire da questa situazione senza far soffrire la mia ragazza, già abbastanza turbata. Inoltre cominciavo a sentirmi assillato dalle parole dell'insegnante di yoga di mio fratello: "Fatti monaco, fatti monaco" e pensavo sempre più che era ciò che avrei dovuto fare. Sì, ma come?

Fu proprio allora che Barbara, l'insegnante di yoga di Earl, andò a vivere a Katmandu, in Nepal, perché suo marito era stato trasferito laggiù come capo delle Forze di Pace. Mio fratello mi chiese se mi sarebbe piaciuto accompagnarlo in Nepal con sua moglie e il loro bambino, perché aveva voglia di vedere Barbara e anche di visitare l'India. Mi disse che lungo la strada avrei potuto entrare in un monastero zen e diventare monaco buddista, se mi fosse piaciuta l'idea. Mi parve un'occasione d'oro per uscire dalla situazione spiacevole in cui mi trovavo e accettai immediatamente. Organizzai un sostegno economico temporaneo per la mia ragazza, promisi di scriverle e, se possibile, di farla venire da me. Non pensavo all'assurdità della mia proposta, ma lei sì. "E anche se venissi, cosa farei in un monastero?" mi chiese, un po' stizzita dalla mia palese ipocrisia. Adesso ero io a non sapere cosa rispondere.

Infine arrivò il giorno della partenza e dopo un breve saluto di arrivederci sulla banchina, presi congedo da mia madre, dalla mia ragazza e dagli amici venuti ad accompagnarmi. Quando la nave si allontanò dalla banchina, tirai un profondo respiro di sollievo. Stavo lasciando tutto ciò che mi era familiare e tuttavia questo mi lasciava indifferente. Ricordai di aver provato lo stesso senso di distacco alla morte di mio padre. Come la prua di una nave che fende le onde, la mia vita continuava e mi domandavo cosa avesse in serbo per me.

Mentre la nave usciva dalla baia di San Francisco, salii sul ponte superiore e mi sedetti. Avevo solo diciotto anni, ma mi sembrava di avere vissuto una lunga vita di coppia. In quel momento mi sentivo come un uomo che, Dio sa come, risale da un profondo abisso. Evidentemente non avevo posto invano la mia fiducia in Ramana. Sentivo che mi aveva tolto da una situazione molto difficile. Mentre sedevo guardando il ponte inferiore, improvvisamente avvertii una leggera pressione sulla testa e poi mi sentii pervadere da una grande pace. L'attività della mente cessò. Guardando in basso, vidi alcuni uomini e alcune donne conversare sul ponte. Mi fu "rivelato", non trovo una parola migliore, che l'attrazione sessuale è la pulsione più potente in natura, in gran parte responsabile dell'incessante attività degli uomini. Si potrebbe pensare che questa constatazione sia piuttosto elementare, lo ammetto, ma in quel momento fu per me una vera rivelazione.

In quell'istante seppi che non avrei seguito la via dell'uomo comune, la via del piacere, ma mi sarei sforzato di raggiungere la pace infinita del Sé o sarei morto nel tentativo. Non sapevo nulla del sistema monastico e ignoravo anche che la disciplina della castità era considerata indispensabile per conseguire l'Illuminazione, ma sentivo il bisogno di condurre una vita casta totalmente votata a raggiungere la meta suprema. Non mi avevano mai detto e non avevo mai letto che l'istinto sessuale va padroneggiato e sublimato. Ero giunto a questa conclusione per mia esperienza personale.

Earl ed io avevamo deciso di viaggiare in nave e non in aereo perché ci tenevamo a praticare regolarmente lo yoga senza nessuna interruzione. Puntualmente, mattina e sera, eseguivamo le nostre posture per un'ora e poi dedicavamo del tempo anche a meditare e a studiare testi spirituali. Non avevamo fretta di arrivare in Giappone e la velocità moderata della nave dei viaggi oceanici si confaceva al nostro stile di vita. Mi alzavo alle quattro e mezza del mattino, quando tutti ancora dormivano, facevo una doccia e salivo sul ponte per praticare lo yoga e meditare. L'aria pura, il silenzio del vasto oceano e la magnificenza dello spettacolo quotidiano del sole nascente placavano la mia mente. L'urgenza però di raggiungere la Realizzazione spirituale mi causava una continua e bruciante sensazione a livello del cuore.

In qualche modo, in questo cuore era sorta una fede infantile in un grande *Mahatma*. Nella mia vita non avevo mai pensato a Dio, tranne forse una o due volte quand'ero bambino: non avendo trovato un altro modo per ottenere ciò che desideravo ardentemente, pregavo allora Dio, tanto per provare se avrebbe funzionato. Quale stupore quando il mio desiderio più caro veniva esaudito! Entrambi i miei genitori erano agnostici. Mi avevano mandato a catechismo non per un senso religioso o per timore di Dio, ma probabilmente perché tutti i ragazzi del quartiere ci andavano. Dio mi sembrava non essere altro che una parola da utilizzare in espressioni come "A Dio non piace", "Dio solo lo sa", o "in nome di Dio!".

Anche in questa fase della mia vita non mi sfiorava il pensiero che fosse Dio, l'Essere Universale, a guidare la mia nuova vita. Era piuttosto Ramana, che aveva promesso di guidare i suoi devoti, tra i quali mi includevo. Non mi ero mai chiesto come questo potesse essere razionalmente possibile. Come può un essere umano controllare gli avvenimenti della vita di un altro? A maggior ragione qualcuno che era vissuto a ventimila chilometri da casa mia ed era morto da diciotto anni. Beh, Ramana aveva realizzato il Sé e quindi non era e non è differente dal Supremo, che non è mai nato e non è mai morto. Prendendo questa cosa come sacrosanta verità, da quel momento in poi ne feci l'esperienza.

La mia personalità stava cambiando velocemente. Quando parlavo con gli altri passeggeri, ascoltavo i loro problemi con un nuovo senso di empatia. Cominciavo ad accorgermi che ognuno, per quanto felice, cerca sempre una felicità maggiore o più intensa. Ogni desiderio soddisfatto cede il posto a un nuovo desiderio.

Le persone non sembravano sapere che esistesse qualcosa al di là della felicità data dal mondo e neppure gli importava molto. Le loro uniche preoccupazioni sembravano essere il denaro, il sesso, la fama e una buona salute. Raggiungere questi obiettivi procurava solo un'oncia di piacere per una tonnellata di sforzo. Ancor prima che se ne rendessero conto, la vecchiaia e la morte le avrebbero portate via.

Con un cuore pesante mi dicevo: "Non c'è nient'altro nella vita dell'uomo comune? La nascita, la ricerca del piacere e infine la morte?". Avevo assaporato un briciolo della felicità che si trova al di là del dominio dei sensi e della mente. Io seguivo il cammino spirituale, ma gli altri? Non riuscendo a trovare una risposta soddisfacente ai miei dubbi, cominciai a posare uno sguardo compassionevole sulla vita degli uomini e sui loro problemi. Non desideravo niente da nessuno, ma davo quanto potevo. Mi sembrava che l'egoismo rendesse le persone cieche a tutto, eccetto che al proprio piccolo universo circoscritto, come la favola della rana in fondo al pozzo.

Un giorno, mentre esploravo la biblioteca di bordo, mi imbattei in un libro di Swami Shivananda di Rishikesh, un villaggio ai piedi dell'Himalaya. A quanto pare il suo discepolo, Swami

Chidananda, un giorno si era imbarcato su questa stessa nave e aveva regalato questo libro alla biblioteca. Il testo prendeva in esame tutti gli aspetti della vita spirituale. Leggendolo, m'imbattei in un'affermazione secondo la quale, chiunque uno sia, se desidera raggiungere la Realizzazione del Sé, gli è indispensabile la compagnia di un Maestro vivente. Cominciai a chiedermi che cosa fare. Non mi bastava Ramana? Quella notte, dopo che tutti si furono coricati, salii sul ponte col cuore amareggiato.

Per la prima volta nella mia vita mi misi a singhiozzare dal profondo del cuore e a implorare nel buio della notte: "Ramana, cosa devo fare? Senza un Maestro, come posso raggiungere la Meta? Chi mi mostrerà la via e mi insegnerà a condurre una vita spirituale? É possibile che esista qualcuno grande quanto te? Non accetterò nessuno che sia meno di te. Non mi mostrerai la via?". Piangevo a dirotto come un bimbo. Non avevo mai conosciuto una tale angoscia, né sperimentato la beatitudine che si può provare nell'aprire, piangendo, il proprio cuore al Signore, al Guru. Nel corso dei mesi che seguirono mi accorsi che in verità la mia preghiera era stata ascoltata.

La nave fece scalo alle Hawaii e scendemmo a terra per una visita turistica. Facemmo il giro dell'isola con un'auto a noleggio e arrivammo ad una magnifica spiaggia dall'acqua turchese, con il cielo blu e le scogliere frastagliate a picco sul mare. Il paesaggio era davvero incantevole, ma la mia mente era altrove. Non riuscivo a godermi nulla, un po' come l'uomo che si strugge per l'amata, assente e incapace di partecipare totalmente a qualunque cosa. Earl e sua moglie amavano tantissimo il posto e per non fare il guastafeste finsi di provare interesse e piacere.

Dopo qualche giorno di mare, arrivammo in Giappone, a Yokohama. Earl decise di prendere il treno per Kyoto, la città dei templi, e dopo poche ore giungemmo nella città che sarebbe diventata la mia nuova dimora per i quattro mesi successivi.

Dopo aver preso alloggio in un albergo confortevole, Earl decise che bisognava prima di tutto mettersi a cercare Gary Snyder, famoso poeta americano che, come sapevamo, abitava a Kyoto. Gary aveva visitato l'ashram di Ramana Maharshi in India e contribuito con qualche poema al periodico trimestrale dell'ashram. In quanto devoti di Ramana, pensavamo di potergli chiedere quali luoghi visitare e come trovare un alloggio. Dopo tre o quattro ore di ricerche, stavamo per perdere la speranza di trovare la sua casa quando un signore che parlava inglese ce la indicò.

Gary si mostrò molto amichevole e ospitale, ci invitò ad entrare in casa e pregò sua moglie di preparare del tè. Ci disse che aveva vissuto per otto anni come monaco zen in un monastero prima di decidere di sposarsi. Aveva sposato una giovane giapponese e avevano appena avuto un figlio. Era impegnato a tradurre in inglese una parte delle Scritture buddiste e componeva anche poesie. In effetti stava progettando di rientrare negli Stati Uniti e fondare una comunità spirituale. Sarebbe stato felice, ci disse, di cedere a noi la sua casa alla partenza, ma l'aveva già promessa a qualcun altro. Ci assicurò che ci avrebbe trovato già l'indomani un alloggio appropriato e che ci avrebbe raggiunto nel nostro albergo.

Gary si rivolse allora verso di me e mi chiese quali fossero i miei progetti. Gli risposi che desideravo diventare monaco, forse monaco zen, ma non ne ero sicuro. Gli domandai se conoscesse un luogo dove potermi fare un'idea di come fosse questo genere di vita. Gary parve molto felice di conoscere la mia aspirazione e mi assicurò che mi avrebbe mostrato un luogo dove fare questa esperienza non appena ci fossimo sistemati. Mi sentivo molto sereno e a mio agio con lui e mi dissi che doveva aver raggiunto un buon livello spirituale grazie alla sua formazione zen. Speravo che potesse guidarmi un pochino sulla via spirituale e non ne fui deluso. Quando ci congedammo da lui, ci accompagnò alla porta. In tutti i paesi orientali ci si toglie le scarpe prima di entrare in una casa. Noi avevamo lasciato le nostre all'ingresso. Gary vi gettò un'occhiata. Un paio era ben allineato, mentre le altre erano buttate alla rinfusa. Lui aspettò di vedere a chi appartenessero le diverse calzature. Vedendomi infilare il primo paio, sorrise e disse: "Attraverso una cosa di così poco conto, posso leggere nell'animo di un uomo. Colui che è interessato a meditare dovrebbe sempre essere attento e condurre una vita ordinata e focalizzata. Solo allora potrà ottenere una perfetta concentrazione durante la meditazione".

Ero molto contento di ricevere tali consigli pratici e ancora oggi penso a Gary ogni volta che tolgo le scarpe per entrare da qualche parte. L'atteggiamento di serbare nel cuore ogni consiglio avveduto e di metterlo in pratica finché porti i suoi frutti, iniziò in quel momento. Sebbene fosse modesto, il consiglio ebbe su di me un grande impatto. Non solo come porre le scarpe, ma tutte le azioni dovrebbero essere compiute con concentrazione e cura. Decisi di fare del mio meglio per seguire ciò che mi aveva detto.

L'indomani mattina Gary si presentò al nostro albergo e dopo la colazione partimmo alla ricerca di una casa. Ero felice come qualcuno che ritrova un amico cha ha perso di vista da tanto tempo. Inspiegabilmente cominciavo a sentirmi legato a Gary da un legame spirituale. Si trattava di un'esperienza nuova per me e in seguito si sarebbe ripetuta molte volte con altre persone.

Gary ci condusse a visitare molte case. In Giappone, uno sconosciuto non può trattare direttamente un affare importante, deve passare attraverso un intermediario. Sebbene un po' contorto, questo metodo garantisce a ciascuna parte l'affidabilità dell'altra. Come si suol dire, è meglio prevenire che curare. Questa pratica piena di buon senso è diffusa in tutto l'Oriente. Infine trovammo una casa molto confortevole a due piani, con un affitto ragionevole, in cui traslocammo dopo pochi giorni.

Una sera Gary ci invitò ad accompagnarlo a un vicino tempio zen. Mi disse che c'era un piccolo centro di meditazione diretto da un Maestro zen giapponese vicino al tempio. Ai laici era permesso frequentarlo tre o quattro sere la settimana per meditare sotto la supervisione del Roshi o Maestro e del suo assistente. Gary mi chiese se volevo provare a meditare lì. Accettai con entusiasmo.

Arrivammo nel pomeriggio, verso le cinque e mezza. Il centro era una piccola costruzione addossata al muro di cinta del tempio zen principale. All'interno si trovavano un incantevole giardinetto giapponese, una biblioteca, un soggiorno, gli appartamenti del Roshi e una sala di meditazione o *zendo*. Dopo aver scambiato qualche parola con il Roshi, Gary introdusse me ed Earl nello *zendo*. Tutti e tre prendemmo posto su una piattaforma rialzata. Non sapevo cosa aspettarmi e quindi mi misi ad osservare quello che facevano le altre venti persone. Risuonò un gong e tutti si sedettero con la schiena perfettamente dritta sui loro cuscini. Mi sedetti nella posizione del mezzo loto e mi sforzai di meditare sull'Io che splende interiormente. Vedevo l'assistente del Roshi andare su e giù nella sala con un bastone piatto in mano e mi chiedevo a cosa potesse servire. Ben presto venni accontentato. Si accostò al mio vicino e picchiò leggermente la sua spalla con il bastone. Entrambi si salutarono all'orientale, a mani giunte, poi il mio vicino si chinò in avanti e ricevette due forti bacchettate sulla schiena. Sobbalzai per la paura!

Temendo la bacchettata, non riuscivo più a concentrarmi, non pensavo che all'uomo con il bastone! Dopo mezz'ora le mie gambe si intorpidirono e la mia schiena cominciò ad incurvarsi. Non osavo muovermi per paura della bastonata. Avevo la sensazione di stare per perdere le gambe o quanto meno che non sarebbero più tornate in vita! L'assistente continuava lentamente il suo giro. Infine, con mio grande dispiacere si fermò davanti a me e mi toccò la spalla col bastone. Sudando abbondantemente, lo salutai, mi chinai in avanti, e *sbam*! Tutto era finito prima di avere il tempo di capire cosa fosse successo. Sentivo una sensazione di bruciore, ma nessun dolore. Al contrario, mi sentii immediatamente rinvigorito e mi raddrizzai. Solo le mie gambe continuavano a sembrarmi di piombo.

Dopo quaranta minuti, il gong suonò di nuovo. Alzandosi dal loro cuscino, i meditanti si misero in piedi, uscirono in fila indiana e iniziarono a fare di buon passo il giro esterno dello *zendo* in silenzio, per cinque minuti, cercando di continuare la loro meditazione. Poi rientrarono nella sala proseguendo la meditazione. Questa sequenza si ripeté ancora una volta. Al termine, i monaci intonarono il *Prajnaparamita Sutra* con voce roboante, e tutti si prostrarono. Infine i meditanti andarono nel soggiorno per prendere il tè e passare qualche istante con il Roshi. Benché fosse quasi sessantenne, irradiava l'innocenza di un bambino. Gli chiesi come avesse raggiunto un tale stato di felicità.

"Sono diventato monaco all'età di otto anni. Ero convinto della verità degli insegnamenti del Buddha e mi sono dedicato intensamente e completamente a conseguire l'Illuminazione. Quando scoppiò la Seconda Guerra Mondiale, persino i monaci furono chiamati sotto le armi. Solo due o tre vennero esentati, data la loro dedizione assoluta alla vita monastica. Io ero uno di loro. Ho lavorato così duramente per raggiungere il mio attuale stato di serenità che ho avuto spesso l'impressione che le mie ossa stessero per rompersi. Se desideri questo stesso stato, anche tu devi essere pronto a romperti le ossa". Queste parole penetrarono profondamente in me.

Dopo il tè, rientrammo. Gary andò per la sua strada dopo averci detto che potevamo recarci allo *zendo* quattro sere a settimana alla stessa ora. Sulla strada del ritorno, mi sentivo molto umile. Non era stata un'esperienza dolorosa, ma rigenerante. Inconsciamente mi ero fatto un'idea molto alta di me stesso, ma ora la mia arroganza e il mio orgoglio avevano appena ricevuto un brutto colpo inferto dal bastone dell'assistente. Le parole del Roshi risuonavano nelle mie orecchie. Decisi che, qualunque cosa fosse accaduta, sarei ritornato allo *zendo* alla prossima seduta di meditazione per "rompermi le ossa".

Due giorni più tardi Earl ed io tornammo al centro di meditazione. Entrai subito nello *zendo* e presi posto. Il calore estivo era opprimente e le zanzare banchettavano. Non c'era un filo d'aria. Beh, non ero lì per rompermi le ossa? Il suono del gong segnò l'inizio della seduta. Avevo appena cominciato a meditare quando la mente si concentrò profondamente, i pensieri diminuirono e la sensazione di "Io sono" si manifestò chiaramente, come una sorta di sottile illuminazione o una corrente interiore di luce. Sentivo inequivocabilmente che non ero né il corpo né la mente, ma soltanto questo flusso luminoso. Ero inebriato. L'esperienza continuò anche dopo la sessione. Uscendo dallo *zendo* alla fine della meditazione, poco mancò che mi facessi travolgere da un autobus! Mi era assolutamente impossibile prestare attenzione alle cose esteriori e poco importava quali potessero essere le conseguenze. Per fortuna Earl mi afferrò per un braccio e mi chiese cosa stesse succedendo. Mi dissi che forse non mi avrebbe creduto o che forse una traccia di superbia avrebbe venato la mia voce. Dopo averci riflettuto, con molta attenzione risposi:

"Mentre meditavo nello *zendo*, ho improvvisamente sentito di essere semplicemente 'Io' e non il corpo. In effetti, il corpo sembrava un oggetto estraneo, distinto da me. Anche ora questa sensazione permane e la mia mente è come se fosse stata lavata con acqua fresca e pulita, si sente calma e purificata. Solo adesso comincio a capire un po' il senso degli insegnamenti di Ramana".

Earl sembrava immerso nei suoi pensieri e raggiungemmo la casa senza più parlare. Per una mezz'ora la sensazione d'illuminazione rimase e poi sparì pian piano. Naturalmente desideravo ritrovare questo stato e avevo fretta di tornare allo *zendo*. Ogni volta che vi meditavo, avevo la stessa esperienza di chiarezza e di una luce dolce e fresca. Il calore, le zanzare, i dolori nelle gambe mi inducevano ad aggrapparmi ancora più intensamente alla mia calma interiore. Al termine di ogni sessione avevo l'impressione che la mia mente avesse fatto una doccia rinfrescante e, benché l'afa fosse intollerabile, la temperatura mi sembrava piuttosto gradevole. Questa esperienza di luce interiore rimaneva per qualche tempo dopo la meditazione e poi, come la prima volta, svaniva.

Un giorno Gary ci invitò a casa sua per un picnic. Quando arrivammo, trovammo otto o dieci altri occidentali, probabilmente amici suoi. Tutti assieme ci recammo sulla collina vicino alla casa e ci sedemmo in cerchio con lui al centro. Infine Gary cominciò a cantare:

"Hare Krishna Hare Krishna Krishna Krishna Hare Hare Hare Rama Hare Rama Rama Rama Hare Hare".

Cantava con tutto se stesso e sembrava sul punto di piangere. Ero molto commosso e curioso di sapere cosa stesse cantando.

Quando ebbe finito, mantenemmo il silenzio per qualche tempo e poi gli feci delle domande su questo canto.

"Me l'ha insegnato un amico, Richard Alpert (ora conosciuto come Ramdas), che ha vissuto per un periodo di tempo in India. È composto dai diversi Nomi di Dio. In India, la Realtà suprema è chiamata con vari nomi. Qui potremmo chiamarla Natura del Buddha, ma laggiù le persone la chiamano Krishna, Rama o Hari. Cantare il nome del Divino dona una straordinaria beatitudine. Bisognerebbe cercare di fondersi in Lui e diventare uno con Quello mentre si canta".

A queste parole, il mio desiderio di andare in India si risvegliò. Certamente le mie meditazioni nello *zendo* mi procuravano una certa pace spirituale ma avevo sempre, come sottofondo, la sensazione che il Giappone non fosse il mio posto. Mi sentivo estraneo alla cultura buddista e non pensavo di giungere un giorno a considerarla come mia. Avevamo trascorso quattro mesi in Giappone ed anche Earl aveva fretta di proseguire il viaggio verso l'India. Prenotammo dei posti sulla prima nave in partenza per Bangkok e, dopo esserci congedati da Gary e dalla sua famiglia, partimmo.

Facemmo scalo a Manila, a Hong Kong e in qualche altro porto prima di raggiungere Bangkok. Arrivati, prendemmo una camera d'albergo economica pensando di visitare la città. Mentre Earl e sua moglie uscivano per informarsi sui posti interessanti da vedere, decisi di fare la mia pratica di yoga. Stavo per finire ed ero seduto nella posizione del loto, pronto a meditare, quando bussarono alla porta. Una voce femminile mi chiese il permesso di entrare. Acconsentii, la porta si aprì ed entrò una giovane donna, carina, ma vestita in modo molto succinto. All'inizio non capivo cosa volesse perché parlava tailandese e pensavo fosse qualcuno del personale dell'hotel, ma poi, osservando i suoi gesti, mi venne in mente che doveva essere una prostituta che voleva offrirmi i suoi servizi. Non avevo mai incontrato una prostituta prima, o perlomeno non ne avevo mai riconosciuta una come tale. Per un attimo fui vagamente tentato. Poi, vedermi seduto nella posizione del loto rafforzò la mia decisione e le dissi: "Non vedi che sto facendo yoga?". Chiaramente la donna non capiva nulla di ciò che le dicevo ed era evidente che non aveva mai visto qualcuno fare yoga. Continuava a chiedermi se volevo che restasse e io continuavo a ripetere "Yoga, yoga", finché alla fine, perse la pazienza e uscì dalla stanza stizzita. Bene, in qualche modo ero sfuggito ad una tentazione, ma mi sentivo triste per non aver avuto la forza mentale di dirle semplicemente: "Fuori!".

In Tailandia, la visita turistica consisteva nel vedere un tempio buddista dopo l'altro e questa cosa non faceva che accrescere la mia impazienza di arrivare in India, il Paese dove è nato il buddismo. Dopo qualche giorno, prendemmo un aereo e raggiungemmo la terra benedetta dei saggi. Nella sala dei transiti dell'aeroporto di Calcutta, mentre aspettavamo la coincidenza per il Nepal, a malapena mi rendevo conto di stare in un aeroporto. Ogni centimetro di terra, ogni albero, ogni persona mi sembravano impregnati di santità. Non smettevo di pensare: "Ecco la terra sacra dove il Signore Krishna è nato e ha insegnato la *Bhagavad Gita* ad Arjuna, dove il Buddha è nato per diffondere il vangelo dell'Illuminazione e dove Ramana ha raggiunto la Conoscenza del Sé". Ogni uomo che portava la barba mi sembrava un santo. Si potrebbe pensare che fossi ingenuo, ma ancor oggi, dopo ventotto anni in India, per me quello è ancora il luogo più sacro del mondo. La mia gioia di essere infine giunto in India era indescrivibile, ma eravamo appena arrivati che già ripartivamo per il Nepal.

Arrivati a Katmandu, ci recammo a casa di Barbara, l'insegnante di yoga di mio fratello negli Stati Uniti. Barbara era già stata lo strumento di molti cambiamenti importanti nella mia vita, dandomi da leggere la *Bhagavad Gita* o suggerendomi di farmi monaco. Mi chiedevo cos'altro mi avrebbe insegnato questa volta. Il governo nepalese aveva assegnato a lei e al marito una casa di tre piani bella e spaziosa, molto vicina all'ambasciata indiana e a pochi minuti a piedi dalle risaie. Quando il cielo era limpido, si potevano scorgere da lontano le cime innevate dell'Himalaya. Barbara aveva trasformato l'ultimo piano in studio per la pratica e l'insegnamento dello yoga. Il posto era ben ventilato, luminoso e con una vista splendida da tutti i lati. Mi venne data una camera tutta per me.

Barbara era appena rientrata da un viaggio in India. Si era recata nel sud per visitare l'ashram di Ramana Maharshi. Sprizzava di gioia e mi disse che laggiù aveva percepito nettamente la presenza di Ramana. Aggiunse che la pace spirituale era talmente palpabile che la si sarebbe potuta tagliare con un coltello. Non era la pace presente in un cimitero, bensì la pace radiosa che circonda un saggio realizzato. Arunachala, la collina sacra, pulsava di vita. Più volte aveva camminato sulla collina e ne aveva fatto la circumambulazione provando una profonda concentrazione. Mi disse anche che all'ashram c'era un discepolo di Ramana, di nome Ratnamji, che era la vita stessa dell'ashram. In effetti, era convinta che senza di lui l'ashram, benché fosse una dimora di pace, sarebbe stato senza vita. Ratnamji era venuto da Ramana nel 1942, alla giovane età di vent'anni, ed era stato il suo assistente personale fino al 1950, quando Ramana aveva abbandonato il corpo. Ratnamji aveva allora percorso l'India in lungo e in largo, mantenendo uno stretto contatto con alcuni dei più grandi saggi del Paese, servendo molti di loro. Per trent'anni aveva condotto intense pratiche ascetiche e studiato testi spirituali. Irradiava un visibile splendore, possedeva una vasta conoscenza delle Scritture e, soprattutto, le sue parole avevano una forza che portava l'ascoltatore a raggiungere livelli sublimi di comprensione e di esperienza. Barbara mi raccomandò di non lasciarmi sfuggire l'occasione d'incontrarlo.

Era più di quanto potessi sopportare. Già fremevo dalla voglia di arrivare il prima possibile all'ashram, ma queste parole non fecero che intensificare il mio desiderio. La voglia di fare la valigia e precipitarmi alla santa presenza di Ramana divenne l'unico pensiero della mia mente. Earl voleva fare un po' di giri turistici e mi propose perfino di trascorrere un po' di tempo con lui sull'Himalaya. Io, invece, ero sempre raccolto in me stesso, aggrappato alla mia meditazione notte e giorno. Risposi che l'Himalaya era là per l'eternità, noi no, e che la realizzazione spirituale doveva essere raggiunta senza aspettare oltre. Questa dichiarazione lo sconcertò. Gli dissi che preferivo partire per l'India e arrivare all'ashram di Ramana al più presto.

Sentendosi offeso e un po' arrabbiato, Earl mi ribatté che ero libero di fare a modo mio. Non ero obbligato a seguirlo. Fino a quel momento lui era stato la mia guida, sempre attento alla mia felicità e al mio benessere, aveva organizzato il nostro viaggio e assunto ogni responsabilità affinché la nostra vita si svolgesse senza troppi sconvolgimenti. Era quindi naturale che si sentisse ferito dalle mie improvvise velleità d'indipendenza, ma cosa potevo farci? Mi sentivo come un pezzo di ferro attratto da una potente calamita che lo allontanava da tutto tranne che da se stesso. Fu ciò che gli dissi e poi andai subito a comprare un biglietto per l'India.

L'indomani ero già in aeroporto. Earl, Barbara e suo marito erano venuti a salutarmi, dopo un soggiorno nepalese di pochi giorni soltanto. Mi sentivo piuttosto insicuro. Ecco che, a diciannove anni, andavo per la mia strada. Ero a migliaia di chilometri da casa mia, sul punto di tuffarmi per la prima volta a capofitto in una nuova cultura di cui ignoravo tutto. Non avevo nessun progetto per l'avvenire, se non raggiungere in qualche modo l'ashram di Ramana e conseguire la Realizzazione del Sé. Di fronte a questa chiamata interiore era fuori discussione esitare ad abbandonare tutti e tutto. Era chiaro come il sole a mezzogiorno, ma l'incertezza dell'avvenire mi spaventava un po'.

Dopo essere partito dal Nepal, arrivai a Calcutta dove m'imbarcai sul primo aereo per Madras, città del sud dell'India, l'aeroporto più vicino a Tiruvannamalai, la mia destinazione finale. Presi una camera d'albergo, vi depositai i miei bagagli e uscii a fare una passeggiata. Vidi che la maggior parte delle persone camminava a piedi nudi: sembrava che non fossero necessarie le scarpe in questo clima. Inoltre, invece dei pantaloni, gli uomini indossavano un telo, chiamato *dhoti*, arrotolato in vita e che scendeva fino alle caviglie. Facile da lavare, asciugava in fretta, non costava molto ed era perfettamente adatto a questo clima caldo. Decisi quindi di abbandonare i miei abiti occidentali, scarpe comprese. Comprai un *dhoti* e chiesi al gestore dell'hotel come indossarlo. Dopo avermelo mostrato, tentai molte volte di annodarlo in vita, ma appena cominciavo a camminare scivolava e mi ritrovavo nel bel mezzo della hall dell'albergo in mutande! Con un po' di sforzi, riuscii infine a farlo restare a posto un po' più a lungo.

In seguito, dovetti abituarmi al cibo indiano. In vita mia non avevo mai mangiato un peperoncino rosso. Benché la parola "chili", peperoncino, significhi "freddo", era in realtà tutto il contrario! Per di più, il novantanove per cento degli indiani mangia con le mani e non con un cucchiaio o una forchetta. In India si pensa che mangiare con le posate sia come ricorrere a un interprete in una relazione amorosa! Al ristorante, il cameriere mi chiese se desiderassi un cucchiaio, ma rifiutai. Timidamente, osservai come mangiavano gli altri e cercai di imitarli. Devo dire che riuscii a mettere in bocca più cibo di quando usavo le bacchette, ma ciò non significa che fosse molto. A più riprese il cameriere insistette affinché usassi un cucchiaio, ma io continuai imperterrito. Quello che il mio vicino ingeriva in dieci minuti, a me richiedeva mezz'ora, senza parlare dello stato in cui si trovavano la tovaglia e i miei vestiti! Al colmo dell'imbarazzo, abbandonai infine il campo di battaglia, andando trionfalmente a lavarmi le mani, felice di aver superato il peggio e sperando che sarebbe stato più facile la volta dopo.

L'indomani mattina il gestore dell'hotel m'informò che gli autobus per Tiruvannamalai partivano ogni ora a cominciare dalle sei del mattino. Fortunatamente scrisse su un pezzo di carta il nome della città in lingua locale perché, disse, la mia pronuncia era così stramba che avrei rischiato di ritrovarmi in Pakistan! Saldai il conto e presi un ciclorisciò fino alla stazione dell'autobus. Mostrai alle persone il mio pezzo di carta e mi fu indicato di salire su un autobus. Con la valigia in una mano, l'indirizzo nell'altra e il *dhoti* che cadeva continuamente, dovevo offrire proprio un bello spettacolo ai miei compagni di viaggio! Infine l'autobus si mosse e io mi appoggiai allo scomodo sedile, aspettando di poter dare uno sguardo alla montagna sacra Arunachala.

CAPITOLO 2

Svuotare il contenitore – Tiruvannamalai 1968

Duecento chilometri e cinque ore più tardi, ero ai piedi della montagna sacra. Le antiche leggende indù affermano che è qui che Dio scelse di manifestarsi la prima volta dopo la creazione sotto forma di uno sfolgorante fascio di luce che attraversava il cielo all'infinito. Poiché i suoi devoti L'avevano pregato di assumere una forma più tangibile, si trasformò in montagna. Arunachala significa "montagna rossa" o "montagna di fuoco" e il colore rosso simboleggia la luce del Divino. Col passare del tempo, innumerevoli aspiranti spirituali ritennero questo luogo favorevole alla *sadhana* (disciplina spirituale) e si stabilirono ad Arunachala. Costoro ci hanno lasciato un vasto tesoro di poemi di lode a questa collina che, essi affermano, è in grado di dissolvere l'ignoranza spirituale e rivelare la Verità interiore. Più vicino a noi nel tempo, Ramana Maharshi aveva sentito una potente attrazione verso questa montagna, anche dopo la sua Realizzazione, e visse su questo monte per più di cinquant'anni. Avendolo sperimentato personalmente, dichiarava ai suoi discepoli che il Supremo, benché presente in ogni cosa, si presenta con una particolare intensità in alcuni posti del pianeta. L'influenza di questi luoghi può essere percepita dagli aspiranti più evoluti e utilizzata per progredire spiritualmente. Questa cosa, unita a tutti gli effetti prodotti dalle austerità praticate dagli innumerevoli saggi che ci hanno vissuto, ha fatto di Arunachala un luogo ideale per apprendere come disciplinare la mente e giungere infine all'assorbimento nella Verità. In effetti qualche anno fa, quando un gruppo di geologi americani effettuò dei prelievi rocciosi sulla collina, scoprì che si era formata nella stessa epoca della crosta terrestre. A dispetto dei numerosi corrugamenti e inondazioni che hanno colpito la superficie della Terra nel corso delle ere, Arunachala è rimasta intatta.

Dalla stazione degli autobus potevo vedere la città annidata ai piedi della collina. Al centro si ergeva l'enorme complesso del tempio che, fino all'avvento del cinema, era il fulcro della vita sociale e religiosa. Lungo tutto l'anno vi si tenevano numerose feste di carattere religioso, con musica, danza e spettacoli teatrali. La gente allestiva bancarelle dove si vendeva ogni sorta di cibo e di articoli per la casa, compresi giocattoli per bambini. Per educare l'uomo comune e introdurlo alla morale, edificandolo con riflessioni nobili affinché divenisse consapevole del senso e dello scopo della vita, un letterato versato nelle Scritture leggeva, dopo il tramonto, qualche verso e lo commentava per la folla riunita. Si invitavano anche oratori di altre città e venivano organizzati dei dibattiti. Così, gli Antichi si sforzavano di instillare il concetto del Sublime nell'animo delle masse, che altrimenti avrebbero dedicato tutto il loro tempo a cose materiali. Ancora oggi queste attività continuano nei templi indù, ma il pubblico è molto diminuito, vista l'infatuazione della nostra epoca moderna per i piaceri e le distrazioni.

Il tempio dedicato al Signore nella forma di Arunachala è uno dei più grandi dell'India. Si estende su una dozzina di ettari, delimitati da quattro immense mura di cinta fiancheggiate su ogni lato da grandi torri e la sua dimensione imponente incute riverente timore.

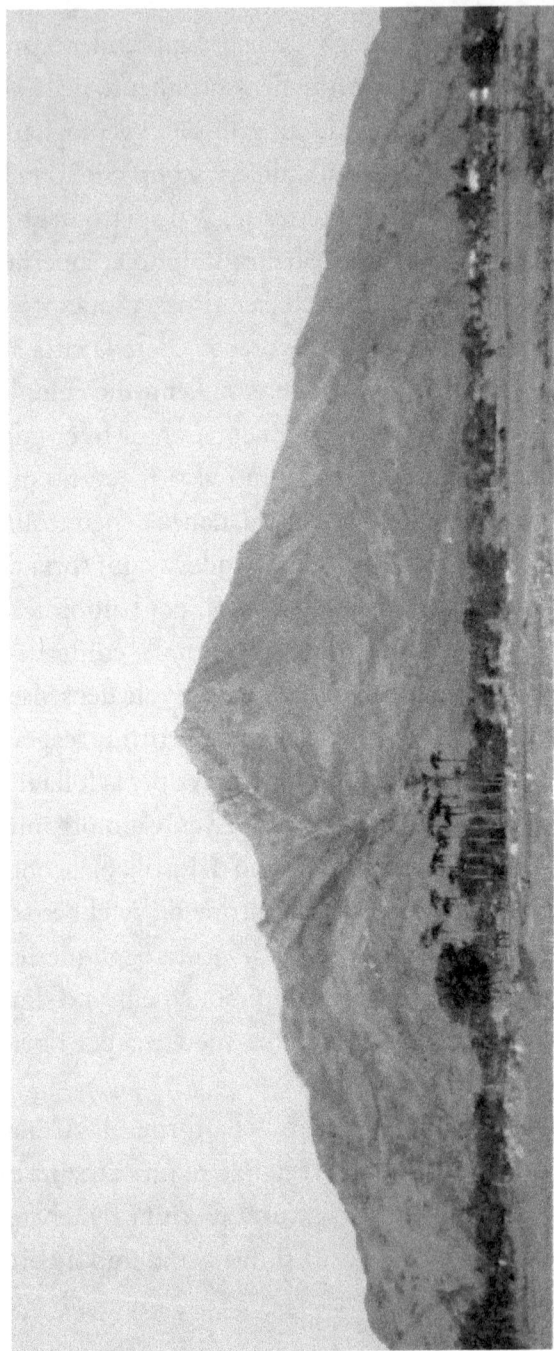
Arunachala, la montagna sacra

Salii su un carretto trainato da un cavallo e mi misi in viaggio per Sri Ramanashramam, il rifugio di Ramana per più di cinquant'anni. L'ashram è situato a due chilometri e mezzo dalla città, in un sobborgo tranquillo. Prima della venuta di Ramana non esisteva neppure e tra la città e l'ashram c'era solo del terreno incolto. Al di là dell'ashram vi era il cimitero, frequentato solo in occasione di funerali. Oggi, tra la città e il cimitero, non c'è un centimetro quadrato che non sia occupato. La strada dell'ashram è sempre molto trafficata: carri trainati da buoi, biciclette, abitanti dei villaggi che vanno e vengono dalla città. Poiché la stagione delle piogge dura solo due mesi all'anno, Tiruvannamalai è un luogo torrido e polveroso, ma questo non influisce minimamente sul senso del sacro che emana. Fino a quel momento avevo visto solo Madras, metropoli in gran parte occidentalizzata. Ora vedevo l'India vera, quella dei villaggi, costruita attorno a una cultura semplice e antica. Arrivando all'ashram fui ricevuto da un ragazzo che lavorava nell'ufficio. Avevo inviato un telegramma per annunciare il mio arrivo. Fui subito condotto nella mia camera, molto in ordine e pulita, e venni lasciato solo. La ispezionai: conteneva un letto, un armadio a muro e un ventilatore. Questa sarebbe diventata la mia casa. Avevo deciso di restare qui qualunque cosa accadesse, fino al raggiungimento della Realizzazione. Pensavo al dispiacere di mia madre nel sapermi così lontano e il suo viso tornava senza sosta ad assillare la mia mente. Più tardi appresi che, per quanto forte possa essere il desiderio di distaccarsi dalla famiglia, dagli amici e dai contatti umani in generale, se queste persone continuano a pensare a noi, possono far nascere pensieri che ci disturbano e ci distolgono dalla meditazione. Dopo aver lottato per un certo tempo contro queste distrazioni, invocai

Ramana affinché solo la sua presenza riempisse la mia mente: poco alla volta, i pensieri legati al passato svanirono.

Ero seduto nella mia camera senza sapere cosa fare quando il giovane dell'ufficio riapparve e mi propose di visitare l'ashram. Accettai con entusiasmo. L'ashram copre circa due ettari e mezzo ed è costituito da un grande refettorio con cucina, un ufficio, una biblioteca, una stalla, una scuola per lo studio dei *Veda* o delle Scritture indù, delle camere per i residenti uomini e un piccolo ospedale. Le donne e le famiglie erano alloggiate fuori dalle mura dell'ashram, in un piccolo padiglione appositamente costruito. Per disposizione di Ramana, le donne erano pregate di lasciare l'ashram la sera e pernottare nella zona adiacente a loro riservata, per evitare ogni eventuale tentazione sessuale da una parte o dall'altra. Certo, Ramana trattava allo stesso modo uomini e donne, ma era pienamente cosciente della debolezza umana. Quelli che venivano da lui desideravano sinceramente riuscire a padroneggiare la mente e i loro sensi e raggiungere il Sé reale. Essendo la sessualità la più potente distrazione della mente umana, si premurava di offrire un'atmosfera che potesse limitare questi rischi. Il miglior modo sembrava essere quello di far alloggiare separatamente uomini e donne.

Quello che mi attirava di più era la tomba di Sri Ramana, il suo *samadhi*, come lo si chiama qui. Quando lo vidi per la prima volta, si stava svolgendo una funzione religiosa. Il *samadhi* è aperto da tutti i lati ed è circondato semplicemente da una griglia in ferro battuto. Sulla pietra tombale è posto un grande fiore di loto in marmo bianco sormontato da uno Shivalingam, una pietra nera e ovale alta una dozzina di centimetri. Nel corso degli anni i saggi indù hanno stabilito che le forme tonde e ovali, non avendo né inizio né fine, sono le più adatte a rappresentare la Realtà senza forma.

Poiché, a causa della sua estrema sottigliezza, l'Assoluto senza forma è al di là di ogni concezione, gli antichi saggi pensarono che sarebbe stato molto difficile concentrarsi senza il supporto mentale di un'immagine. Concentrandosi su una forma che rappresenti il Divino, la mente guadagna progressivamente in serenità e sottigliezza e comincia a percepire il Divino dentro di sé. Come portando degli occhiali da sole con lenti verdi si vede tutto verde, così, in questa fase, tutte le forme dell'universo appaiono circondate da un'aureola di divinità poiché la mente stessa è stata colorata da Quello. Sappiamo molto bene che la nostra percezione del mondo è determinata dalla natura della nostra psiche. Quando lo spirito si impregna della Presenza divina, sviluppiamo spontaneamente una "visione equanime", vale a dire percepiamo questa Presenza in ogni cosa. Affinché accada, è indispensabile una concentrazione perfetta. Scegliere una forma tra le infinite forme dell'universo e visualizzare il Divino in essa è uno dei mezzi per raggiungere tale concentrazione, come attestato e sperimentato da alcuni *Mahatma*.

Durante i rituali indù, il Divino è visto come un invitato che ci sta molto a cuore e a cui si offrono con devozione diversi oggetti come acqua, cibo, fiori e canti. L'ultima offerta consiste nel bruciare della canfora davanti alla Sua immagine. Bruciando, la canfora si volatilizza, non lasciando alcuna traccia. Quando si offre la canfora ardente davanti a Dio, è buona cosa sentire che Gli si sta offrendo la propria individualità. Quando l'individualità è offerta e accettata, ciò che rimane è l'essenza del soggetto, Dio stesso. Questa è la realizzazione di Dio o la realizzazione del Sé. Mentre osservavo il sacerdote bruciare la canfora davanti al *samadhi*, avvertii distintamente emanarsi una presenza vivente, simile al flusso di luce che percepivo in meditazione, con la sola differenza che proveniva dall'esterno. Fui pervaso da una pace profonda. Rimasi piacevolmente sorpreso quando più tardi venni a sapere che in questo luogo erano interrati i resti sacri di Ramana. A partire da quel giorno e per dodici anni la sua tomba divenne il centro della mia vita. Lì ho sentito la sua presenza vivente e ho ricevuto risposta a molti interrogativi per mezzo di questa sola presenza. A quell'epoca non mi preoccupavo di sapere se Dio esistesse oppure no. Sapevo che Ramana si sarebbe sempre preso cura di me. Poco alla volta, nella mia mente comparve l'idea che l'entità che io chiamavo Ramana, altri non era che quella che chiamano Dio, Allah, Cristo o Krishna, secondo la propria fede. La Realtà infinita può rivestire tante forme quante desidera, secondo il luogo e l'epoca, allo scopo di guidare i fedeli.

Per la prima volta nella mia vita, quella notte ebbi quella che chiamerò una visione. Stavo per addormentarmi quando, improvvisamente, mi ritrovai seduto sul letto mentre Ramana entrava. Venne a sedersi accanto a me e, picchiettandomi dolcemente il ginocchio, disse: "Sono contento che tu sia venuto". La sua figura brillava di uno splendore divino. Irradiava una dolce presenza permeata di beatitudine. Mi sentivo come un bimbo accanto a sua madre. Bruscamente mi svegliai, senza alcuna sonnolenza. La mia mente assalita dai dubbi si sentiva rassicurata: avevo fatto bene ad abbandonare tutto per venire da lui. Fu la prima di una lunga serie di visioni.

L'indomani cominciai immediatamente a pianificare un programma quotidiano consacrato prevalentemente alla meditazione, unita allo studio e allo yoga. Stimai che mi occorrevano otto ore di sonno. Mi coricavo quindi alle nove di sera e mi alzavo alle

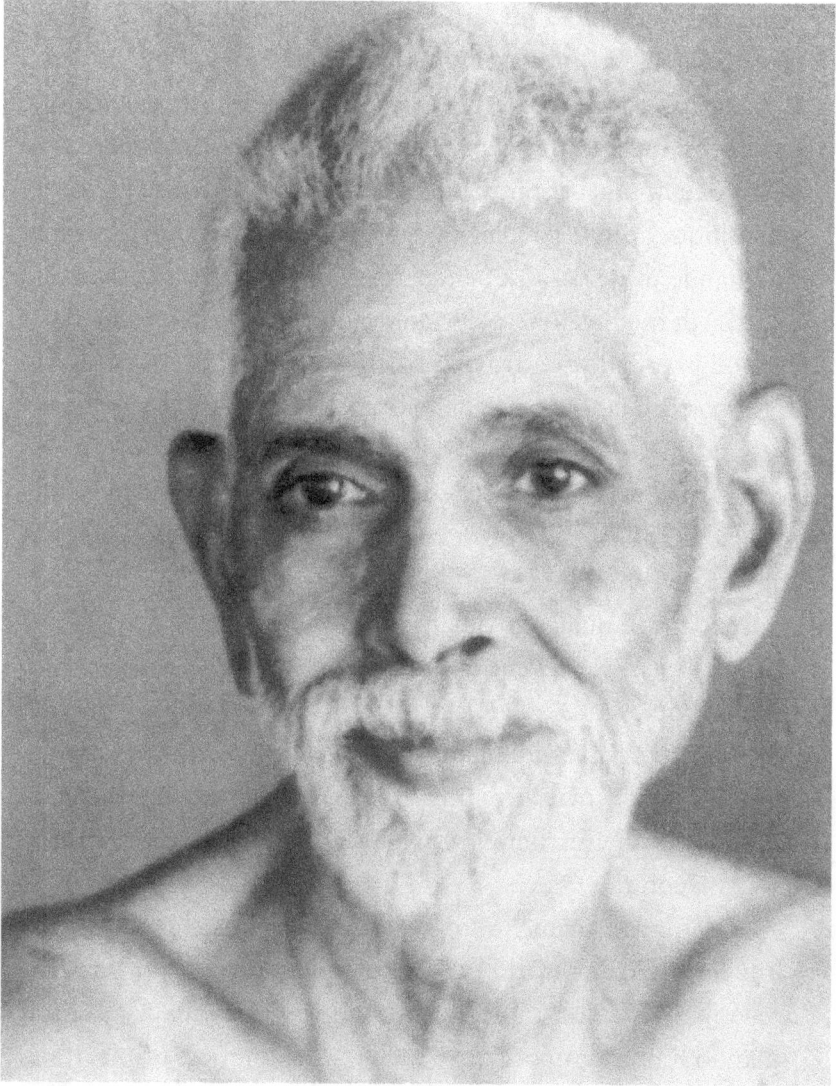

Sri Ramana Maharshi

cinque del mattino. La cena veniva servita alle sette e mezza e quando suonavano le nove avevo già sonno, a meno che qualcosa attirasse fortemente la mia attenzione. Compresi in seguito che un lauto pasto la sera provoca una sonnolenza legata alla digestione. Per contro, se la cena è leggera o addirittura non si cena, cinque ore di sonno sono più che sufficienti. Passavo la maggior parte del mio tempo nella stanza dove Ramana aveva vissuto gli ultimi venticinque anni della sua vita, circondato da un numero sempre più grande di devoti. Dopo la sua morte, la stanza era divenuta una sala di meditazione e vi si potevano vedere persone meditare ad ogni ora, dalle quattro del mattino alle dieci di sera. Anch'io vi trascorrevo circa otto ore al giorno sforzandomi di meditare.

Era trascorso un mese dal mio arrivo all'ashram quando accadde un avvenimento determinante. Stavo andando dalla mia camera alla sala di meditazione con lo sguardo verso il basso, com'era mia abitudine, quando improvvisamente, dalla direzione opposta, sentii qualcuno chiamarmi:

"Ehi fratello, va bene la meditazione? Ti vedo passare tanto tempo a meditare ogni giorno!".

Alzai gli occhi e vidi un personaggio barbuto che irradiava un tale fulgore da provocarmi un fremito. Riuscii solo a emettere un grugnito "Mh". Anche lui proseguì la sua strada senza fermarsi a parlare con me.

Ricordavo vagamente di avere letto da qualche parte che i santi sono circondati da un'aura di splendore divino, ma non avevo mai visto con i miei occhi un tale fenomeno. Oppure sì? Quando Ramana mi era apparso in sogno, un mese prima, il suo viso brillava di uno splendore simile. Mi chiedevo chi mai potesse essere questo sconosciuto così familiare, ma il suo splendore mi aveva talmente colpito che non riuscivo a pensare chiaramente. Rimasi seduto nella sala di meditazione, stordito.

Quel pomeriggio, una coppia di americani di passaggio all'ashram mi propose di andare la sera stessa ad ascoltare un discepolo di Ramana. Concordammo di trovarci dopo cena sulla collina dietro l'ashram. Quando arrivai sul posto, verso le otto, sussultai: il discepolo in questione non era altri che lo sconosciuto barbuto che mi aveva rivolto la parola al mattino. Costui mi accolse con un grande sorriso e mi pregò di sedermi al suo fianco. Stava affrontando diversi argomenti filosofici. Gli chiesi di spiegare cosa fosse un barlume di Coscienza cosmica. La sua risposta, magistrale, venne sotto forma di un lampo accecante che illuminò i dintorni per qualche secondo.

Raggiunsi la mia camera e passai la notte in bianco, impaziente di rivederlo.

L'indomani sera ero di nuovo sulla collina con i miei amici, aspettando l'arrivo di quello che loro chiamavano Ratnamji. Dove avevo già sentito quel nome? Dopo averci pensato a lungo, mi venne in mente che doveva essere il Ratnamji di cui Barbara mi aveva parlato durante il mio soggiorno in Nepal. Le cose cominciavano a quadrare. Ratnamji arrivò poco dopo, come sempre raggiante. Prima d'incontrarlo, non avevo mai visto una persona contenta in ogni circostanza. Egli respirava la felicità. Desideravo porgli una domanda che mi inquietava fin da quando ero partito dagli Stati Uniti.

"Ratnamji, posso farti una domanda?"

"Sì", rispose sorridendo, "di cosa si tratta?"

"Da quando sono partito dagli Stati Uniti, sei mesi fa, sento che il mio denaro è un peso. Vorrei diventare monaco, ma allo stesso tempo tengo da parte del denaro. Non sarebbe meglio dare tutta la mia fortuna ad un'ashram e vivere lì in pace per il resto dei miei giorni?"

"Fratello, stai facendo i primi passi nella vita spirituale. Non hai ancora acquisito la ricchezza interiore della pratica spirituale. Quando l'avrai, Dio provvederà ai tuoi bisogni. Anche se tu donassi il tuo denaro ad un'ashram, per quanto a lungo ti lascerebbero restare? Forse qualche mese, ma poi ti chiederebbero altri soldi e se tu non li avessi, ti chiederebbero di andartene. Che farai allora? Ad ogni modo, è relativamente facile vivere senza denaro, si tratta solo di abituarsi ed adattare i propri bisogni a ciò che si riceve. In questo non c'è niente di straordinario né difficile. Per contro è molto più arduo avere del denaro e spenderlo liberamente, senza considerare quanto ne resta e come avere delle entrate. L'istinto di sopravvivenza crea il bisogno di cibo e si desidera avere del denaro per procurarsi il cibo quando si ha fame. Attaccarsi al denaro è come aggrapparsi alla vita. In effetti si potrebbe anche dire che il denaro è il soffio vitale esteriore dell'uomo comune. Una persona ha l'impressione di essere strangolata se gli viene tolto. Tuttavia, colui che spende senza essere attaccato al denaro può osservare come reagisce la sua mente ed estirpare ogni forma di attaccamento presente. Se fossi in te, continuerei a meditare e allo stesso tempo a spendere senza preoccuparmi dell'avvenire".

Ero impressionato dalla sua conoscenza pratica della vita spirituale e di come operi la mente. Mi aveva sollevato da un grande peso. Sentii nascere in me un immenso rispetto e amore verso quell'uomo saggio, semplice e allegro come un bambino, ma dalla saggezza radicata di un maestro. Gustavo la sua compagnia come un affamato gusta un banchetto. Mi chiedevo come sviluppare un rapporto più stretto con lui. Non sapevo né dove abitava, né

Sri Ratnamji

come trascorreva il suo tempo. Dopo averlo ascoltato parlare ai miei amici, ci separammo.

L'indomani sera mi coricai verso le nove. Alle undici bussarono alla mia porta. Non volevo essere disturbato, così non risposi e non mi alzai nemmeno. Dopo qualche istante sentii bussare alla finestra, accanto al mio letto:

"Neal, Neal! Sei sveglio?"

"No!", risposi leggermente irritato.

"Apri. Ho fame", disse la voce.

A malincuore mi alzai e andai ad aprire. Ratnamji entrò.

"Questa sera sono dovuto andare in città per visitare dei devoti il cui padre è appena morto. Desideravano che cantassi il Nome Divino e portassi loro un po' di conforto. Soffro di mal di stomaco e se non mangio un po' di quando in quando, il dolore peggiora. Avresti qualcosa da mangiare?"

Mi fissò con attenzione, per vedere, suppongo, se fossi arrabbiato per essere stato svegliato.

Avevo in camera alcune noccioline e dello zucchero grezzo. Li presi e gliene diedi un po', conservando il resto per me. Guarda caso, era il suo snack preferito! Ne domandò ancora, e ancora, finché constatai con molta tristezza che era finito. Continuava a raccontarmi quello che aveva detto a quei devoti per rincuorarli. La sua conversazione era leggera ma altamente istruttiva. Continuava a osservarmi attentamente. Speravo sempre di poter ritornare a coricarmi, ma lui se ne andò solo dopo l'una del mattino. Sentivo uno strano benessere nel rimanere seduto in sua compagnia, guastato però dal risentimento per essere stato disturbato e dal desiderio di riprendere a dormire.

Non immaginavo che mi avesse messo alla prova per vedere la natura della mia mente. Desideravo davvero diventare monaco o volevo aggrapparmi a cose lontane dalla Realtà come il sonno? Lui sapeva come scoprirlo. Appena il giorno prima gli avevo fatto una domanda riguardante la rinuncia al denaro ed ecco che oggi mi preoccupavo perché avevo finito tutte le noccioline. Stavo già calcolando mentalmente quanto Ratnamji mi sarebbe costato in zucchero e noccioline se avesse deciso di venirmi a trovare tutte le sere! Quanto mi sarebbe rimasto? Era stata la mia prima lezione pratica nell'arte dello spendere senza essere attaccati al denaro e avevo fallito clamorosamente.

Ratnamji abitava in una camera dell'ospedale dell'ashram ed aiutava il sacerdote principale nei rituali quotidiani celebrati davanti al *samadhi* di Ramana. Questo incarico gli aveva permesso di avere una camera in loco così da non uscire dall'ashram più volte al giorno per riposare. Poiché si svolgevano tre funzioni religiose ogni giorno, passava la maggior parte del suo tempo a pulire, portare l'acqua, disporre le offerte… in poche parole, a preparare l'occorrente per il rito successivo.

La sera dopo aver mangiato le mie noccioline, Ratnamji si presentò da me e si sdraiò per terra, dicendo che non aveva un ventilatore in camera sua e che durante il giorno il calore era davvero insopportabile. Aveva quindi pensato di approfittare del mio ventilatore e al tempo stesso stare un po' assieme. A causa del mio errato senso di superiorità, mi sentivo infastidito da questa sua intrusione, ma al tempo stesso apprezzavo moltissimo la sua compagnia. Mi stesi sul letto mentre lui era sdraiato a terra. A quel tempo ero talmente ottuso e irriverente da non offrirgli il mio letto. Lui aveva sui quarantotto anni, io diciannove. Avendo sempre vissuto negli Stati Uniti, ignoravo come ci si dovesse comportare in presenza di santi e anche se l'avessi saputo, sia per vanità che per pigrizia, probabilmente non sarei stato più gentile.

A quel tempo avevo un'altissima opinione di me stesso. Poiché avevo abbandonato la mia casa, conoscevo qualche *asana* e meditavo un pochino, mi consideravo un perfetto yogi! Non mi era mai venuto in mente che un vero yogi, poiché vive la presenza della Realtà impersonale in se stesso, è pura umiltà. Lui sa che la sua personalità, che la sua individualità non è nulla, semplice apparenza nebulosa costantemente mutevole, e che solo l'Essere impersonale, il sostrato dell'individuo, è reale e immutabile. Sono le onde che appartengono all'oceano e non il contrario. Le onde vanno e vengono, l'oceano rimane. Un vero *Mahatma*, cioè una Grande Anima, è colui che sa di non essere nulla e che solo Dio, il Sé Universale, è reale.

Domandai a Ratnamji come fosse giunto da Ramana. La sua risposta fu una descrizione bizzarra, ma davanti alla sua sincerità, non potei mettere in dubbio la veridicità della sua storia.

"Avevo diciott'anni", cominciò, "ed avevo appena terminato la mia educazione scolastica. Mi ero laureato in Scienze e avevo ottenuto una borsa di studio per proseguire gli studi. Ero uno studente molto bravo. Fu allora che cominciai a soffrire di un male misterioso: avevo una sete inestinguibile che mi costringeva a bere enormi quantità di acqua tutto il giorno. E quando dico 'enormi', voglio dire dai sessanta agli ottanta litri, ossia da tre a quattro secchi d'acqua nelle ventiquattro ore. Era già abbastanza strano in sé, ma la cosa più curiosa era che la mia quantità di urina non era aumentata. Benché bevessi ottanta litri al giorno, producevo solo mezzo litro di urina circa. Soffrivo anche di atroci dolori alla base della colonna vertebrale. I miei genitori mi portarono da ogni tipo di terapeuta: medico allopatico, fitoterapeuta, omeopata e anche da diversi guaritori ma senza successo. Non riuscivano a scoprire né la causa, né la cura. Infine mio cugino mi accompagnò all'ospedale pubblico di Madras, a più di ottocento chilometri dal mio villaggio, dove fui ricoverato.

Dopo essere stato ospedalizzato per due mesi, fui dimesso più o meno nello stesso stato. Di fronte al mio caso i dottori erano perplessi. Quanto a me, ero sempre più debole. Decisi così di tornare a casa e aspettare la morte. Mio cugino ed io prendemmo il treno che ci portò in un villaggio a duecentocinquanta chilometri dal mio, dove viveva un altro cugino. Avevamo deciso di pranzare e pernottare da lui prima di proseguire il viaggio. Quando arrivammo a casa sua, ci accolse chiedendoci perché arrivavamo da Madras e quando apprese il mio stato di salute mi disse:

'In questo momento nel villaggio c'è un uomo che, si dice, sia capace di guarire ogni sorta di malattia apparentemente incurabile. Perché non andiamo da lui prima della tua partenza? Non è medico, ma ho sentito dire che entri in trance e prescriva dei rimedi. Vorresti andarci?'.

Avendo già provato tutto, mi dissi: 'Perché no? Non ho più niente da perdere'.

Dopo pranzo ci recammo da quest'uomo.

Non appena entrai nella stanza, costui esclamò: 'Ratnamji é venuto. Portatemelo immediatamente'. Come minimo, ero molto sorpreso! Come sapeva il mio nome? Non eravamo attesi e nessuno qui ci conosceva. Mi avvicinai e vidi che era seduto di fronte a un'immagine di Hanuman. Davanti a quest'immagine, decorata di fiori, era stato deposto un grosso mucchio di foglie di betel".

"Chi è Hanuman?" chiesi.

"Esiste un'opera antica", spiegò, "chiamata *Ramayana*, che racconta la vita di Sri Rama. In India, Sri Rama è considerato un'incarnazione di Dio, proprio come Cristo in Occidente. Gli indù credono che Dio si incarni innumerevoli volte nel corso della storia per mettere l'uomo sulla giusta strada, quella che lo porta a realizzare il Divino. Dio punisce i cattivi e va in aiuto dei virtuosi. S'incarna ovunque nel mondo, quando ce n'è bisogno, o invia sulla Terra i suoi più stretti discepoli o i santi, conferendo loro il Suo potere divino. Sri Rama nacque nel nord dell'India migliaia di anni fa e mise in scena la Sua vita come un gioco. Hanuman era uno dei Suoi fedeli servitori che non appartenevano al regno umano. Aveva le sembianze di una scimmia, ma una scimmia molto intelligente e molto devota. Nel *Ramayana* si dice infatti che anche Hanuman fosse una scintilla di Dio, inviato sulla Terra per prendere parte al gioco divino di Sri Rama ed ancora oggi è venerato come tale. Si sostiene che onorare Hanuman possa scacciare gli spiriti maligni".

"Cosa intendi per 'spiriti maligni'?", gli chiesi, "Credi veramente che esistano queste entità?"

"Ebbene, proprio come te, all'epoca usavo molto la ragione nelle questioni spirituali e religiose e non volevo credere a nulla che non avessi dapprima verificato personalmente. Avevo persino scritto un articolo che condannava il punto di vista tradizionale su certe credenze e usanze indù. In seguito, ciò che accadde mi convinse che c'è ben altro al di là di quello che vediamo con i nostri occhi. Hanumadass (così si chiamava questo signore) mi fece segno di avvicinarmi. Chiuse gli occhi e poi, lentamente, mi sussurrò che non ero vittima di una malattia. Il problema era altrove e, per grazia di Hanuman, sarebbe sparito. Nella città c'era un nuovo tempio dedicato ad Hanuman. Mi disse di farne il giro centootto volte al giorno per un mese e ritornare da lui. Quando mi chiese di farlo, disse 'gira attorno al mio tempio', per farmi capire bene che Hanuman stesso stava rivolgendosi a me.

Nel giardino fiorito di Tiruvannamalai

Poco convinti, uscimmo e tornammo a casa di mio cugino. Avevo già dedicato tanto di quel tempo ai medici e agli ospedali che pensai: 'Cos'ho da perdere a provare per un mese? Anche se non dovesse dare alcun risultato, avrei almeno ben impiegato il mio tempo, pregando Dio nella forma di Hanuman'.

Decisi di cominciare le circumambulazioni l'indomani.

Il giorno dopo ero nel tempio di Hanuman. Un sentiero era stato appositamente tracciato per coloro che sceglievano di farne il giro. Pregando Hanuman per il successo della mia impresa, compii i centootto giri e poi rientrai a casa. Non appena mi addormentai, sognai che un minuscolo Hanuman era al mio capezzale. Sorridendo, m'indicò l'altra sponda del letto. Voltando il capo, vidi un'esile figura simile a un fantasma. Ero un po' spaventato. Dopo qualche istante la figura svanì. Mi svegliai e scoprii che Hanuman era sempre accanto al mio letto! Dopo poco anche la sua immagine svanì lentamente. Incapace di riaddormentarmi, rimasi seduto tutta la notte a ripetere il nome di Hanuman e a meditare.

Al sorgere del sole andai da Hanumadass e raccontai la mia esperienza notturna. L'uomo non era in trance e mi disse che non c'era nulla di cui preoccuparsi. Pensava che fossi stato posseduto da un fantasma che utilizzava il mio corpo per estinguere la sua sete intensa. Apparendo di fronte a me, Hanuman voleva assicurarmi che mi avrebbe liberato da questo parassita. Hanumadass mi disse anche che erano già successi casi analoghi.

Continuai le circumambulazioni per ventinove giorni, tuttavia la sete non diminuiva per niente. La mia fede stava vacillando, ma quando mi svegliai il trentesimo giorno, non avevo più sete! Per tutta la giornata attesi di vedere cosa sarebbe successo, ma mi sentivo perfettamente normale e perfino la schiena non mi doleva più. Ero euforico! Dopo essere andato al tempio, corsi da Hanumadass per dargli la buona notizia. Gli chiesi allora di insegnarmi come onorare Hanuman e d'impartirmi il suo mantra. Accettò. Vissi con lui e con sua moglie come fossi quasi loro figlio. Lo accompagnavo in tutti i villaggi e l'assistevo nei suoi esorcismi. Partecipavo al culto quotidiano preparando le offerte di cibo o svolgendo ciò che mi era consentito.

Un giorno ricevemmo la richiesta di andare in un villaggio dove, si pensava, una giovane di ventisei anni fosse posseduta. In effetti, la ragazza parlava spesso correntemente in inglese anche se non conosceva questa lingua. Al nostro arrivo fummo condotti a casa sua e lei fu fatta entrare. Hanumadass le chiese chi fosse. Nessuna risposta. Rifece la domanda assicurandole che non era venuto per farle del male.

Parlando un inglese perfetto, la giovane iniziò a raccontare: 'Ero', disse, 'uno studente che passava ogni giorno davanti a questa casa mentre andavo all'università. Ero innamorato di questa giovane ragazza così bella. Desideravo ardentemente stare con lei ma non era proprio possibile a meno che non ci fossimo sposati. Un giorno fui vittima di un incidente fatale e morii. Attualmente, approfitto di lei sotto forma sottile. Se credete che Hanuman possa sbarazzarsi di me, vi sbagliate. Non me ne andrò così facilmente come il mio amico che ha abbandonato il corpo di Ratnamji!'.

Ero, a dir poco, stupefatto! A quanto pare, queste entità vivono assieme in un mondo invisibile agli esseri umani. Svolgendo alcuni rituali, tuttavia, Hanumadass riuscì rapidamente a guarire la giovane da questa possessione.

Avevo già trascorso più di due anni con Hanumadass, quando un giorno, mentre era in trance, mi chiamò. Mi disse che nel sud dell'India c'era un grande saggio di nome Ramana Maharshi. Dovevo andare da lui e vivere al suo fianco. Servendolo, avrei raggiunto il vero scopo della vita, realizzato la mia vera natura. Né Hanumadass né io avevamo mai sentito parlare di questo saggio. Ci informammo e venimmo a sapere che viveva ai piedi di Arunachala, in una città chiamata Tiruvannamalai. Presi congedo dal mio primo maestro e da sua moglie e partii per Arunachala. Al mio arrivo, mi recai direttamente nella stanza di Ramana. Lui era seduto sul suo divano. M'invitò ad accomodarmi. M'inchinai davanti a lui e mi sedetti per terra. Chiusi gli occhi con l'intenzione di recitare il mantra ricevuto da Hanumadass ma, stranamente, non riuscivo assolutamente a ricordarmelo! L'avevo ripetuto migliaia di volte negli ultimi due anni, ma ecco che ora l'avevo completamente scordato.

L'istante dopo sentii di stare per perdere la coscienza del corpo. Al suo posto c'era solo un oceano immenso di luce sfolgorante. La mia mente era perfettamente calma e ricolma di una luce e di una pace ineffabili. Non so quanto tempo rimasi così.

Dopo un po' aprii gli occhi. Ramana mi guardava sorridendo. Mi prostrai davanti a lui e lasciai la stanza. Nel corso dei giorni seguenti, ogni volta che mi sedevo in sua presenza, il fenomeno si ripeteva. Sentivo che il mio posto era lì e decisi di fare di quel luogo la mia dimora definitiva. Speravo di risiedere nell'ashram, ma sentivo tuttavia di dovere prima chiedere il consenso a mia madre. Presi congedo da Maharshi e tornai a casa in treno. Durante il viaggio, sentii la stessa pace e la stessa luce percepite nella stanza. Giunto nel villaggio, raccontai a mia madre quello che era successo. Lei versò lacrime di gioia e mi disse: 'Figlio mio, anch'io avrei desiderato condurre una vita di rinuncia e di spiritualità, ma in qualche modo mi sono ritrovata sposata. Ero

molto delusa vedendo che nessuno dei miei nove figli manife-
stasse simili aspirazioni. Sono tutti soddisfatti della loro vita nel
mondo. Solo tu, il più giovane, esaudisci le mie preghiere. Il mio
desiderio di vita monastica troverà il suo compimento in te. Va',
figlio mio, Ramana è tuo padre e Arunachala il tuo vero focolare.
Lui ti chiama. Hai la mia completa benedizione'.
    Tornai allora ad Arunachala e gradualmente fui ammesso al
servizio personale di Ramana. Da allora sono passati una ventina
d'anni".

Al termine del racconto, era l'ora per Ratnamji di andarsene
perché aveva un programma con orari molto rigidi da rispettare.
Si alzò ed uscì. Lo seguii. Volevo vedere come occupasse il suo
tempo. La sera puliva il *samadhi*, partecipava alla recitazione dei
Veda, assisteva alla funzione religiosa e poi si ritirava per due
ore a meditare, in solitudine. Dopopranzo incontrava i devoti
di passaggio, studiava o compiva, da solo o con altri, il giro di
Arunachala. Non si coricava mai prima delle undici di sera. Alle
tre e mezza del mattino si alzava e svolgeva ogni giorno le stesse
attività: puliva la tomba di Ramana, celebrava il culto e meditava
fino all'ora di pranzo. Aveva anche un suo personale rito di culto,
o *puja*, che svolgeva in camera sua.
    Lo osservai per alcuni giorni, domandandomi come riuscisse
a reggere la stanchezza dormendo solo quattro ore e mezzo per
notte. Infine andai da lui facendogli una domanda che, a mia
insaputa, avrebbe cambiato tutta la mia vita:
    "Ratnamji", gli chiesi, "sembra che tu ti stia affaticando
tantissimo. Posso fare qualcosa per alleggerire il tuo fardello?"
    "Ebbene", rispose, "perché non cominci con il raccogliere i
fiori per il rituale del mattino? Mi occorrono per le sei. Se vuoi

averli pronti in tempo, devi cominciare alle quattro e mezza. Innanzitutto, sarebbe meglio che tu fossi già andato in bagno e avessi finito di fare la doccia e di lavarti i denti. Solo allora sarai pronto per servire Dio".

Mettermi al lavoro alle quattro e mezza di mattina? Ciò significava alzarmi alle quattro! È sorprendente vedere con quanta facilità si possa fare a meno, quando occorre, del sonno delle prime ore del mattino, che sembra così essenziale! Quando si deve prendere un aereo alle cinque del mattino, ci si alza anche alle tre e mezza, non è vero? In effetti molti dei nostri cosiddetti bisogni non sono che abitudini superflue. Il più delle volte dormiamo troppo, mangiamo troppo, parliamo troppo e ci preoccupiamo troppo, convinti che tutto questo sia indispensabile.

Imparai molto in fretta che si possono ridurre i bisogni primari allo stretto necessario, in modo da ottimizzare la propria energia senza danneggiare il corpo. Se ben gestite, la durata della nostra vita e la nostra energia sono sufficienti per condurci alla meta spirituale in questa stessa vita, ma poiché sprechiamo la nostra forza vitale dormendo troppo o impegnandoci in diverse attività superflue, non raggiungiamo i nostri obiettivi. Non è raro vedere persone che meditano da più di venti o trent'anni senza ottenere alcun progresso significativo né acquisire un'esperienza spirituale che non sia una quanto mai fragile tranquillità d'animo. Se si avesse esaminato più attentamente la loro vita interiore, ci si sarebbe accorti che avevano sprecato la loro energia per ignoranza o negligenza e mancato lo scopo della vita. Se si vuole che l'acqua nelle tubature raggiunga rapidamente i piani alti di un edificio, ci si assicura che i rubinetti siano ben chiusi a pianterreno. Allo stesso modo, se si vuol progredire rapidamente a livello spirituale bisogna risparmiare le proprie energie. In tal modo, attraverso la concentrazione è possibile dirigere la forza vitale sempre più in alto fino a giungere alla sommità del capo e fondersi così nell'Assoluto.

Eravamo nel cuore dell'inverno e, anche se faceva caldo durante il giorno, le notti erano molto fredde. Al mattino presto la temperatura si avvicinava ai dieci gradi. Non sapendo che la sala da bagno dell'ashram era dotata di acqua calda, la sera tenevo un secchio pieno d'acqua nel mio bagno. Versare quest'acqua gelida sul mio corpo nella fredda brezza mattutina era il modo più sicuro per trascendere la coscienza corporea!

Dopo essermi lavato e vestito, prendevo un paniere e andavo nel grande giardino dell'ashram. Mi piaceva cogliere fiori nell'ampio giardino, ma c'era un problema: il luogo era infestato da scorpioni e serpenti di tutti i generi, dall'inoffensivo serpente d'acqua fino al cobra reale. Impossibile camminare con un torcia in mano perché avevo entrambe le mani occupate. L'unica luce proveniva da una debole lampadina da venticinque watt situata nella veranda distante circa cinquanta metri. Quella era una vera lezione di abbandono al Maestro. La mia mente era rivolta ai fiori o ai serpenti? Imparai gradualmente a sviluppare abbastanza fede in Ramana da dimenticare gli scorpioni e i serpenti. Non ricevetti mai un morso o una puntura che fosse più velenosa di quella di un'ape o di una zanzara.

Alcune mattine pioveva a dirotto perché erano appena iniziati i monsoni. Acquazzone o no, i fiori dovevano essere nel memoriale alle sei precise. Pensai di acquistare un ombrello, ma Ratnamji non volle sentirne parlare. Mi disse che, poiché desideravo diventare monaco, dovevo vivere con il minimo indispensabile, e mi mostrò come annodare un *dhoti* così che servisse da parapioggia e diventasse una sorta di poncho, ma in cotone.

Mentre coglievo i fiori, mi accorsi di un dettaglio curioso che mi rivelò come funziona la mia mente. Non avevo ancora finito di raccogliere un fiore e già i miei occhi erano su quello successivo. Ero sorpreso da questa mancanza di concentrazione. Cogliere i fiori divenne per me una vera lezione di concentrazione e di abbandono, per non parlare poi della pazienza. Dopo aver consegnato i fiori al *samadhi*, sentii ancora il bisogno di fare altri lavori. Ratnamji disse che potevo spazzare i dintorni del memoriale e lavare i gradini di fronte al *samadhi*. Io sono mancino. Quando impugnai la scopa, Ratnamji notò che utilizzavo quella che lui chiamava la mano sbagliata. Nonostante le mie proteste, insistette affinché utilizzassi solo la mano destra, almeno quando dovevo svolgere un servizio per il Divino. Gli chiesi se non fosse un po' antiquato considerare la mano sinistra come sbagliata. Replicò che gli antichi non erano imbecilli e che la loro visione era onnisciente. Pensavano che la mano sinistra emana una vibrazione negativa e che dovrebbe essere usata solo per aiutare la mano destra. Se però dubitavo della parola dei saggi, potevo, certamente agire a modo mio.

Non avendo il coraggio di farlo, mi sforzai d'imparare a spazzare con la destra. Un'altra difficoltà era che la scopa era lunga un po' meno di mezzo metro ed era molto vecchia e logora. Dovevo piegarmi in due per poter spazzare correttamente e l'area davanti alla tomba era piuttosto vasta. Anche con una buona scopa, si sarebbe impiegato mezz'ora a pulirla, ma con questa piccola scopa mi occorrevano tre quarti d'ora e alla fine ansimavo. Mi azzardai a chiederne una migliore.

"Siamo dei poveri monaci, dobbiamo fare tutto riducendo le spese al minimo. Se necessario, Ramana ti procurerà di certo una scopa migliore. Prima di allora, usa questa", rispose Ratnamji.

Cominciavo a chiedermi in quale ginepraio mi fossi cacciato offrendogli il mio aiuto, ma non potevo fare già marcia indietro e così perseverai.

Non appena aveva un momento libero, Ratnamji veniva nella mia camera a conversare. Mi raccontò della sua vita accanto a Ramana, che esercitava una ferrea disciplina sui suoi discepoli più stretti. Certo, manifestava a tutti grande affetto e premuroso interesse per il loro progresso spirituale, ma con chi desiderava ardentemente avanzare sul sentiero spirituale, si dimostrava molto esigente e correggeva perfino i minimi dettagli. Non bisognava gettare via un mozzicone di matita anche se ce n'era una nuova perché ogni cosa veniva fornita da Dio e quindi doveva essere utilizzata completamente e correttamente. Anche la carta straccia doveva essere usata almeno per accendere il fuoco e non gettata semplicemente via. Ramana stesso tagliava i bordi dei giornali e, dopo averli legati assieme, li utilizzava per scrivere brevi versi o appunti. Con il suo esempio insegnava come tenere per sé il minimo dando agli altri il massimo. Persino sul letto di morte, mentre stava esalando l'ultimo respiro, insistette affinché fosse permesso a chi era andato a trovarlo di avvicinarsi. La sua vita era priva di ego e di desideri personali e si aspettava che anche i suoi discepoli fossero così.

A quell'epoca c'erano quattro o cinque uomini che si prendevano cura, a turno, di Ramana. Quando Ratnamji si unì a loro, gli venne chiesto quale fascia oraria preferisse. Rispose che avrebbe preso quella che rimaneva dopo che tutti avevano scelto. Chiaramente nessuno voleva il turno dalle dieci di sera alle quattro del mattino perché significava non dormire la notte. Quel turno fu dato a Ratnamji. Mi disse che, poiché si era messo all'ultimo posto ed era pronto a svolgere il turno peggiore, aveva in effetti ottenuto la cosa migliore perché di notte l'ashram era deserto e poteva così stare da solo con lui. Ramana dormiva pochissimo e insegnò tante cose a Ratnamji. In brevissimo tempo, quest'ultimo imparò più da Ramana di quanto non avrebbe potuto fare altrimenti in molti anni.

Parlando con me e facendomi partecipe delle sue esperienze, Ratnamji mi dava la sensazione di essere suo figlio o il suo fratellino. M'interrogava anche sul mio passato e mi diede molti consigli sulla mia alimentazione, le posture di yoga e la meditazione. Poco alla volta, la nostra relazione si approfondì. Lentamente mi accorsi che Ratnamji era la risposta al mio desiderio di trovare un Guru. Ramana l'aveva formato accuratamente e anche lui era diventato un grande saggio. Un giorno andai a trovarlo e gli dissi: "Sento che tu sei il mio Guru".

"Ti sbagli", mi rispose, "tu ed io abbiamo lo stesso Guru, Ramana Maharshi. Per quanto mi riguarda, tu sei semplicemente il mio giovane fratello spirituale".

Ero dispiaciuto e il mio volto tradiva ciò che sentivo.

"Bene, se preferisci, puoi considerarmi come uno strumento che Ramana ti ha inviato per mostrarti il cammino. Ma ti avviso: in ventotto anni passati qui, non ho mai incontrato nessuno che fosse capace di sostenere il mio ritmo. Sono costretto ad attenermi al modello indicatomi dal mio Guru e chi vuole seguirmi dovrà fare lo stesso. Non ho mai respinto nessuno, ma la maggior parte delle persone se n'è andata non riuscendo a reggere questo ritmo".

Immediatamente decisi che non l'avrei mai abbandonato e che non mi sarei mai dato per vinto. Gli chiesi quali fossero i doveri di un discepolo.

"Sviluppare innanzitutto la fede nel suo Maestro e poi obbedire implicitamente a tutti i suoi ordini, ben sapendo che, se ti chiede di fare una cosa in un certo modo, è unicamente per il tuo progresso spirituale. Se non hai una fede perfetta in un santo, è meglio non prenderlo per Maestro, ma se decidi che lo è, gli devi un'obbedienza cieca. Anche per acquisire una conoscenza secolare occorre seguire le indicazioni degli insegnanti per apprendere e ottenere i risultati sperati. A maggior ragione se si desidera fare esperienza della spiritualità, molto più sottile e complessa del sapere del mondo".

Obbedire. Sebbene conoscessi il significato della parola, non l'avevo mai praticata. Fin da piccolo non avevo fatto che disobbedire a mia madre, ai miei insegnanti e alla società. Avevo vissuto in modo anarchico, agendo a modo mio, come e quando mi pareva. Potevo tuttavia capire che per raggiungere un determinato scopo bisognasse obbedire a certe regole. Volevo fare esperienza della Beatitudine assoluta e sentivo che Ratnamji la conosceva e accettava di mostrarmi come acquisirla. Non sarebbe poi stato così difficile ubbidirgli. Tuttavia, per tutti i successivi otto anni del nostro rapporto fino al suo decesso, l'obbedienza fu la mia principale pratica e fonte di conflitto.

Chi ubbidisce a un vero saggio perviene gradualmente alla pace della mente. Lo stato di coscienza di Dio in cui vive il saggio finisce per essere, a poco a poco, anche la sua esperienza. È come sintonizzare una radio: le numerose lunghezze d'onda sono presenti in tutta l'atmosfera, ma noi captiamo solo la frequenza su cui la radio è sintonizzata. La nostra mente è simile a una radio: riceve continuamente stimoli grossolani attraverso i cinque sensi e stimoli sottili emessi dalla mente e dalle vibrazioni di altri esseri viventi. Senza dubbio il più sottile di tutti i principi è Dio, la Verità. Coloro che ne hanno fatto esperienza, dicono che Dio può essere conosciuto solo quando la mente diventa estremamente pura, serena e sottile. Giungere a un tale stato richiede un allenamento costante e la supervisione rigorosa di qualcuno che conosca Dio nella Sua pienezza. Le nostre parole e le nostre azioni sottostanno agli ordini della nostra mente. Possiamo valutare piuttosto accuratamente lo stato mentale di qualcuno ascoltando semplicemente le sue parole e osservando il suo comportamento, sebbene esistano fattori come le intenzioni nascoste, che in questo momento non è necessario prendere in considerazione. Nel corso dei secoli, gli aspiranti spirituali hanno anche imparato che è possibile mutare la propria condizione mentale modificando il proprio comportamento e il proprio linguaggio.

Questo è il fulcro del rapporto tra un vero saggio e un discepolo sincero. Il discepolo desidera fare l'esperienza della Realtà, ma il suo modo di pensare e d'agire errati glielo impediscono a meno che non gli vengano indicati i suoi errori e lui li corregga. Quando la mente è stata purificata, la Verità che l'abita traspare spontaneamente senza più alcun impedimento. Un vero santo non fa altro che mettere in evidenza gli errori e aiutare a correggerli. Non appena la mente è divenuta pura, tutto accade senza sforzo, istantaneamente. Anche se le istruzioni del Maestro sembrano talvolta incomprensibili, man mano che la nostra esperienza spirituale diventa più profonda, ne cogliamo sempre più il senso. Prima di allora, l'obbedienza è l'unica via.

Ai giorni nostri, ci sono molti culti e tanta gente che proclama di essere un Guru. Non mi riferisco a nessuno di loro. Il mio interesse è solo per l'aspirante sincero che desidera conoscere il Sé e per il vero saggio che è stabilito in questo stato. Certamente, ognuno deve osservare e cercare di valutare se questa o quella persona è idonea ad essere una guida spirituale, anche se bisogna ammettere che è molto difficile riconoscere chi è illuminato e chi non lo è. Indubbiamente l'assenza di paura, l'altruismo, il controllo dei sensi e l'equanimità verso tutti sono qualità caratteristiche delle Anime Realizzate, che possono anche non manifestare apertamente il loro stato. In ultima analisi, è la nostra intuizione che deve guidarci. Sembra essere una legge della natura che un aspirante sincero incontri un giorno o l'altro un autentico santo, anche se deve attendere a lungo.

Dopo un mese passato con Ratnamji, mi accorsi che avevo cambiato radicalmente il modo di utilizzare il mio tempo. Quello che inizialmente intendeva essere un piccolo aiuto per alleggerirlo un po', era diventato un lavoro a tempo pieno. Praticamente non avevo più tempo per meditare. Più aumentavano l'amore e l'ammirazione per lui, più aumentava il tempo che trascorrevamo assieme. E ben presto vissi con lui ventiquattr'ore su ventiquattro. Studiavo accuratamente il suo modo di vivere e ciò che diceva a me e agli altri. Numerose volte mi ripeté che non bisognava accettare tutto quello che diceva semplicemente perché era lui a dirlo. Dovevo pesare attentamente se ciò che aveva detto era esatto oppure no e, nel dubbio, porgli delle domande. Quest'uomo meraviglioso non era né una chioccia né un tiranno. Voleva che io sbocciassi utilizzando la mia intelligenza. Lui mi mostrava la via, ma ero io ad essere al comando del veicolo.

Benché non me l'avesse mai chiesto, scelsi di svolgere ulteriori compiti. Oltre a raccogliere fiori e spazzare, cominciai a pulire la sua camera, preparare l'occorrente per la sua *puja* personale, portargli l'acqua calda per il suo bagno mattutino, svolgere il ruolo di segretario per la sua corrispondenza in inglese e quant'altro. Ridussi a cinque le mie ore di sonno, senza peraltro sentirmi peggio. Tutto sommato mi sentivo più fresco e più sveglio. Scoprii anche che due buoni pasti al giorno, senza alcuno spuntino intermedio, bastavano ampiamente e mi lasciavano più leggero. Quando mi accorgevo che Ratnamji aveva bisogno di integrare la sua dieta, andavo a comprare degli alimenti senza che me lo dovesse chiedere. I suoi bisogni erano veramente minimi. Cominciai a dormire per terra come lui e trovai che fosse più confortevole di un letto. Una volta abituati a una vita semplice, si può essere felici ovunque, anche se non si possiede niente. Quando non possiamo soddisfare i nostri cosiddetti bisogni siamo assaliti dall'angoscia e dall'inquietudine. Quanti tra noi trovano la vita insopportabile senza una camera di lusso con alti materassi, una televisione e la sala da bagno attigua! In realtà, due metri quadrati, non importa dove, anche sotto un albero, bastano a una persona in buona salute. É lo stato d'animo che fa tutta la differenza.

Un giorno Ratnamji ricevette una cartolina che lo invitava a partecipare ad una festa religiosa in un ashram del nord dell'India. Sulla parte superiore della cartolina era scritto un mantra con il nome di Dio. Appena sotto c'era una citazione tratta da una delle Scritture indù che sottolineava il potere di questo mantra ed affermava che ripetendolo trentacinque milioni di volte si raggiungeva una perfetta purezza d'animo e l'assorbimento nel Reale. Domandai a Ratnamji se questo fosse vero.

"Ma certo. Le Scritture sono state composte dagli antichi saggi che attraverso vie diverse hanno realizzato Dio. Avevano fatto esperienza svolgendo varie pratiche spirituali per giungere infine a realizzare il Divino. In seguito avevano trasmesso oralmente il loro sapere ai propri discepoli, che a loro volta le hanno tramandate ai loro discepoli e così via. A quel tempo la stampa non esisteva e il sapere era trasmesso a parole. Poiché la loro vita era molto disciplinata, avevano un'immensa capacità di memorizzazione ed erano in grado di ricordare qualunque cosa, persino migliaia di versi.

Le esperienze spirituali di questi saggi sono riportate nelle Scritture. Più tardi questi versi vennero raccolti, trascritti e diffusi pubblicamente. Alcuni anni fa ho visto con i miei occhi uno studioso dei *Veda* recitare una parte di queste Scritture per ventotto ore. Non solo il testo deve essere corretto, ma occorre addirittura intonare ogni sillaba in un modo ben preciso per non cambiarne il senso. Ancora oggi esistono studiosi che possiedono una memoria prodigiosa".

A queste parole, decisi di ripetere il mantra trentacinque milioni di volte. Stimai che, se l'avessi recitato diciotto ore al giorno a una velocità media pur continuando a svolgere le mie attività, avrei impiegato venticinque anni. Chiesi a Ratnamji cosa pensasse della mia idea e lui l'approvò. Da allora la recitazione del mantra divenne la principale pratica spirituale che mi avrebbe aiutato a realizzare Dio.

Dopo due mesi che ero arrivato nell'ashram, cominciarono a sorgere delle difficoltà. Alcuni *sadhu* e monaci residenti iniziarono a provare gelosia verso Ratnamji, pensando che gli dessi grosse somme di denaro. In India, la gente locale crede che in genere gli occidentali siano ricchi, e forse lo sono, se paragonati agli indiani. In realtà io non avevo mai regalato soldi a Ratnamji e all'infuori di un po' di cibo non comperavo niente per lui. Ogni tanto mi sconsigliavano di frequentarlo e io mi opponevo con fermezza all'idea. Questo non fece che inasprire la situazione e infine mi fu chiesto di lasciare la mia camera e di andare nel dormitorio assieme agli altri monaci itineranti. Riferii la cosa a Ratnamji che mi suggerì di cercare una camera fuori dell'ashram perché prima o poi mi avrebbero pregato di andarmene. Mi misi a cercare tra le abitazioni vicino all'ashram e subito, nella prima casa in cui chiesi informazioni, trovai un'ampia camera in affitto a un prezzo molto ragionevole. Il giorno stesso vi trasferii i miei pochi averi e così cominciò un nuovo capitolo del mio apprendistato.

La casa apparteneva a uno dei più vecchi devoti di Ramana che vi viveva con la sua famiglia fin dal 1930. Si dà il caso che fosse pure grande amico di Ratnamji. Anche lui aveva alloggiato nella stessa abitazione vent'anni prima. Il padrone di casa, molto pio e dal carattere fanciullesco, era sempre pronto a narrare affascinanti aneddoti sulla sua vita con Ramana. Un grande giardino, esteso per quasi mezzo ettaro e pieno di alberi da frutto e di fiori, circondava la casa, situata a cinque minuti a piedi dall'ashram: il luogo ideale per una vita in isolamento imperniata sulla pratica spirituale. Narayana, questo era il nome del mio padrone di casa, mi raccontò che, quando volle scavare un pozzo per la sua casa, portò a Ramana la planimetria della proprietà. Ramana indicò un punto e il pozzo fu scavato proprio lì. Durante la stagione calda la maggior parte dei pozzi della regione si prosciuga, eccetto due: quello di Narayana e quello dell'ashram, alimentati da una fonte inesauribile.

Inizialmente Narayana era molto scettico riguardo Ramana e andò da lui solo per l'insistenza di un amico. Quando entrò, Ramana stava commentando un passo dei *Veda* che parlava dell'unità di Dio e della Sua creazione. Stava dicendo che chi, dopo aver purificato la mente, raggiunge l'identità con Dio, pur avendo un corpo non è assolutamente diverso dall'Assoluto senza forma. Il potere dell'Essere Supremo si manifesta in lui.

Narayana attese che Ramana uscisse dalla sala per andare a pranzare e gli chiese: "Lei parlava dell'identità tra Dio e un Essere Liberato. Sta parlando per esperienza personale?" Ramana sorrise con dolcezza e rispose: "Avrei detto una cosa simile se non ne avessi fatto esperienza?".

A quelle parole Narayana fu sommerso da un senso di rispetto e si prosternò interamente ai piedi di Ramana e da allora divenne uno dei suoi devoti più stretti.

Qualche giorno dopo il mio trasloco nel nuovo alloggio, Ratnamji venne a farmi visita. Dopo aver salutato Narayana, diede un'occhiata in giro nella stanza e mi disse che sarebbe stato meglio che cucinassi personalmente il cibo invece di mangiare ciò che preparava la famiglia che mi ospitava. Avrei speso di meno e inoltre mi avrebbe aiutato nella vita spirituale. Secondo Ratnamji, gli alimenti diventano sensibili all'energia di coloro che li hanno cucinati. Come delle calamite, captano le vibrazioni e le assorbono. Se chi prepara il cibo ha molti pensieri negativi, alcuni di essi possono introdursi nella nostra mente quando mangiamo questi piatti. I pensieri, di natura sottile, influenzano la mente, il nostro corpo sottile, mentre il cibo nutre la nostra parte grossolana, il corpo fisico. Tutto questo ha poca importanza per i comuni mortali, non molto interessati a lavorare sul contenuto della loro mente. Per contro, un aspirante spirituale deve impegnarsi a ridurre e a purificare i suoi pensieri. Il vero Sé può splendere senza ostacoli solo in una mente libera dai pensieri. Cucinando il proprio cibo si impara progressivamente a distinguere i pensieri che ci appartengono da quelli degli altri. Quando si dedica la maggior parte del proprio tempo a sforzarsi di controllare e concentrare la mente, ci si rende conto di quanto questa pratica sia preziosa. Ratnamji mi disse anche che non bisognava esitare ad accettare del cibo da qualcuno più evoluto perché ci avrebbe aiutato spiritualmente. Mi consigliò di comprare un fornello a kerosene che non costasse troppo, qualche pentola in terracotta e del cibo crudo. L'indomani stesso andai al mercato e li acquistai. Dopo aver terminato il lavoro all'ashram, Ratnamji mi raggiunse. Mi ordinò di portare dell'acqua e dopo averla messa a bollire mi mostrò come tagliare le verdure. "In India", mi disse, "il contorno è costituito da un solo ortaggio che cambia ogni giorno. Il riso o il grano sono gli alimenti di base, il che rende la nostra cucina molto semplice. Fai cuocere il riso in una pentola mentre in un'altra metti delle lenticchie a bollire fin quando diventano tenere. Poi aggiungi le verdure, le spezie e il sale. Se vuoi, compra del latte per fare dello yogurt da unire al cibo. Per variare, puoi scegliere una verdura diversa ogni giorno. Forse questo non è il modo di cucinare di una famiglia tradizionale perché è molto elementare, ma per noi è sufficiente. Se vuoi semplificare la mente, devi semplificare tutti gli aspetti della tua vita esteriore. Tutto questo potrebbe portare alla noia la gente comune, ma per un aspirante spirituale è un'avventura vedere, minuto per minuto, fino a che punto riesce a ridurre il flusso dei suoi pensieri".

"Perché tagli i vegetali così lentamente?", esclamò, "se continui così non mangeremo prima di domani!"

Da parte mia pensavo che li stessi tagliando velocemente e glielo dissi. Lui mi prese il coltello dalle mani e finì il lavoro in metà del tempo che avrei impiegato.

"Bisogna prestare attenzione e allo stesso tempo essere veloci. Fare le cose con cura non dovrebbe servire da pretesto per essere lenti come una lumaca. Per un osservatore superficiale, serenità e indolenza potrebbero sembrare la stessa cosa. Devi capirne la differenza ed evitare la lungaggine. Un devoto dev'essere veloce e capace, mantenendo allo stesso tempo la sua calma interiore. Dovrebbe saper lavorare quanto, se non più di un altro, senza sentirsi stanco mentalmente". Ricordo un giorno in cui massaggiavo le ginocchia di Ramana con un olio medicato. Soffriva di dolori reumatici molto forti e aveva bisogno di essere massaggiato quotidianamente. Mentre stavo frizionando le sue ginocchia, cominciai ad ansimare. Pregandomi di smettere, mi disse: "Poiché ti identifichi troppo con il lavoro, il tuo soffio vitale ne risente. Quando lavori, non lasciare che la tua mente sviluppi attaccamento verso ciò che stai facendo. Cerca di mantenere un certo distacco interiore, sii come un testimone, calmo e rilassato interiormente, anche se, esteriormente, stai lavorando come un pazzo".

Ci provai e da allora svolgo una mole di lavoro senza provare fatica mentale o essere travolto dai pensieri. Se mi siedo per meditare, subito la mia mente s'immerge profondamente, assorbita nella sua fonte. Quando invece lavoro con attaccamento e con agitazione, non riesco a meditare per molte ore, dovendo aspettare che il flusso dei pensieri rallenti. "Se per il momento non riesci ad essere distaccato, ripeti almeno il Nome Divino mentre lavori. Poco alla volta, la tua mente si aggrapperà a questo Nome piuttosto che al lavoro e la tua pace non sarà più disturbata".

Mi fece cenno di andare a sedermi al suo fianco e m'indicò la pentola in cui stavano cuocendo le verdure.

"Guarda", disse, "il calore fa saltare e danzare le verdure, ma se tolgo la pentola dal fuoco tutto ritorna tranquillo. Succede lo stesso con la mente. L'attaccamento al proprio lavoro riscalda la mente e i pensieri cominciano a ribollire. Niente calore, niente danza".

Con Ratnamji, tutto diventava un pretesto per insegnarmi un principio spirituale. Stare con lui significava imparare in continuazione. Da giovane avevo spesso marinato la scuola, ora lo stavo scontando prendendo lezioni giorno e notte! Mi sedetti in un angolo e attesi il seguito. Tolse la marmitta dal fuoco, prese del cibo e lo mise sul mio piatto e poi sul suo. Infine mi chiese se avessi una foto di Ramana. Ne avevo una in un libro e gliela diedi. La collocò vicino al cibo e, lentamente, fece finta di dare da mangiare all'immagine per una quindicina di secondi. Poi prese un po' di ciò che era nel piatto e lo diede a qualche cane affamato e ai corvi che aspettavano. Al termine, sedemmo e iniziammo a mangiare.

"Che cosa significa quello che hai fatto?" gli chiesi.

"Noi consideriamo Ramana nostro Guru e nostro Dio. Nutrendolo per primo, il cibo è santificato e ci aiuterà a conquistare la nostra mente. La maggior parte degli occidentali è contraria all'idea di adorare un uomo come Dio, o comunque ad assegnare una qualsiasi forma a Colui che è senza forma. Ciò deriva probabilmente dalle ingiunzioni dell'Antico Testamento che insegnavano a non adorare Dio sotto nessuna forma poiché l'Essere Supremo ha una personalità ma non una forma. Nella religione vedica, Dio nel suo aspetto assoluto non ha né forma né personalità. È pura Esistenza, come magistralmente esprimono le parole del Signore a Mosè sul Monte Sinai: 'Io sono Colui che è'. Tuttavia, per motivi di culto e per creare una comunione con i Suoi fedeli, può manifestare la Sua presenza in qualunque oggetto dell'universo. Se i nostri pensieri e la nostra devozione sono abbastanza forti, possiamo sentire la Sua Presenza in ogni atomo del creato.

Sulla collina di Arunachala (1974)

Proprio come il pensatore è presente in ogni suo pensiero, Dio pervade questo universo, che non è altro che il risultato della Sua volontà e del Suo pensiero. Se vogliamo vedere Dio interiormente e fonderci in Lui, raggiungendo così la Beatitudine divina, dobbiamo rendere focalizzata e sottile la nostra mente. Ma com'è possibile concentrarsi su un Essere etereo, sprovvisto di forma? La nostra mente è costantemente attratta da forme e da suoni. Dobbiamo scegliere una forma e cercare di vedere Dio in essa. Progressivamente, acquisiremo la concentrazione necessaria per vederLo in tutto, come l'essenza onnipresente. È per questo motivo che ho prima offerto il cibo a Dio nella forma del nostro Guru e poi nelle sembianze di animali affamati. Agire in questo modo susciterà in noi sentimenti di compassione e solidarietà verso le altre creature. In tal modo allargheremo i nostri orizzonti fino ad acquisire, con il tempo, la visione cosmica di Dio in ogni cosa. Capisci?"

Con questa risposta a una semplice domanda, Ratnamji aveva esposto in poche parole il pensiero delle varie scuole filosofiche giudaico-cristiane e orientali. Ero pieno di ammirazione davanti alla profondità del suo sapere e alla larghezza delle sue vedute.

Terminato il pranzo, si sdraiò su una stuoia per riposare mentre io pulivo l'angolo della stanza dove avevo cucinato. Mi accovacciai per sparecchiare i piatti e le pentole.

"Perché ti accovacci così?", domandò, "Quando devi fare dei lavori a terra, se rimani in piedi e ti pieghi in avanti, allungherai i muscoli delle gambe e rafforzerai i nervi, rimuovendo così ogni traccia d'indolenza dal sistema nervoso. Se eliminiamo sia l'indolenza che l'agitazione, meditare diventa più facile".

Osservai le sue indicazioni e uscii a lavare le pentole. Sempre in piedi, presi un po' di detersivo in polvere e iniziai a strofinare vigorosamente le pentole, piegando ovviamente il busto.

"Vedi, noialtri poveri monaci non possiamo permetterci di sprecare così tanto sapone. Se adoperi della sabbia fine e asciutta e la utilizzi al posto del sapone, eliminerai tutto lo sporco e l'unto senza spendere un soldo. Ieri ti guardavo lavare una bottiglia d'olio vuota. Quanto sapone hai sprecato! Era sufficiente metterci della sabbia, scuotere la bottiglia, introdurvi un rametto e ruotarla energicamente per rimuovere tutto l'olio dalle pareti. A quel punto, bastava un pizzico di detersivo per renderla perfettamente pulita".

Cominciavo a sentirmi soffocare. Sembrava che non sapessi far nulla correttamente e che lui sapesse tutto. Non osavo più fare un passo per paura che trovasse da ridire anche sul mio modo di camminare! Finii di lavare i piatti e sistemai gli utensili sullo scaffale. Ratnamji controllò che li avessi collocati a testa in giù. Per fortuna avevo avuto il buon senso di farlo. Mi coricai e fui preso dalla sonnolenza.

"Ehi, Neal! Dormi? Non va bene dormire di giorno. Se dormi dopo il sorgere del sole o prima del tramonto, il corpo si surriscalda e invece di sentirti ristorato e in forma, ti sentirai stanco e fiacco. Se sei stanco, lava semplicemente il viso e le braccia con dell'acqua fredda e poi stenditi ripetendo per un po' il Nome Divino senza chiudere gli occhi!"

"Forse non dovrei neppure respirare!" mi dissi.

Nel pomeriggio Ratnamji tornò all'ashram per riprendere le sue occupazioni. Dopo un po' lo raggiunsi. Al termine dei canti vedici e del rito serale davanti al *samadhi*, andai a meditare, ma durante la meditazione fui sopraffatto dal sonno. Non appena chiusi gli occhi, la testa ciondolò. Cercai di lottare senza successo.

Amareggiato, tornai nella mia camera e terminai il resto del pranzo. Ratnamji ne aveva preparato una quantità sufficiente perché non dovessi cucinare di nuovo la sera. Arrivò a casa mia verso le otto, dopo aver cenato all'ashram. Era accompagnato da un amico, un uomo grande e forte, dal sorriso radioso e dalla risata facile, come i bambini. Doveva avere circa settant'anni.

"Lui è Bhaiji", mi disse Ratnamji, "Bhaiji è una delle prime persone che ho incontrato quando arrivai qui nel 1942. É un professore di filosofia in pensione e viene da Hyderabad, una grande città a ottocento chilometri a nord. Dagli anni '30 fa visita a Ramana ogni volta che i suoi obblighi famigliari e professionali glielo permettono. Abbiamo subito simpatizzato e nel corso di tutti questi anni mi ha fatto da padre, madre, fratello maggiore e da guida, un po' come io con te. Bhaiji, racconta a Neal come sei arrivato da Ramana".

"All'epoca insegnavo filosofia nella più grande università dello stato", cominciò Bhaiji, "avevo circa quarantadue anni. Nonostante fin da piccolo provassi interesse per la vita spirituale, non avevo mai approfondito la cosa. Un giorno stavo facendo la doccia quando sentii un rumore. Mi volsi e vidi un uomo nel mio bagno che mi guardava sorridendo. Eppure ero sicuro di avere chiuso la porta. Non indossava che un perizoma e aveva in mano un bastone da pellegrino. Terrorizzato, uscii dalla stanza urlando. Accorse tutta la mia famiglia. Quando seppero il motivo delle mie grida, cominciarono a guardare dappertutto nella stanza da bagno senza trovare alcuna traccia dello sconosciuto.

Una settimana più tardi, mentre sfogliavo un testo sulla filosofia del *Vedanta*, rimasi molto sorpreso nel vedere in prima pagina una foto dell'uomo visto in bagno. Indossava un perizoma e aveva con sé un bastone da pellegrino e tutto il resto. Sotto la foto c'era il nome: Sri Ramana Maharshi. Nell'introduzione del libro si spiegava che si trattava di un saggio realizzato che viveva ai piedi della collina Arunachala. Non appena ottenni un permesso dal lavoro, partii per Arunachala.

Arrivato all'ashram, andai subito nella sala di meditazione. Ramana era seduto su un divano e irradiava una pace quasi palpabile. Mi diede un'occhiata penetrante ma benevola e ridendo esclamò: 'Ancor prima di venire, lui ha visto Ramana!'. A partire da quell'istante, mi dedicai anima e corpo a raggiungere la Meta spirituale e divenni devoto di Ramana, che scelsi come Guru e guida".

Prima di andarsene, Bhaiji mi prese in disparte e mi disse quanto fossi fortunato ad avere Ratnamji come maestro spirituale. Mi spiegò che Ratnamji era un santo di altissimo livello e che non dovevo lasciarmi ingannare dalla sua apparenza e dai suoi modi umili. Poi ci lasciò per tornare all'ashram.

Dovevano essere le undici di sera. Avevo sonno e stavo preparandomi per andare a dormire. Ratnamji si era già coricato. Mi chiamò e mi disse che sarebbe stato meglio lavare le poche pentole sporche la sera stessa così da avere più tempo l'indomani. Obbedii a malincuore e al termine decisi di coricarmi senza dimenticare per un istante che l'indomani dovevo alzarmi alle tre e mezza. Mi ero appena seduto sulla stuoia che lui mi chiamò e mi chiese di massaggiargli le gambe doloranti. Avevo letto da qualche parte che avere il permesso di toccare il corpo di un vero santo è una grande benedizione e che talvolta alcuni santi concedono ai loro devoti di massaggiare loro le gambe. Ero molto felice di vedermi offrire questa opportunità, ma non smettevo di appisolarmi. Finalmente mi sembrò che Ratnamji si fosse addormentato. Ne approfittai per eclissarmi senza rumore e andarmi a coricare.

"Perché ti sei fermato? Mi fanno ancora male".

Mi rialzai, questa volta decisamente meno entusiasta e giunsi, non so come, a rimanere sveglio fino a quando mi venne dato il permesso di andare a dormire. La mia testa aveva appena toccato il cuscino che dormivo già profondamente.

Verso l'una del mattino, Ratnamji mi chiamò:

"Ho freddo. Hai una coperta?"

Sapeva perfettamente che avevo una sola coperta, quella di cotone che utilizzavo. La usai per coprirlo e, dopo essermi coricato di nuovo, mi tolsi il *dhoti* per coprirmi. É sorprendente come un tessuto così leggero possa tenere caldo! Come cuscino, facevo un fagotto con i miei vestiti, e ogni tanto dormivo poggiando la testa sul braccio piegato. Inizialmente lo trovavo alquanto scomodo, ma finii con l'abituarmi e dopo un po' ero quasi contento di riuscire a vivere con così poco. Un passo importante per riuscire a non farsi toccare dalle circostanze.

Reagendo alle situazioni esterne, perdiamo la metà della pace interiore con la nostra mancanza di flessibilità. Chi non ha desideri o è contento di ciò che gli arriva, è felice ovunque. Ratnamji si sforzava di insegnarmi praticamente questa lezione. Se mi avesse detto che è necessario saper vivere con il minimo indispensabile senza mai mettermi di fronte a una situazione critica, come ne avrei fatto l'esperienza diretta? E senza averlo vissuto e praticato sovente, come avrei compreso l'influenza che esercita sulla mente e il progresso spirituale che produce? Costringendomi a rimanere in piedi quando sognavo solo di dormire, cercava di farmi superare l'attaccamento al sonno. Ognuna di queste situazioni mi offriva non solo l'opportunità di scegliere se comportarmi altruisticamente o egoisticamente, ma mi aiutava anche a coltivare la pazienza e controllare la collera.

Nella vita di tutti i giorni, solo occasionalmente prendiamo coscienza di tutte le tendenze negative che affollano la mente, ma in compagnia dei santi, presto affiorano sia le nostre qualità positive che quelle negative. Naturalmente tocca al discepolo servirsene per il suo progresso spirituale, controllando le tendenze negative e alimentando quelle positive. Se mentre si è con un saggio si riesce a capire come opera la mente e si apprende a gestirla, allora è possibile vivere in pace anche conducendo una vita nel mondo. Colui che riesce a sopravvivere sul campo di battaglia troverà paradisiaco qualunque altro luogo.

Dopo essermi alzato alle tre e mezza ed essermi lavato, alle quattro ero pronto ad aiutare Ratnamji in qualunque compito. La sera precedente mi ero leggermente lamentato con Bhaiji di non aver molto tempo per meditare, e anche quando mi sedevo per meditare mi addormentavo. Pensavo che fosse dovuto alla grande stanchezza provata durante il giorno e la notte. Ignoravo che, a un certo stadio della meditazione, l'inerzia della mente si esprime con la voglia di dormire o con la sonnolenza. Ratnamji e Bhaiji si erano scambiati un'occhiata e si erano messi a ridere. "A partire da domani, sarai in vera meditazione senza bisogno di sederti", aveva risposto Ratnamji. Io non avevo capito quello che voleva dire.

Ed ecco che l'indomani, mentre lavavo i miei vestiti, sentii chiaramente di essere il testimone immobile, distaccato dal mio corpo e che solo il corpo stava agendo. Questa sensazione non durò molto. Cercai di riviverla ma senza successo. La mia mente riprovò quella lieve sensazione di illuminazione che l'aveva pervasa durante una buona meditazione. Ne parlai con Ratnamji.

"É quello che ti ho detto ieri sera. Se ripeti continuamente il tuo mantra, cercando di mantenere la mente distaccata dal tuo lavoro, la sensazione di non essere l'autore dell'azione comincia a farsi strada. Certo, sedere in meditazione è sempre positivo, ma questo è solo il primo passo. Sei rimasto seduto a meditare molte ore al giorno per più di un anno prima di venire qui e tutto questo ha svegliato qualcosa in te. Però non era che un inizio e sarebbe una grave limitazione se tu provassi questa pace soltanto quando ti siedi e chiudi gli occhi. Questa pace, questo flusso di consapevolezza, è la vera natura della mente o dell'ego. Se ti ci aggrappi, ti condurrà alla Realtà al di là della mente. Se plasmi la tua mente secondo i consigli dei santi, il flusso sarà sempre più forte e più lungo e infine diventerà incessante. Diverrà sempre più profondo finché non ci saranno più pensieri e tu andrai oltre".

Ratnamji andò a lavarsi mentre io lo seguivo con un asciugamano. Stava a un lato del pozzo nella brezza gelida dell'alba, tirando su dell'acqua e versandosela sulla testa più volte. Gli chiesi perché dovesse fare una doccia gelida nell'aria fredda alla sua età e al suo livello di evoluzione spirituale. Mi rispose che, sostanzialmente, era per dare l'esempio agli altri.

Gli chiesi chi fossero gli altri. Ero l'unica persona presente.

"E tu non sei abbastanza?", replicò, "Lavandosi così, si diventa indifferenti ai piaceri e ai dolori del corpo. Solo in seguito si può fissare la mente sul flusso interiore. L'attaccamento ai piaceri e l'avversione per la sofferenza sono i due principali ostacoli alla meditazione. Se rimani seduto ad aspettare che i piaceri e i dolori si manifestino per praticare il distacco, potresti dover praticare a lungo. Le Scritture raccomandano di iniziare la giornata con una doccia fredda, preferibilmente con l'acqua di un pozzo. L'inerzia del sonno che pervade il sistema nervoso verrà eliminata e la mente si sentirà fresca e vigile. Naturalmente questa indicazione non è valida per i malati, ma noi non siamo né così vecchi né così ammalati da non poter osservare questa prescrizione. Benché nel mio caso non sia assolutamente necessario, se non lo facessi penseresti che non occorra neppure a te. E, non facendolo, ti priveresti di tutto il beneficio di una simile pratica".

Ero stupito e un poco commosso dalla sincerità con la quale aveva iniziato ad insegnarmi a purificare la mente, nonostante il disagio che gli causava. Sapevo che soffriva di reumatismi alle ginocchia perché quando vivevo nell'ashram gli portavo a volte dell'acqua calda per lavarsi quando stava troppo male. Adesso non si curava della sua fragile salute semplicemente per darmi l'esempio. Gli chiesi perché si prendesse tutto questo disturbo per me.

"Credi che io desideri o che mi aspetti qualcosa da te? Assolutamente no. Però ho la sensazione che Ramana mi abbia affidato il compito di mostrarti il cammino della Realizzazione del Sé e so che tu pensi la stessa cosa. Stando così le cose, qual è il mio dovere? Quando si è ricevuto un compito dal proprio Guru non bisogna portarlo a buon fine, anche se ciò implica sofferenze, o addirittura la morte? Se non ci si dedica totalmente a ciò che ci è stato assegnato da Dio, quale progresso si può sperare nella vita, secolare o spirituale?

Si deve riuscire a controllare la mente, ad acquietarla e a renderla perfettamente concentrata per veder splendere in sé la Realtà. È indispensabile dedicarsi completamente a questo compito, non si può continuare a fare un passo in avanti e tre indietro. Se abbiamo compiuto anche una sola azione senza essere sinceri, questa mancanza di sincerità diventerà un'abitudine che colorerà tutte le nostre azioni. In qualunque punto del corpo si valuti il polso, la frequenza cardiaca è sempre la stessa.

Essendo molto difficile migliorare e plasmare la mente, occorre impegnarsi completamente in questo compito in modo che la nostra pratica spirituale sia perfetta. In effetti compiere con perfezione ogni azione è l'esercizio più efficace per concentrare la mente. Se in un modo o nell'altro riesco a instillare in te la spiritualità, così come il mio Guru fece con me attraverso l'esempio, tu potrai fare lo stesso con gli altri, a Dio piacendo. Anche se non ci riuscirai, ti aiuterà comunque nel tuo cammino verso la Liberazione".

Il mattino seguente, dopo il rituale davanti al *samadhi* di Ramana, Ratnamji andò nella sua camera per celebrare la propria *puja*. Io avevo colto i fiori, pulito la sua stanza, preparato tutto l'occorrente e infine presi parte anche alla *puja*. Non mi era chiaro il principio su cui si basava questo rito, ma mi piaceva tantissimo l'atmosfera creata dagli inni e dalla recitazione dei diversi mantra. Appena finito di celebrare il rito, Ratnamji si volse verso di me e mi chiese: "Sono diversi giorni che vieni qui ad assistere alla *puja*. Cosa aspetti a svolgerne una anche tu?"

"È permesso a un occidentale farlo?", domandai, "Tu reciti tutti questi versi in sanscrito. Se devo imparare il sanscrito mi richiederà tantissimo tempo. Oltretutto ciò che voglio è meditare e servirti, non passare ore ad imparare una lingua".

"Non c'è bisogno d'imparare il sanscrito", rispose, "Scriverò una *puja* in inglese per te utilizzando versi tratti dai poemi di Maharshi. Dovrai solo apprendere come svolgere il rito e leggere quei versi. Sono l'intenzione e la devozione che contano, non la lingua. Dio conosce i nostri cuori e si cura poco di ciò che facciamo esternamente".

Nei due giorni seguenti, Ratnamji trascorse tutto il suo tempo libero a scegliere dei versi tra i poemi devozionali di Ramana e a semplificare il rito. Mi spiegò inoltre quanto fosse utile celebrare una *puja* e mi disse che, sebbene questo atto di culto sia solo un semplice rito per il sacerdote, svolgerlo diventa per l'aspirante un esercizio per concentrare la mente. Mi portò come esempio la lancetta di un contatore: il movimento dell'ago è ben visibile nella parte superiore del quadrante, ma quasi impercettibile nella parte inferiore, dove è montato sul misuratore. Allo stesso modo, poiché la nostra mente è assai sottile, i suoi movimenti sono difficilmente rilevabili. Essendo tuttavia le nostre azioni e i nostri sensi una proiezione o un'estensione della mente, è più facile osservarli e valutarli.

Queste parole fecero affiorare alla memoria l'immagine di quando coglievo i fiori nel giardino: incapace di concentrarmi sul fiore che stavo per cogliere, il mio sguardo cercava già quello successivo. Prima di allora, ero convinto di essere capace di una buona concentrazione, ma di fatto non era così. Ratnamji mi disse che mentre si officia una *puja* si dovrebbe sempre essere consapevoli del grado di concentrazione con cui la nostra mente segue il movimento degli occhi e delle mani o ascolta la recitazione dei versi. Così, migliorando la propria concentrazione servendosi dei sensi, cresce anche il potere di fissare la mente sulle cose più sottili. Inoltre, man mano che la concentrazione diventa più profonda, il velo di ignoranza che oscura la mente comincia ad assottigliarsi e iniziamo a vedere e a percepire la Presenza divina, interiormente ed esteriormente. La fase finale di questo processo è la Realizzazione di Dio.

Impiegai circa un mese per memorizzare tutto lo svolgimento di una *puja*. Come oggetto di culto scelsi una foto di Ramana, avendolo sin dall'inizio identificato con il Supremo. Era evidente che avessi una forza che mi guidava ed ero convinto che Maharshi fosse questa forza. Benché in genere fossi molto razionale, su questo punto non avevo mai usato la ragione. Ciò che sentivo nasceva da un'intuizione e il pensare in questo modo mi dava un senso di benessere. In Ramana io vedevo Dio.

Razionalizzare eccessivamente nelle questioni spirituali toglie ogni energia vitale, ci inaridisce e ci indurisce. Poiché Dio è il puro e semplice sostrato della mente, la semplicità e la fede proprie di un bambino ci conducono più facilmente alla meta. Anche Cristo ha detto che si deve diventare simili ad un bimbo per entrare nel Regno dei Cieli. Per fare l'esperienza di Dio, è indispensabile avere una mente semplice, come quella di un bambino. Il Regno dei Cieli è dentro di noi, ma la nostra attenzione rivolta alle onde della mente ci impedisce di immergerci e giungere nel profondo, nel cuore stesso del nostro essere.

Ratnamji mi disse che per svolgere una *puja* non occorreva nulla di costoso: semplici piatti di terracotta avrebbero fatto al caso. Come offerta a Ramana sarebbero bastati un po' d'acqua, qualche fiore, dell'incenso e un frutto. Cominciai a svolgere la *puja* con grande sincerità e nei dieci anni seguenti non tralasciai di compierla neppure una volta.

Avendo ricevuto diverse indicazioni su come modellare ogni azione al fine di purificare la mente, facevo tutto il possibile per metterle in pratica. Ma non era una cosa facile. La mia vecchia tendenza a ribellarmi affiorava ripetutamente. Non dubitavo assolutamente della correttezza delle osservazioni di Ratnamji, ma quando stavo compiendo un lavoro, sentivo dentro di me due voci. Una diceva: "Fa' come ti dice", l'altra: "Perché preoccuparsi? Fa' come ti pare". Per parecchi giorni ascoltai la seconda voce e feci a modo mio pur sapendo di sbagliare.

Questo fatto mi provocava già sufficiente disagio, ma in aggiunta cominciò a verificarsi una cosa stranissima: tutte le volte che facevo come mi pareva, ricevevo un colpetto in testa. Una sera Ratnamji era seduto sulla sponda dello stagno dell'ashram e stava ripetendo il suo mantra. Dopo due ore, si alzò e venne da me. Nel frattempo io stavo cercando di riordinare un po' la mia camera. Lui aveva collocato alcuni oggetti su un mio scaffale, raccomandandomi più volte di non toccarli anche se apparivano sporchi o posti alla rinfusa. Mentre pulivo, arrivai allo scaffale proibito.

"Mah", mi dissi, "Cosa può succedere se tocco questi oggetti? Sono talmente sporchi!".

Così cominciai a pulire e a riordinare lo scaffale. Ratnamji entrò in quel preciso istante.

"Cosa credi di fare?" mi chiese.

"Beh, niente", risposi, "Mi sono detto che, dato che stavo facendo le pulizie di fino, potevo pulire anche qui".

"Ti avevo espressamente chiesto di non toccare gli oggetti di quello scaffale. Volevo vedere se eri capace di controllare la tua impulsività. Evidentemente non è così. Come affidare anche il più piccolo compito importante ad una persona impulsiva? Non è affidabile. Ero così pieno di pace e di serenità dopo aver praticato *japa* accanto allo stagno per due ore e poi giungo qui e scopro che stai facendo qualche guaio. È come se avessero appena gettato un macigno in un lago tranquillo".

Naturalmente ci rimasi molto male e mi ripromisi di non disubbidire più. Ma ahimè, in un modo o nell'altro, continuai a fare lo stesso errore almeno altre mille volte!

Un giorno mi chiese di cogliere dell'erba da offrire nella *puja*. Si trattava di un tipo d'erba che cresce solo dove c'è molta acqua e, nell'ashram, questo voleva dire andare vicino allo scarico dei bagni. Ratnamji scoprì che avevo sradicato l'erba per portargliela. "Non è necessario uccidere questa povera erba", mi disse, "ci serve solo la parte superiore. Devi solo tagliare i fili d'erba con un coltello, così che la pianta non muoia e l'erba ricresca". Piuttosto facile, ma solo se la propria mente va nella direzione giusta nel momento giusto.

Il giorno dopo presi un coltello per andare a tagliare l'erba, intenzionato a seguire le indicazioni di Ratnamji. Avevo appena cominciato quando la mia mente interloquì: "Perché lo ascolti? Dai, strappala. Poi puoi tagliare le radici e lui non se ne accorgerà". Come al solito, seguii il "consiglio del maligno" e la estirpai. Per mia sfortuna, non avevo valutato bene la resistenza delle radici. Dovetti tirare come un pazzo, ma a un certo punto le radici uscirono di colpo e io caddi lungo disteso nel canale di scolo. Uscendone fradicio, più triste ma più saggio, andai a casa di Ratnamji, come un criminale che teme la sentenza e l'esecuzione della pena. Il suo commento fu che avrei imparato solo dalla dura esperienza. Non aggiunse altro.

Questo genere di cose cominciò ad accadere giorno dopo giorno procurandomi grande agitazione. Sembrava che mi piacesse punirmi, o come se qualche forza misteriosa si dilettasse ad indurmi a sbagliare. Confuso e depresso, cominciai a pensare di avere fatto un errore intraprendendo il cammino spirituale. Pensandoci e ripensandoci, però, non potevo immaginare un altro modo di vivere. Non avevo scelto la spiritualità dopo averci riflettuto logicamente. Questa decisione era il risultato di una serie di processi interiori che mi avevano portato a capire il valore della vita spirituale contrapposta ai piaceri del mondo. Era fuori discussione tornare indietro o vivere in un altro modo, qualunque fosse. E anche se avessi ripreso a vivere come prima, la stessa comprensione delle cose avrebbe prevalso e mi avrebbe ricondotto a una vita spirituale e di rinuncia.

Come risolvere allora questa situazione? Avevo cercato così tante volte di seguire i semplici consigli di Ratnamji, ma ogni volta finivo per fare esattamente il contrario e ne pagavo immediatamente il prezzo. Pensai allora che forse il problema veniva da Ratnamji, che ci teneva tanto che tutto fosse fatto in un certo modo e non scendeva a nessun compromesso. Benché l'avessi accettato come maestro, decisi che non ero tenuto ad ascoltare i suoi consigli e, per sfuggire agli inevitabili rimproveri, la mia mente escogitò un trucco. Andai da lui e gli dissi che, poiché la mia presenza lo disturbava al punto di turbare la sua pace interiore, avevo pensato che sarebbe stato meglio se me ne fossi andato.

"Dove andrai?" mi chiese senza smettere di sorridere. La mia proposta non sembrava scuoterlo più di tanto.

"Probabilmente nel nord dell'India", risposi.

"E cosa farai lassù?"

"Mah, probabilmente cercherò un Guru e continuerò la mia pratica spirituale, oppure prenderò una casetta nell'Himalaya e passerò il tempo curando il giardino", risposi prontamente.

Scoppiò a ridere.

"Dio ti ha condotto qui. Senza averlo cercato né l'uno né l'altro, ci siamo incontrati e abbiamo intrecciato questa relazione. È giunto il momento per te di purificare la mente e ovunque andrai verrai infine condotto a farlo. Pensi che io sia troppo rigido e che partendo sarai più tranquillo, ma la verità è che, se butti via ciò che ti è stato donato senza che tu l'abbia chiesto, potresti non riuscire a riaverlo tanto presto. Se in qualche modo incontri un altro maestro, sarà cento volte più rigido di me. Quando il Divino ci conduce sul cammino spirituale e fuggiamo davanti alle piccole sofferenze nel nostro apprendistato, Lui raddoppierà le prove per riportarci sulla retta via. La vita spirituale non è uno scherzo. Se si vuole fare l'esperienza della Beatitudine di Dio, bisogna prima passare attraverso la dolorosa purificazione della mente e del corpo. Non preoccuparti per la mia pace interiore. Basterebbe che tu perseverassi e cercassi di domare la tua mente indisciplinata per sentirti in pace".

Sapevo bene che aveva ragione, come al solito, ma le due voci continuavano a parlare nella mia mente, forse un po' meno spesso dopo quella conversazione.

Un altro giorno andai a trovare un devoto europeo che aveva vissuto per parecchi anni nell'ashram. Lo rispettavo molto ed ero convinto che avesse raggiunto un certo livello di evoluzione. Mi chiese come stessi e gli risposi che mi sentivo molto infelice e che avrei desiderato non essere mai nato. Mi disse che, secondo lui, i miei problemi derivavano dal fatto che, sebbene fossi americano, cercavo di vivere come un indù. Aggiunse anche che, se si ascolta la voce di Dio in noi, non ci si può sbagliare. Dopo aver conversato un po' con lui, tornai in camera. Riflettendo su quello che aveva detto, conclusi che aveva ragione e così decisi di andare da Ratnamji, raccontargli la rivelazione che avevo avuto e prendere commiato da lui per sempre. D'ora in poi avrei seguito i consigli di quel mio amico.

Entrai in camera sua come una furia.

"Cosa c'è?", esclamò subito Ratnamji, "Siediti un momento e quando ti sarai calmato parleremo. Ho la sensazione che un ciclone sia entrato nella stanza!"

Dopo qualche istante gli dissi di avere scoperto la causa della mia inquietudine e aggiunsi anche che non avrebbe mai dovuto cercare di fare di me un indù. Gli riferii le parole del mio amico. Non disse nulla, ma si alzò e mi chiese di seguirlo. Camminammo per circa un chilometro e mezzo nella notte, fino ai piedi di una piccola collina deserta. La luna brillava e illuminava Arunachala sullo sfondo. Regnava il silenzio. Dopo essere rimasti seduti per qualche tempo senza parlare, Ratnamji disse:

"Neal, figlio mio, il tuo amico si sbaglia sul tuo conto. Hai lasciato l'America spinto da un richiamo pressante di Dio e perché avevi un amore innato per l'India. Comprendi perfettamente tutto ciò che vedi e ascolti della cultura indù e sei tu, senza nessuno che ti abbia costretto, ad avere scelto di vivere come un monaco indù tradizionale. In effetti, la fede che hai nel condure una vita basata sugli insegnamenti vedici è più grande di quella che ha la maggior parte degli indù ortodossi. Non ho mai pensato di farti seguire questa via, ti sto mostrando semplicemente il cammino che io stesso ho percorso. Tu l'apprezzi e cerchi anche di seguirlo ma, naturalmente, la tua mente si ribella costantemente. Questo è dovuto alle abitudini, profondamente radicate, accumulate nel corso degli anni prima di venire qui. Stai soffrendo perché le tue buone intenzioni si scontrano con le abitudini ereditate dal passato, ma questo non ha niente a che vedere con il tuo attuale stile di vita, anche se la mia presenza ha indubbiamente scatenato questo conflitto. Arriva sempre un momento in cui ogni aspirante spirituale dovrà combattere contro la sua mente inferiore e uscirne vittorioso e rigenerato. Anche se è vero che la voce di Dio è dentro di noi, esistono anche altre voci in noi. Certamente, quella di Dio è la più sottile, e nel tuo stato attuale non sei in grado di discernere la Sua voce da quella del cosiddetto 'demonio'. Finché non hai acquisito sufficiente purezza mentale, la cosa più sicura è affidarti al tuo maestro e seguire, per quanto difficile, le sue indicazioni. Io voglio solo il tuo progresso spirituale, non desidero assolutamente farti soffrire. Cerca di comprendere la profondità dell'affetto, di natura spirituale, che nutro per te. Confida in questo affetto e continua a sforzarti di purificare la mente. In questo momento, la poca luce che porti in te è mescolata a molta oscurità. Devi prenderne coscienza e rimuoverla. Non essere così preoccupato. Ramana ti ha condotto fin qui e ti mostrerà come proseguire il cammino".

Queste parole furono come un balsamo per il mio cuore, ma dopo qualche giorno le voci conflittuali nella mia mente ripresero a torturarmi. Mi dissi che ero senza speranza e che non sarei mai riuscito a purificare la mente. Arrivai anche a considerare il suicidio, ma senza avere il coraggio di farlo. In quel periodo trovai per caso la conversazione sul suicidio che Ramana ebbe con un devoto. Ramana gli diceva che il suicidio è un atto spiritualmente nefasto ed è paragonabile al commettere un omicidio. Sebbene il dolore possa essere legato al corpo fisico, la sofferenza proviene dalla mente. È quindi la mente che bisogna uccidere, non il corpo innocente. Chi sopprime il suo corpo deve comunque passare, una volta morto, attraverso le sofferenze di quella incarnazione e vivere anche la sofferenza derivata dal peccato del suicidio. Lungi dall'essere una soluzione, togliersi la vita peggiora soltanto le cose. Chi si è suicidato non potrà mai trovare la pace dello spirito dopo la morte.

Questo, naturalmente, mi precludeva la possibilità del suicidio. Non avevo altra alternativa che quella di andare avanti e continuare a tentare di sottomettere la mente alla mia volontà. Desideravo tanto essere in armonia con Ratnamji così che non dovesse continuare a correggermi e a rimproverarmi. Non gli faceva certamente piacere e per me era l'inferno. Anche se innumerevoli volte ebbi il desiderio di andarmene felicemente, c'era sempre una vocina nel mio profondo che diceva: "Tutto ciò che accade è per il meglio. Non darti per vinto e attraversa coraggiosamente questa buia notte dell'anima". Non avevo mai letto niente sulla "buia notte dell'anima", ma certamente ci ero in mezzo. Questo doloroso stato durò quasi un anno, durante il quale imparai molte cose e dovetti lottare per mettere in pratica ciò che mi veniva insegnato.

Dopo un anno, Ratnamji mi chiese di invitare mia madre in India. Mi disse che l'avevo abbandonata in modo crudele. In effetti, con l'egoismo e l'arroganza tipici dei bambini, le avevo mancato di rispetto e di riguardo per quasi tutta la vita. Diversamente dall'India, la cultura americana non dà molta importanza all'obbedienza dovuta ai genitori. Amandoli teneramente, dovremmo ripagare il debito contratto con coloro che ci hanno allevato e provveduto ai nostri bisogni. Che sia per dovere o per amore, bisogna prendersi cura dei genitori e avere un buon rapporto con loro. Senza la benedizione di una madre, non è possibile nessun progresso nella vita spirituale. Questo è ciò che pensano gli antichi saggi. Nelle Scritture si afferma che una persona ingrata non trova posto nemmeno all'inferno. Tuttavia, se i genitori consigliano o chiedono ai figli di fare qualcosa che sia contro la propria vita spirituale, non si è tenuti a obbedire loro. Solo le parole del maestro spirituale hanno più peso di quelle dei genitori.

Scrissi a mia madre, che accettò di venire non appena possibile con mia sorella. A questo punto Ratnamji mi annunciò che andava ad Hyderabad a far visita a dei devoti e a dei parenti che l'aspettavano da lungo tempo. Mi disse che avrei potuto andare con mia madre se lo desideravo, oppure raggiungerlo dopo che fosse tornata in America. Avrei così potuto incontrare altri devoti e santi. Mentre andavamo alla stazione degli autobus, mi disse di cercare di vedere Ramana in mia madre e di servirla come se lo fosse. Farlo avrebbe compiaciuto Dio e anche mia madre, senza che sapesse perché. Un devoto deve amare solo Dio, ma così facendo, tutta la Creazione riceve il suo amore perché Dio dimora in tutti i cuori. Con queste parole, Ratnamji salì sull'autobus e partì.

Fui lasciato a me stesso, in attesa d'iniziare un nuovo capitolo della mia vita.

CAPITOLO 3

Progressione

Qualche giorno più tardi mia madre e mia sorella arrivarono in auto da Madras. Le feci alloggiare in una camera della foresteria dell'ashram. Mia madre non mi vedeva da più di un anno e quando mi incontrò era pazza di gioia. Fu sorpresa di vedere che avevo tagliato i miei capelli lunghi, rasato la barba e che ero vestito solo con un *dhoti* e un asciugamano. Mi prostrai davanti a lei come prescrivono le Scritture indù.

"Che fai?", esclamò, "Perché ti stendi ai miei piedi?".

"Mamma, non mi sto stendendo", risposi con calma, "mi prostro davanti a te per ottenere la tua benedizione".

"Se vuoi la mia benedizione," replicò un po' rattristata nel vedere suo figlio umiliarsi davanti a lei, "ti prego, non fare cose del genere. Si è mai vista una cosa simile? Non mi piace".

Tentai di spiegarle: "Mamma, ti prego, abbi pazienza. È ovvio che non ti piaccia, ma io devo trovare la giusta attitudine che consiste nel vedere Dio in te. Sai, quando sul Monte Sinai Mosè vide Dio nel roveto ardente, cadde a terra come fulminato dalla devozione e dal rispetto. Comportandomi così, un giorno arriverò a vedere Dio in tutto e in tutti".

"Va bene, fallo pure con gli altri se lo desideri, ma non con me!", ribatté.

Dopo averle messe a loro agio, le portai nella cameretta in cui vivevo da quasi un anno. Mia madre rimase un po' amareggiata

95

nel notare la sobrietà del mio stile di vita. A casa, avevo un materasso di trenta centimetri di spessore e cuscini di gommapiuma, mentre qui dormivo su una stuoia, senza neppure le lenzuola né un guanciale. Le raccontai che di solito mi alzavo alle tre e mezza del mattino e andavo a letto verso le undici di sera e le mostrai anche la mia *puja*. Cercai perfino di cucinare qualcosa per lei, ma ciò che preparai era talmente cattivo che non lo avrebbe mangiato neppure una mucca!

Ciò nonostante, con la sua pazienza abituale, mostrò di apprezzare tutto e m'incoraggiò a vivere come avevo scelto, anche se sarebbe stata più contenta se avessi condotto un'esistenza più conforme alla norma. Disgraziatamente, dopo qualche giorno, fu colpita dalla dissenteria e dovette rimanere a letto per il resto del suo soggiorno. Io vidi in questo un'opportunità inviata dal Cielo affinché potessi servirla e feci tutto il possibile per aiutarla a rimettersi in sesto. Dopo due settimane senza fatti di rilievo, mia sorella ed io riaccompagnammo la mamma a Madras. Mia sorella aveva deciso di restare a Tiruvannamalai, dove rimase sei mesi studiando e meditando.

Presi il primo treno per Hyderabad, dove arrivai l'indomani mattina. Durante il viaggio notai un cambiamento radicale nel mio stato mentale: l'abituale sensazione di confusione e di lotta interiore che vi regnavano avevano ceduto il posto ad una corrente di pace. C'erano stati altri momenti in cui avevo percepito tale flusso, ma questa volta rimaneva più a lungo, la mattina prima dell'alba e la sera dopo il tramonto. Compariva spontaneamente, al di fuori della meditazione, e anche in altri momenti della giornata mi sentivo più felice e più sereno. Dipendeva dal fatto che avevo obbedito a Ratnamji e ottenuto la benedizione di mia madre? Ero convinto che mi sarei sentito più in armonia con lui quando lo avessi rivisto.

Arrivato ad Hyderabad, andai dove Ratnamji avrebbe dovuto abitare, ma mi dissero che era all'ospedale.

"Come all'ospedale? Forse non stiamo parlando della stessa persona". Pensavo che probabilmente avevo sbagliato casa.

"No, no. Ratnamji è mio fratello minore. Mi ha avvertito che saresti arrivato. Mi spiace dirti che è all'ospedale con l'anca fratturata".

Non potevo credere alle mie orecchie. Come poteva un sant'uomo come lui avere un incidente del genere? Ero certamente molto ingenuo all'epoca e pensavo che i santi non dovessero subire le tribolazioni della gente comune. Nel corso dei sette anni trascorsi con Ratnamji imparai che, al contrario, i santi sono destinati a soffrire molto più di un comune mortale.

"Entra. Dopopranzo ti condurrò all'ospedale", mi assicurò il fratello, un vecchio signore di circa sessantacinque anni, dirigente delle ferrovie in pensione, che aveva per Ratnamji le attenzioni di una madre. Ogni mese gli inviava un po' di denaro affinché non soffrisse la mancanza di cibo. Ratnamji l'accettava come una manna dal cielo e ogni volta che passava da Hyderabad stava qualche giorno con lui, cercando d'instillargli qualche seme di spiritualità.

"Come ha fatto a rompersi l'anca?", chiesi un po' più tardi, dopo essermi lavato e accomodato in salotto.

"Era a casa di un suo amico che aveva organizzato un incontro per ascoltare dei *bhajan*. Sarebbe dovuto venire qui il giorno seguente per il rito annuale in memoria dei nostri genitori defunti. Il figlio di questo amico si era offerto di accompagnarlo a casa in motorino e lui aveva accettato. Mentre stavano svoltando, un taxi li ha colpiti di lato e ha scaraventato a terra Ratnamji. Il guidatore non si è fatto nulla, ma Ratnamji è caduto a terra così violentemente che si è fratturato l'anca. È successo due giorni fa. Non hanno ancora ricomposto la frattura perché occorre un intervento chirurgico. Mio fratello è diabetico e i medici vogliono riportare la sua glicemia a dei valori normali prima di eseguire qualsiasi intervento".

Dopopranzo ci recammo in autobus all'ospedale, distante circa otto chilometri, e in tal modo potei vedere un po' la città. Eravamo in uno di quegli autobus a due piani come quelli che circolano a Londra e avevamo scelto il piano superiore per avere una vista migliore. Hyderabad è una delle più belle città dell'India: ha grandi arterie fiancheggiate da alberi ombrosi su entrambi i lati, molti parchi, un'infinità di ampi spazi e un piccolo fiume che attraversa il cuore della città. L'influenza mongola è visibile ovunque nell'architettura. In effetti Hyderabad è formata da due città gemelle: Hyderabad e Secunderabad. I suoi abitanti sono molto gentili e garbati. Essendo situata quasi al centro dell'India, vi passano numerosi santi di tutte le religioni e c'è sempre un programma devozionale in corso da qualche parte.

Raggiungemmo l'enorme ospedale pubblico. Il reparto di chirurgia maschile era situato al secondo piano e ospitava un centinaio di pazienti. Il fratello di Ratnamji mi condusse al letto dove quest'ultimo giaceva con un gran sorriso che gli illuminava il volto.

"Ma è terribile!", esclamai con le lacrime agli occhi, prima ancora di salutarlo, "Come ti è potuto accadere un simile incidente?".

"Incidente?", replicò Ratnamji sorridendo, "Esistono forse gli incidenti? Nascere è un incidente? Morire è un incidente? Tutto questo è la dolce volontà di Ramana per la mia evoluzione spirituale. Per un devoto di Dio non ci sono né fatalità, né incidenti. Tutto quello che gli accade avviene per la benevola volontà del suo Diletto, sempre intento a ricondurre a Lui il Suo devoto. Dovremmo essere felici in tutte le situazioni in cui ci pone".

Non c'era dubbio che Ratnamji mettesse in pratica quello che predicava! Benché inchiodato al letto e incapace del più piccolo movimento, sembrava più felice che mai. I medici avevano temporaneamente avvolto la sua gamba in una struttura per impedirle ogni movimento, provocandogli un evidente disagio.

"Come hai saputo che ero qui?", mi chiese.

"Non immaginavo assolutamente che tu fossi ricoverato in ospedale. Dopo la partenza di mia madre ho preso il primo treno e appena arrivato ad Hyderabad sono andato da tuo fratello. Avevo trovato il suo indirizzo tra le tue carte. La notizia del tuo incidente mi ha sconvolto: pensavo di avere sbagliato casa, ma ora vedo che ciò che mi hanno detto è proprio vero", risposi con gli occhi lucidi nel vederlo steso sul letto in quello stato. Ratnamji era sempre molto dinamico e adesso si ritrovava confinato come un prigioniero.

Mi toccò affettuosamente il braccio. Cercando di confortarmi, mi disse: "Non essere così triste. Certamente qualcosa di buono ne uscirà. Qui tutti erano preoccupati pensando che non ci sarebbe stato nessuno a prendersi cura di me. Tutti hanno i loro impegni: l'ufficio, la scuola, la famiglia. Chi si prenderà cura di un povero monaco? Nessuno lo diceva apertamente, ma capivo cosa passava per la loro mente. Questa mattina ho detto a mio fratello: 'Ho deposto tutto ai piedi di Ramana. Si prenderà cura di me, vedrai'. Ed ecco che sei arrivato tu, proprio al momento giusto. Questi parenti ed amici si alternavano al mio capezzale, ma questo aveva un po' scombussolato la loro vita. Ebbene, chi ha mandato qui Neal, proprio adesso? Non è Ramana? Coloro che sono immersi nelle cose terrene hanno fede solo nel mondo. Per loro, Dio è un'idea astratta, vaga, mentre per noi è esattamente il contrario. Solo Lui è reale e in confronto il mondo non è che un sogno nebuloso".

Qualcuno mi chiese quanto tempo contavo di restare ad Hyderabad. In effetti un'idea egoista mi frullava per la testa: pensavo di trascorrere qualche giorno con Ratnamji per farlo sentire più a suo agio e poi di ritornare alla pace dell'ashram. Temevo che la sua compagnia rendesse di nuovo agitata la mia mente.

Ma ancor prima che potessi aprire bocca, Ratnamji rispose: "Partirà solo quando sarò in grado di camminare da solo". A queste parole sentii nel più profondo del mio cuore che sarebbe stato davvero sbagliato abbandonarlo in quelle condizioni e accettai le sue parole come un decreto divino.

Nei giorni seguenti ci fu un incessante via vai di visitatori al suo capezzale. Ratnamji era cresciuto ed aveva fatto i suoi studi ad Hyderabad e ci era tornato spesso dopo la morte di Ramana. Tutti quelli che avevano saputo dell'incidente vennero a fargli visita; anche dopo la chiusura serale dei cancelli dell'ospedale, i medici interni e altri responsabili medici venivano ad incontrarlo e a sentirlo parlare di spiritualità. Un devoto mi regalò una coperta e, con il permesso del direttore, di giorno mi prendevo cura di Ratnamji e di notte dormivo per terra accanto al suo letto. Sebbene l'ospedale preparasse i suoi pasti, ogni giorno alcuni devoti mi portavano del cibo. Tenevamo una foto di Ramana sul comodino e ogni giorno la decoravo con fiori colti nel giardino. Ogni mattina, dopo averlo confortevolmente sistemato, andavo da un devoto che abitava lì vicino a lavarmi e dopo avere svolto il mio culto quotidiano ritornavo in ospedale nel giro di due ore. Quello era l'unico momento in cui mi assentavo, dopo essermi assicurato che Ratnamji non avrebbe avuto bisogno di nulla di urgente.

In una settimana, il suo diabete si era sufficientemente stabilizzato per permettere l'operazione. Il mattino dell'intervento, circa quaranta persone vennero a trovarlo. Mentre pensavo a Bhaiji, chiedendomi se sarebbe venuto, lui entrò in reparto. Quando raccontai questa coincidenza a Ratnamji, rispose: "Anche se queste cose accadono, non bisognerebbe esaltarsi. Pur sviluppando poteri psichici, non dovremmo accettarli perché ci svierebbero dal nostro cammino: realizzare Dio. Di fronte alla beatitudine della realizzazione di Dio, tutti i poteri soprannaturali non sono che polvere".

Con il consueto buonumore, Bhaiji si sedette accanto al letto di Ratnamji e dopo essersi informato della sua salute e dell'imminente operazione, cominciò a cantare con lui il nome di Dio. È difficile descrivere con le parole quello che accadde in seguito.

Arrivò un'infermiera e cominciò a preparare il paziente per l'intervento strofinando con dell'alcol la zona della frattura per detergere la pelle. Questa manovra era dolorosissima e Ratnamji si mise a cantare più forte il nome di Dio. A un tratto scoppiò in una fragorosa risata e il momento dopo i suoi occhi divennero immobili, il respiro si fermò, il torace si arrossò, i capelli gli si drizzarono in testa e tutti i peli del corpo si rizzarono come gli aculei di un porcospino. Sembrava che avesse ricevuto una scossa elettrica. Mentre lo guardavo stupito, vidi i suoi occhi virare da marroni a bianco-blu molto brillante, simili al colore di una lampada al neon o di una pinza da saldatura. Era quello il *samadhi*, la beatitudine suprema dell'unione con Dio?

Dopo qualche istante il suo corpo si rilassò leggermente, scoppiò a ridere, e con voce soffocata iniziò a parlare animatamente dell'Oceano di potere che è Dio. Ma prima ancora di pronunciare la parola "Dio", la sua mente si librò nuovamente nella Luce e tutti i suoi peli tornarono a drizzarsi. Il fatto si ripeté molte volte. Dopo un secondo entrò un dottore, che si avvicinò a Ratnamji per assicurarsi che fosse pronto per l'operazione. Il medico si chiamava Rama, uno dei nomi di Dio in sanscrito. Bastò un solo sguardo al dottore per riportare Ratnamji nel regno della beatitudine infinita. Quando discese da quello stato, disse farfugliando: "Rama, Rama! Il solo pensare al Tuo Nome mi riduce così!".

Per il medico e l'infermiera quelle parole non avevano né capo né coda e pensavano che la paura dell'intervento gli avesse causato una crisi isterica. Gli dissero di non preoccuparsi, che l'avrebbero anestetizzato e che non avrebbe sentito più niente.

Ridendo Ratnamji spiegò loro: "Non sono preoccupato. A dire il vero, l'anestesia è perfettamente superflua. Anche se non me la fate, non sentirò il più piccolo dolore".

Non cogliendo il senso delle sue parole, cercarono nuovamente di rassicurarlo e gli dissero di prepararsi all'intervento perché tra qualche minuto l'avrebbero portato in sala operatoria.

Nel vedere il sublime stato in cui si trovava e avendo letto la descrizione nelle biografie di Esseri Realizzati, mi augurai con tutto me stesso di sperimentare un'unione simile con la Luce suprema. Non avevo fatto in tempo a formulare questo pensiero che Ratnamji si volse verso di me e disse: "Sarebbe possibile così presto? Prima devi praticare e maturare e poi accadrà". Era chiaro che la mia mente fosse per lui un libro aperto.

Quando tornò dalla sala operatoria, alcuni devoti si sedettero accanto al suo letto. Emanava una pace straordinaria. Le mie onde pensiero si placarono quasi del tutto e gustai una pace profonda, paragonabile al sonno senza sogni. Man mano che l'effetto dell'anestesia svaniva, Ratnamji riprese coscienza e si mise a ridere e scherzare con tutti fino a tarda notte. I medici gli avevano inserito un chiodo d'acciaio sotto il ginocchio, nella tibia, per tenere la gamba in trazione. Soffrivo al solo vedere lo stato in cui era.

A causa della negligenza dei medici, nei giorni successivi la ferita chirurgica s'infettò causandogli un atroce dolore. Ratnamji non poteva fare alcun movimento e il dolore lo rendeva estremamente irrequieto. L'infezione venne segnalata ai medici assieme alla richiesta di pulire la ferita e di somministrare antibiotici, ma i dottori si dimenticarono di farlo e intervennero dopo quattro o cinque giorni.

Una notte un giovane studente di medicina venne a fare visita a Ratnamji. Gli dissi della ferita settica: la pulì e somministrò dei farmaci a Ratnamji. In seguito, passò tutti i giorni per vedere come stava e per detergere personalmente la ferita. Io ero sorpreso e furioso per l'insensibilità del personale ospedaliero e in quel momento decisi che sarebbe stato meglio morire in un canale di scolo piuttosto che in un ospedale alla mercé di gente così indifferente.

Nel corso degli anni ho avuto molte occasioni di visitare ospedali e ovunque ho visto la stessa situazione: medici e infermieri sembravano aver dimenticato che il corpo umano è innervato e che i nervi sono connessi con una persona che avverte con molta chiarezza il dolore. Praticare l'arte del curare fornisce la preziosa opportunità di servire altruisticamente il prossimo imparando a vedere Dio nelle persone, oppure di torturare la gente diventando messaggeri del dio della morte. Per un paziente, invece, essere ricoverato in ospedale è una buona occasione per abbandonarsi completamente alla volontà di Dio.

La gamba di Ratnamji fu mantenuta in trazione per quasi due mesi. Una radiografia mostrò ai medici che, a causa del diabete, la frattura si stava consolidando molto lentamente e così decisero di rimuovere il chiodo ed effettuare la trazione servendosi di una benda adesiva avvolta intorno alla gamba. All'inizio questa manovra portò qualche sollievo, ma dopo qualche giorno Ratnamji cominciò a lamentarsi dicendo che gli sembrava che gli stessero strappando la pelle dalla gamba. Naturalmente i medici non gli credettero, convinti che fosse frutto della sua immaginazione. Questa tortura proseguì per un altro mese fino alla rimozione della benda. In effetti, il peso della trazione aveva lacerato lentamente tutta la pelle sotto la benda. Per anni si poterono vedere le cicatrici sulla gamba. Gli chiesi perché dovesse soffrire così tanto.

"Nel corso di innumerevoli vite, ognuno di noi ha compiuto delle buone e delle cattive azioni. Si raccoglie ciò che si semina. Tutto quello che ci capita senza averlo cercato non è altro che il frutto delle nostre azioni. Le buone azioni portano frutti gradevoli, quelle cattive generano dolore. Di solito non raccogliamo il risultato delle azioni nella vita in cui le compiamo. Dio dispensa i frutti delle nostre azioni in modo da elevarci progressivamente a livelli sempre più alti di realizzazione spirituale. Tocca a noi servirci di ciò che ci invia per progredire spiritualmente. Rimanendo semplici testimoni, distaccati sia dalle gioie che dalle sofferenze del corpo, la mente si purifica poco alla volta e s'immerge nella sua fonte: Dio, il vero Sé di ogni cosa. Come fa la maggior parte della gente, possiamo essere pazzi di gioia di fronte a ciò che è piacevole e cadere nella tristezza davanti al dolore, ma tale comportamento non ci aiuterà ad acquisire una mente equanime.

Le mie sofferenze sono il frutto di qualche cattiva azione compiuta in passato e hanno lo scopo di spronare la mia mente ad innalzarsi verso le vette sublimi della coscienza di Dio. Di cosa dovrei lamentarmi? Perché dovrei biasimare gli altri? Benché sia il frutto di cattive azioni, Dio utilizza questa sofferenza per concedermi la Sua visione. Che cosa meravigliosa!".

Una sera un devoto venne a trovare Ratnamji. Era sposato, padre di tre figli e aveva una piccola erboristeria. Si sedette per terra accanto al letto e cominciò a ripetere dolcemente il nome di Dio. L'osservavo, seduto al suo fianco. Ero dell'idea che le persone sposate non potessero progredire molto spiritualmente perché dovevano dedicare la maggior parte del loro tempo e della loro energia alla famiglia. In Giappone, Gary Snyder costituiva un'eccezione, ma prima di sposarsi aveva seguito per parecchi anni una rigida disciplina monastica. Il visitatore era profondamente assorbito nella ripetizione del Nome Divino quando, a un tratto, un grosso libro che si trovava sul letto cadde fragorosamente su alcuni piatti proprio accanto a lui. Colto di sorpresa, feci un salto mentre lui non batté ciglio né aprì gli occhi. Continuò nella sua recitazione come se non fosse successo nulla. Ratnamji mi guardò con un sorriso negli occhi.

"Se si riesce a venire assorbiti dalla ripetizione del Nome Divino al punto di perdere ogni coscienza del proprio corpo e dell'ambiente circostante", disse, "che importa se si è sposati o si hanno dei figli? La mente di una tale persona è stata interamente offerta a Dio. Ad ogni minuto del giorno, il devoto ripete il Suo Nome, anche se deve occuparsi dei suoi affari e della famiglia. Pur non avendo alcun attaccamento a niente e a nessuno, continua ad adempiere ai suoi doveri con distacco, come offerta a Dio. Pensando costantemente al Supremo, quando il tempo glielo permette cerca la compagnia dei santi. Quando si siede per recitare il Nome di Dio, la sua mente si perde nella meditazione. Chi è migliore: lui o noi? Benché monaci, siamo capaci di un tale grado di assorbimento?".

Questo fatto mi insegnò a non giudicare mai la levatura spirituale di un uomo in base al suo stato civile. Per quanto riguarda le realizzazioni spirituali, un monaco che ha rinunciato ad ogni cosa può essere superficiale come una pozza d'acqua e un capofamiglia avere la profondità dell'oceano.

Durante il ricovero di Ratnamji in ospedale feci la conoscenza del grande santo Swami Avadhutendra. Lui e Ratnamji erano grandi amici da circa vent'anni e insieme avevano percorso in lungo e in largo tutta l'India. Avadhutendraji era un eccellente musicista e ogni sera trascorreva due ore cantando il Nome di Dio in casa di amici o in centri religiosi. Il suo canto aveva la capacità di elettrizzare l'atmosfera con la devozione. Gli chiesi se potesse raccontarmi un po' la sua vita per infondere entusiasmo nei miei sforzi verso la Realizzazione di Dio. Mi disse che aveva studiato musica nel nord dell'India per un anno. Al termine, il suo maestro gli disse che lui aveva un talento musicale innato e che non aveva più niente da insegnargli. Alcuni registi gli proposero di cantare la colonna sonora dei loro film. Avadhutendraji rifiutò, rispondendo che Dio gli aveva dato questa voce e che l'avrebbe utilizzata solo per Lui. Si diresse più a nord e giunse ad Ayodhya, il luogo natale di Sri Rama, dove si unì a un ashram.

Man mano che passavano i giorni immerso nelle pratiche e nelle discipline spirituali, si accorse che il suo corpo si stava progressivamente paralizzando. Consultò parecchi medici e intraprese diverse terapie senza alcun risultato. Alla fine, la paralisi era così grave che gli impediva di parlare. Pensava che sarebbe morto in breve tempo. Fu allora che un suo confratello gli mostrò un libricino intitolato *Hanuman Chalisa*, un inno di quaranta versetti composto da Tulsidas, un santo che visse circa quattrocento anni fa, che canta le lodi di Hanuman. Il monaco gli suggerì di sforzarsi di ripetere mentalmente questi versetti perché molta gente affetta da malattie incurabili era guarita. In qualche modo Avadhutendraji li imparò a memoria e cominciò a recitarli. Con sua grande sorpresa, a poco a poco la sua voce tornò e in un mese la paralisi scomparve completamente.

Avadhutendraji decise di esprimere concretamente la sua gratitudine ad Hanuman e durante i quarant'anni seguenti si impegnò a far incidere i versetti dell'inno su una lastra di marmo che avrebbe fatto installare in tutti i templi dedicati ad Hanuman, incontrati viaggiando nel nord e nel centro dell'India. Ciò significava quasi duecento templi! Molti devoti si offrirono di sostenere le spese e perfino quando riceveva del denaro per provvedere ai suoi bisogni personali, Avadhutendraji lo usava per realizzare questo compito.

Dopo la sua guarigione, si mise alla ricerca di un Guru realizzato. Lo trovò in una cittadina situata alla confluenza del Gange con lo Yamuna. Questo santo assai noto in questa parte del Paese si chiamava Prabhudattaji, aveva intrapreso pratiche ascetiche per molti anni sotto un albero e aveva raggiunto l'illuminazione. Avadhutendraji si presentò, ma prima di essere accettato come discepolo dovette affrontare una prova severa. Prabhudattaji gli affidò il compito di prendersi cura del giardino di *tulasi* (basilico sacro) innaffiando le pianticelle. Il *tulasi* è considerato sacro in India. Il giardino era così vasto che servivano non meno di cento secchi di acqua al giorno. C'era un pozzo lì accanto che però era profondo più di trenta metri. Inoltre si era nella stagione fredda e le mani di Avadhutendraji cominciarono a screpolarsi mentre attingeva l'acqua. In pochi giorni sanguinavano, ma lui le avvolse in un pezzo di stoffa e continuò senza dire nulla. Dopo un mese il suo Guru gli diede un altro compito: lavare ogni giorno tutte le pentole dell'ashram. L'ashram di Prabhudattaji era molto grande e centinaia di persone mangiavano lì. I pentoloni erano così grandi che doveva sedersi dentro per pulirli!

Dopo aver svolto questo incarico per alcuni giorni, il suo maestro pensò che avesse superato la prova e lo prese al suo servizio personale, dove rimase per quindici anni. Prabhudattaji gli chiese anche di cantare ogni sera nell'ashram il Nome di Dio. Quando cantava, Avadhutendraji diventava talmente ebbro di amore divino che a volte non riusciva a continuare a cantare. Avendolo notato, un giorno Prabhudattaji lo fece chiamare e gli disse che era pronto a volare con le sue ali: era libero di partire. Aveva trascorso quindici anni servendo il suo Guru.

Da allora cominciò a viaggiare in lungo e in largo per tutta l'India, cantando il Nome di Dio e proclamando la grandezza di questa pratica, eccellente mezzo per realizzare il Divino. Mi disse che in quarant'anni di peregrinazioni da un luogo santo all'altro non aveva mai incontrato un santo grande come Ratnamji. In sua compagnia, gustava sempre la Beatitudine suprema. Venuto a sapere che era ricoverato in ospedale, era giunto da molto lontano semplicemente per vederlo.

Avadhutendraji era un personaggio maestoso: se non avesse indossato le vesti monastiche, lo si sarebbe potuto prendere per un re. Era alto un metro e ottanta, aveva lunghe braccia e una voce profonda. I suoi occhi avevano la dolcezza del cerbiatto e un sorriso illuminava sempre il suo volto. Mi sentii onorato ad averlo conosciuto. Di quando in quando, Ratnamji mi mandava ad assistere ai suoi canti, in modo da conoscerlo meglio. Ava-dhutendraji mi chiedeva sempre di sedermi al suo fianco e mi trattava con grande gentilezza e perfino rispetto. Questo fatto mi metteva a disagio, ma facendolo stava insegnando a tutti noi che bisognerebbe trattare i devoti di Dio come Dio stesso. Se ci fossimo riusciti, avremmo compiuto un altro passo verso la meta: vedere Dio in tutto.

Oramai erano quattro mesi che Ratnamji era all'ospedale e cominciavo a non vedere l'ora di poter andar via da lì, ma lui mi ripeteva continuamente di rimettermi alla volontà di Ramana. Ero allibito dalla sua pazienza. Io potevo perlomeno passeggiare liberamente mentre lui era confinato nel letto. Eppure non manifestava la minima impazienza. Finalmente un giorno, quando mi svegliai, percepii una netta differenza nell'atmosfera, una sorta di pace o di leggerezza. Forse era solo la mia immaginazione.

Comunque sia, quella mattina i medici ci comunicarono che Ratnamji poteva lasciare subito l'ospedale. Che felicità! Ma questa gioia non durò a lungo: Ratnamji chiese loro se fossero veramente sicuri che lui potesse uscire. Ero sconcertato. E se avessero cambiato idea? Restare equanimi nella gioia come nel dolore: questa qualità era ben poco sviluppata in me, mentre in Ratnamji occupava quasi tutto il suo spazio interiore; oltre a questa c'erano solo poche altre cose! I medici gli assicurarono che poteva uscire, ma che non doveva cercare di camminare per un altro mese. Grazie a Dio stavamo per andarcene! Trasportammo Ratnamji fino a un taxi che ci lasciò davanti alla casa di un amico che l'aveva invitato a trascorrere da lui la convalescenza per tutto il tempo necessario. Mentre eravamo in macchina, chiesi a Ratnamji: "Beh, che effetto ti fa vedere il cielo dopo così tanto tempo al chiuso?".

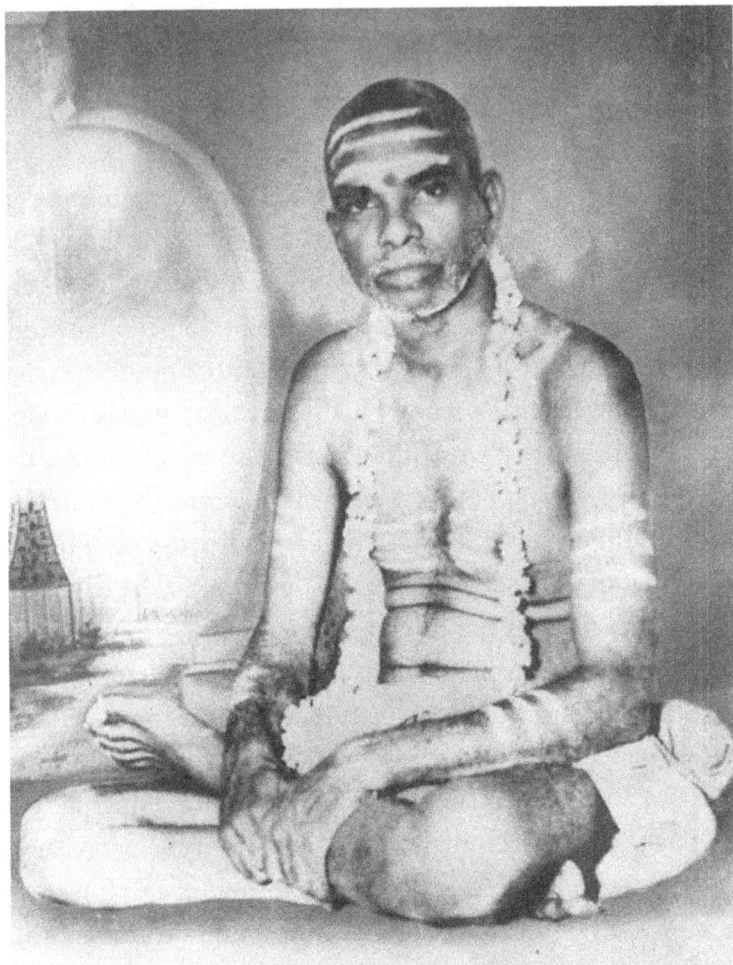

Sri Swami Avadhutendra Saraswati

"Esattamente lo stesso effetto del soffitto dell'ospedale!", replicò ridendo. La sua visione equanime era davvero incorreggibile! Ovunque Ratnamji soggiornasse, quel posto diventava in pochi giorni un ashram e la nostra nuova dimora non fece eccezione. Il nostro amico era un funzionario del governo. La residenza che gli avevano assegnato era un grande palazzo circondato da due ettari di terreno nella zona periferica di Hyderabad. Quale sollievo dopo l'atmosfera deprimente dell'ospedale! La permanenza in ospedale era stata senza dubbio ricca di insegnamenti. Ogni giorno, uno o due pazienti morivano sotto i nostri occhi e ben presto diventava chiara la vera natura del corpo fisico. Ciò nonostante non mi sarebbe piaciuto trascorrervi il resto dei miei giorni!

Il nostro amico era devoto di un famoso santo indiano. Ogni settimana organizzava incontri, faceva discorsi pubblici sugli insegnamenti del suo Guru e teneva corsi di meditazione. Aveva molto rispetto per Ratnamji e considerava un privilegio poterlo servire così nella sua casa. Fino a tarda notte parlavano di argomenti spirituali. Quando era in ufficio durante il giorno, altri devoti venivano a trovare Ratnamji per cantare *bhajan*, celebrare cerimonie religiose o conversare. In sua compagnia non ci si annoiava mai.

La mia routine quotidiana non cambiò: mi svegliavo alle tre e mezza, mi lavavo e poi svolgevo la *puja*. Infine mi occupavo di Ratnamji, lavandolo e facendo il suo bucato, pulivo la stanza, rispondevo alle lettere che riceveva e svolgevo ogni altro compito necessario. C'era sempre qualcosa da fare. Una volta Ratnamji mi disse che una persona pigra non trova mai nulla da fare, mentre un uomo sincero non ha mai tempo libero. Volevo assomigliare a quest'ultimo e così mi tenevo sempre occupato. Se non c'era del lavoro da sbrigare e avevo finito il mio studio delle Scritture, Ratnamji mi chiedeva di andare ad aiutare le persone della casa o i loro servitori. Dopotutto eravamo loro ospiti e dovevamo aiutarli. Questo era perlomeno il suo modo di vedere le cose e lui stesso cercava di fare del suo meglio per aiutare il padrone di casa e la sua famiglia.

Spesso, nel corso dei nostri viaggi, quando alloggiavamo presso famiglie povere, Ratnamji mi chiedeva di comprare del cibo e di consegnarlo alla persona incaricata della cucina. Al momento della partenza, talvolta facevamo in modo che la famiglia che ci aveva ospitato ricevesse del denaro dopo la nostra partenza, perché se glielo avessimo consegnato personalmente avrebbe potuto esitare a prenderlo. Se invece questa famiglia era ricca, cercavamo di offrire il nostro contributo svolgendo almeno qualche lavoro manuale. Questo è ciò che facevo in casa di questo funzionario governativo senza che nessuno se ne accorgesse per non urtare la loro sensibilità. Ratnamji pensava che, anche quando gli altri ci mostrano rispetto, non dobbiamo mai sentirci superiori a loro, bensì coltivare un senso di unità e di eguaglianza verso tutti gli esseri.

Un mattino, dopo essermi lavato, stavo per accingermi a svolgere la mia *puja* quotidiana quando Ratnamji mi chiamò.

"Oggi", disse, "voglio assistere alla tua *puja*. Celebrala accanto al mio letto. Sono oramai mesi che non vedo come la compi".

Preparai tutto ciò che occorreva vicino al suo letto e iniziai. Dopo cinque minuti, mi pregò di smettere.

"Stai recitando i versetti meccanicamente, senza nessun sentimento. Inoltre fai delle offerte al Guru senza neppure alzare gli occhi e guardarlo. Cosa penseresti se ti porgessi un bicchiere d'acqua dicendoti: 'Per favore, accettalo' mentre guardo la finestra? Se svolgi correttamente la *puja*, la tua concentrazione si approfondirà di giorno in giorno ed inizierai a sentire che l'immagine o la foto è viva. Prova a fare come ti dico".

Ricominciai da capo, cercando di seguire le sue istruzioni. Mentre offrivo dei fiori davanti alla foto di Ramana, guardavo il suo viso e poi deponevo i fiori ai suoi piedi. Mentre lo facevo, rimasi sorpreso dal sentimento d'amore verso di lui che sentivo nel mio cuore. Al tempo stesso gli occhi si socchiudevano e le lacrime cominciavano spontaneamente a scendere. Non solo, percepivo con chiarezza che la foto era viva. Ero stupefatto dall'esattezza della diagnosi di Ratnamji e provavo disagio nel pensare a tutti i giorni trascorsi non svolgendola correttamente, senza trarne beneficio e beatitudine. Decisi che di quando in quando gli avrei chiesto se stessi compiendo le mie pratiche spirituali con il giusto atteggiamento.

Un mattino ero in giardino a cogliere dei fiori per il mio culto quando, passando sotto un albero, vidi tremare tutte le foglie e sentii il loro fruscio. Mi dissi che doveva essere il vento a muovere i rami. Il fatto era che non c'era assolutamente vento e ad ogni modo non abbastanza per farle ondeggiare tutte. Incuriosito, ripassai sotto l'albero e, di nuovo, le foglie tremarono. Dopo averlo fatto molte volte ottenendo lo stesso risultato, corsi a casa per raccontare l'accaduto a Ratnamji.

"Cosa c'è di straordinario in questo?", mi disse, "Gli alberi sono esseri viventi come noi. Hanno le loro sensazioni e le loro emozioni. Tuttavia, non devi continuare a pensarci altrimenti dimenticherai perché siamo qui. Non dobbiamo farci distrarre neppure da un avvenimento insolito. Quando l'altro giorno ti ho chiamato, ho notato che stavi guardando la scimmia giocare sugli alberi. Un aspirante spirituale dovrebbe essere così focalizzato sul suo scopo da distogliere la sua attenzione solo se è necessario.

Si racconta che Sri Rama chiese un giorno ad Hanuman di attraversare un ampio specchio d'acqua per raccogliere alcune informazioni sull'altra riva. Mentre Hanuman lo attraversava, alcune creature che abitavano in quelle acque gli offrirono di riposarsi sul loro dorso, ma lui rifiutò e si fermò solo dopo aver portato a termine la sua missione. Dovremmo anche noi fare lo stesso e non lasciarci mai distrarre".

Aveva ragione, come sempre, ma non so perché le sue parole mi urtarono un po'. Dopo avermi dato questo consiglio, mi disse di chiedere a un altro devoto che stava nella stessa via, quattrocento metri più giù, di venire al più presto. Provando un certo senso di ribellione, risposi che ci sarei andato più tardi. Lui insistette perché ci andassi subito. Un po' contrariato per la sua insistenza, invece di obbedire andai a fare una doccia fredda. Quando uscii dalla doccia, scoprii con stupore che la mia collera e il mio spirito di rivolta erano spariti. Andai da Ratnamji a scusarmi e gli riferii ciò che era appena accaduto.

"Talvolta", mi spiegò, "quando i nervi sono surriscaldati, diveniamo irritabili o collerici. Una doccia fredda li rinfresca e la collera sparisce. Succede la stessa cosa per il desiderio sessuale. Tali passioni generano troppo calore nei nervi o, viceversa, possono derivare da un aumento della loro temperatura. La doccia fredda è un rimedio eccellente".

Nell'arco di un mese, Ratnamji riprese a camminare. Due mesi più tardi si muoveva abbastanza agevolmente con l'aiuto di un bastone. Un giorno mi chiamò e mi disse:

"Circa ventisei anni fa, quando ero al servizio di Ramana, lui chiese un giorno a un devoto se fosse mai stato in un luogo sacro chiamato Muktinath, nel Nepal. É da lì che proviene la *saligrama*, una pietra sacra che si può trovare in abbondanza nel Gandaki, il fiume che bagna Muktinath. La *Saligrama* è utilizzata in tutta l'India per il culto. Dopo aver sentito parlare di questo posto, ho sempre desiderato andarvi perché è considerato uno dei più antichi luoghi di pellegrinaggio.

Si dice nelle Scritture che un re di nome Bharata, dopo aver affidato il regno alla cura dei suoi figli, si ritirò a Muktinath per intraprendere austerità. Effettivamente costui raggiunse un alto livello spirituale, ma avendo sviluppato un profondo attaccamento per un giovane daino, morì pensando al daino e non alla Verità Suprema. Il risultato fu che si incarnò in un daino. Le Scritture affermano che la nostra prossima incarnazione è largamente determinata dalla natura del nostro ultimo pensiero al momento della morte. È per questo che al capezzale di un morente si canta il nome di Dio a voce molto alta. Se costui pensa a Dio nel momento del trapasso, si fonderà in Lui e raggiungerà la Beatitudine suprema.

L'altro giorno, Avadhutendraji mi ha proposto di accompagnarlo in Nepal. Altre due persone partono con lui. Se decidiamo di andarci, chiederò a mia sorella maggiore di venire con noi e di occuparsi della cucina. Nel corso degli anni mi ha già accompagnato con piacere in diversi pellegrinaggi. Che ne dici?".

Naturalmente ero impaziente di partire, soprattutto in compagnia di due santi. Accettai subito. Informammo Avadhutendraji. Saremmo partiti dopo una settimana e in viaggio avremmo visitato altri luoghi. Qualche giorno più tardi arrivò la sorella di Ratnamji e, terminati i preparativi, andammo da Avadhutendraji.

Alla stazione il nostro gruppetto di sei fu accolto da un largo gruppo di devoti venuti ad augurare buon viaggio ai due santi.

Stare assieme a uno solo era già una tale gioia che è facile immaginare la felicità di essere contemporaneamente in compagnia di entrambi! Ratnamji e Avadhutendraji erano sempre al meglio della loro forma quando si trovavano insieme ed io ero felicissimo nel vederli riuniti. Uno era bravissimo a cantare i canti devozionali, l'altro sapeva elevare il livello di coscienza pronunciando parole di saggezza. Tutti e due avevano rinunciato al mondo per realizzare Dio ed erano molto evoluti spiritualmente. Inoltre erano come dei bambini, semplici ed innocenti, senza alcuna traccia di falso orgoglio o di arroganza.

Trascorremmo i dieci giorni seguenti diretti in Nepal. Ci fermavamo nei luoghi santi lungo il percorso, visitavamo i templi e alloggiavamo presso dei devoti di Avadhutendraji. Nel corso dei suoi quarant'anni di peregrinazioni in tutto il Paese, si era fatto degli ammiratori e conosceva sempre almeno una persona in ogni città in cui arrivavamo.

Quando si viaggia con due santi, non c'è tempo di pensare a nient'altro che a Dio. Ero venuto in India non credendo e neppure nutrendo qualche interesse nell'esistenza di Dio. Adesso mi rendevo conto che i miei pensieri erano rivolti unicamente a Lui. Com'era successo? Dipendeva certamente dalla compagnia dei santi. Al ritmo febbrile della vita del mondo, priva di sapore, era subentrata una sensazione di pace interiore e di beatitudine costanti. Ogni momento aveva un suo fascino. La corrente di pace e di luce diventava ogni giorno più forte, recando con sé la promessa dell'Unità alla fine del cammino.

Lo scopo della mia vita era il fine più elevato a cui l'uomo può aspirare: realizzare la propria identità con il Creatore, conseguendo la Beatitudine e la conoscenza che la accompagnano. In qualche modo ero riuscito ad essere in stretto contatto con una tradizione seguita e sperimentata da millenni, che aveva dimostrato di essere in grado di favorire l'evoluzione spirituale. Ora vivevo ed ero sotto la guida di due saggi che testimoniavano la grandezza e la verità delle antiche tradizioni. Questo pensiero riempì i miei occhi di lacrime. Sentii di non essere niente e nessuno – semplice foglia secca trasportata dal vento favorevole della Volontà divina.

Avadhutendraji mi dava raramente consigli. Sebbene a volte lavassi i suoi vestiti e portassi i suoi bagagli, ai suoi occhi ero il figlio spirituale di Ratnamji e non c'era quindi nessun bisogno che mi istruisse. Una sola volta ricevetti un consiglio da lui. Un giorno, mentre stavamo camminando verso il tempio, un uomo mi si avvicinò e mi domandò da dove venissi. Avevo cominciato a rispondergli quando Avadhutendraji si volse chiedendomi di cosa stessi parlando. Gli riferii la domanda di quell'uomo.

Lui replicò: "Colui che ripete il Nome Divino ad ogni respiro può raggiungere rapidamente lo stato di coscienza di Dio. Se la gente non ci riesce è perché perde tanto tempo in chiacchiere inutili. Nel tempo necessario ad ascoltare la domanda di quest'uomo e a rispondervi, avresti potuto ripetere dieci volte il tuo mantra. Non è una grande perdita?".

Continuammo a dirigerci verso Nord e infine raggiungemmo la frontiera del Nepal. A questo punto si può scegliere se raggiungere la capitale, Katmandu, in aereo o intraprendere un viaggio molto tedioso in autobus. Ratnamji mi aveva chiesto di gestire le spese di Avadhutendraji oltre a quelle di noi tre. Decisi che sarebbe stato meglio prendere l'aereo, al di là del costo. Sarebbe stato per loro più confortevole e inoltre Ratnamji non era mai salito su un aereo: volevo che facesse almeno una volta questa esperienza. Ci imbarcammo e poco dopo sorvolavamo l'Himalaya. Ratnamji si comportava come un bambino e attraverso il finestrino guardava con interesse la terra lontana, sotto di noi.

"Sai", mi disse, "questo assomiglia molto allo stato di coscienza di Dio. Man mano che la mente si eleva verso la sua fonte, il senso di differenziazione si perde progressivamente finché alla fine tutto si fonde nell'unica Esistenza. Man mano che l'aereo sale di quota, gli oggetti al suolo perdono la loro dimensione relativa. Le persone, gli alberi, gli edifici e anche le colline, tutto sembra avere la stessa altezza. Se provassimo a salire abbastanza in alto, anche la Terra sparirebbe nell'immensità dello spazio!".

Ero sorpreso dal suo modo di vedere le cose. In ogni circostanza la sua mente era sempre sintonizzata con Dio.

Arrivati a Katmandu, andammo in auto in una locanda vicino a Pasupathinath, il tempio principale della città. La locanda era una foresteria per i pellegrini che visitavano il tempio ed era composta da due piani: il pianterreno serviva da stalla per le mucche, il piano superiore accoglieva gli ospiti. L'alloggio era gratuito, ma accettavano offerte. Prendemmo una camera, stendemmo ciò che ci serviva per dormire e riposammo qualche ora prima di andare al tempio.

Il tempio di Pasupathinath è un immenso complesso circondato da un muro di cinta e, benché sia indù, lo stile architettonico a forma di pagoda è tipico dell'Estremo Oriente. Centinaia di devoti entrano ed escono dal tempio dall'alba fino a tarda notte. Il clima della valle di Katmandu è molto fresco e rigenerante. L'avere lasciato il calore delle pianure indiane mi diede la sensazione che mi avessero tolto un gran peso dalle spalle. Anche Ratnamji e Avadhutendraji erano incantati dal posto: guardavano ogni cosa e amavano tantissimo il nuovo ambiente e la cultura.

L'indomani prendemmo un taxi per visitare tutti i siti importanti della città, che comprendevano parecchi templi indù e buddisti, e poi ci recammo in un villaggio vicino in cui si trova un antico e celebre tempio consacrato alla Madre Divina. A pochi metri dal tempio udimmo cantare a voce molto alta dei canti devozionali. Attratto dalla musica e curioso di sapere cosa succedeva, Avadhutendraji ci precedette e giunse in un vasto cortile dove centinaia di persone cantavano il Nome Divino accompagnandosi con l'armonium e i tamburi. Al centro, un vecchio si dondolava al ritmo della musica e lanciava dei fiori su tutte le persone vicine. Il suo volto era radioso. Quando vide Avadhutendraji si alzò con un balzo, gli andò incontro e lo abbracciò.

Avadhutendraji era felicissimo. Ci spiegò che quell'uomo era uno dei più grandi santi del Nepal e che aveva consacrato la sua vita a diffondere il nome di Dio in tutto il Nepal e il nord dell'India. Avadhutendraji lo aveva incontrato in India, dove il santo aveva un ashram a Vrindavan, un luogo sacro associato alla vita e ai giochi di Sri Krishna. Avadhutendraji e Gotamji (questo era il nome del santo) erano sorpresi e felici per questo incontro inaspettato. Fummo invitati ad accomodarci e ci servirono un pasto sontuoso. La sera tornammo alla locanda, ripromettendoci di andare nell'ashram di Gotamji a Katmandu, a cinque minuti a piedi dal nostro alloggio.

Il giorno dopo tutti e sei ci recammo nell'ashram, situato sulla collina tra il tempio e la nostra locanda. Di fatto, era l'antica casa della famiglia di Gotamji. Arrivammo nel bel mezzo di una festa religiosa. Il figlio di Gotamji era vestito da Sri Krishna e alcuni devoti come i Suoi compagni. Stavano eseguendo acrobazie e giochi tipici dei giovani mandriani quando portano a pascolare le mucche e giocano nei campi, proprio come faceva il piccolo

Krishna. Allo stesso tempo veniva cantato ad alta voce il Nome Divino. L'atmosfera era carica di devozione. Dopo lo spettacolo venne offerto del cibo a tutti.

Gotamji ci portò poi nel giardino per mostrarci il resto dell'ashram. Nel giardino c'erano due tempietti e diversi pilastri di pietra. I templi contenevano le Sacre Scritture indù, inclusi i quattro *Veda*, il *Mahabharata*, il *Ramayana* e i diciotto *Mahapurana*. La cultura indù dispone di una preziosa e ricca letteratura sacra in grado di aiutare tutte le persone, di qualunque livello di evoluzione spirituale. Come in ogni altra religione, le Scritture sono riverite e venerate come la Parola rivelata di Dio.

Chiedemmo a Gotamji informazioni sui pilastri di pietra. Ci disse che nel corso degli anni aveva consigliato ai suoi devoti di ripetere continuamente il Nome Divino e anche di scriverlo su dei quaderni. Aveva raccolto tantissimi di questi quaderni in cui era scritto il sacro nome di Rama. Dopo averli sotterrati, aveva fatto installare un pilastro per indicare dove fossero. I pilastri erano rappresentazioni visibili del Nome Divino. Domandammo quanti Nomi fossero sepolti sotto i cinque o sei pilastri del giardino. Ci rispose che, sotto ogni pilastro, il nome Rama era scritto su ogni quaderno dieci milioni di volte! Eravamo senza parole dallo stupore. Non avevamo mai visto da nessuna parte una tale devozione per il Nome Divino.

In seguito Gotamji ci portò in macchina in un piccolo villaggio dove aveva un altro ashram, a una trentina di chilometri da Katmandu. Ammirammo il magnifico panorama con il verde lussureggiante della campagna e l'Himalaya sullo sfondo. Gli abitanti dei villaggi nepalesi sono probabilmente le persone più semplici, più colte e più religiose del mondo. Mi dicevo che il popolo indiano doveva avere vissuto così mille anni prima, prima che le invasioni dei Mongoli e degli inglesi deturpassero la purezza incontaminata della sua antica cultura.

Arrivati all'ashram, fummo accompagnati da uno dei residenti che ci indicò una collinetta artificiale al centro, fatta di cemento o di gesso. Ci spiegò che alcune pietre provenivano dalla sacra montagna Govardhana, in India, associata a Sri Krishna. Tutt'attorno era stato riprodotto l'ambiente originale: come a Govardhana, i fedeli giravano attorno alla collina in miniatura cantando e recitando i Nomi e le gesta di Sri Krishna.

Più lontano si estendeva un'area di circa due metri quadri con un pilastro ad ogni angolo. Ci disse che, come nell'ashram di Katmandu, questo spazio racchiudeva altri dieci milioni di Nomi Divini. Quando qualcuno della zona stava morendo, veniva portato qui e adagiato sul terreno. La gente pensava che la vibrazione spirituale del Nome Divino fosse d'immenso aiuto per l'anima che stava trapassando. Avadhutendraji, che aveva trascorso quarant'anni a ripeterLo e diffonderLo in tutta l'India, era stupito e al colmo della gioia di fronte a questa fede innocente in Dio e nel Suo Nome. In effetti, mentre era lì, non provava alcun desiderio di tornare in India.

Volgendosi verso di noi, disse: "Queste persone semplici hanno completa devozione per Dio. In India non si trova nessuno che abbia la decima parte di questa fede. Non ho voglia di ritornarci!".

Eravamo in settembre e di prima mattina il clima della valle di Katmandu era gelido. Da un po' di tempo Avadhutendraji non stava bene e sopportava male il freddo. Alla fine decise di rientrare in India al più presto con altri due devoti. Discutemmo i nostri piani di viaggio: Ratnamji mi chiese di comprare per Avadhutendraji un biglietto aereo per l'India e per noi tre biglietti per Pokhara, un villaggio a circa centosessanta chilometri a ovest di Katmandu. Pokhara sarebbe stato il punto di partenza per il nostro pellegrinaggio a Muktinath. C'era un posto per Avadhutendraji già sul volo dell'indomani mentre noi trovammo posto per Pokhara solo tre giorni più tardi. Dopo aver fatto tutte le prenotazioni, rientrai alla locanda.

L'indomani mattina, al risveglio, Ratnamji scottava per la febbre alta e riusciva a malapena a reggersi in piedi. Avadhutendraji voleva andare al tempio prima di rientrare in India e Ratnamji insistette per accompagnarlo. Si appoggiò alla mia spalla e andammo lentamente al tempio. Non appena rientrammo alla locanda, Ratnamji perse conoscenza. Avadhutendraji e io lo mettemmo su un taxi e lo portammo da un medico omeopata, comperammo le medicine e poi tornammo indietro.

L'aereo di Avadhutendraji sarebbe partito alle undici ed erano già le nove. Come poteva lasciare Ratnamji in quelle condizioni? Continuava a chiedermi se dovesse partire. Lo assicurai che la sorella di Ratnamji ed io ci saremmo occupati di tutto e che non doveva preoccuparsi. Infine mi diede la sua costosa coperta di lana per Ratnamji e poi ci salutò, con aria triste.

Ratnamji riprese conoscenza solo il giorno dopo.

"Che ora è? Dov'è Avadhutendraji?" chiese.

"È l'una del pomeriggio. Lui è partito per l'India ieri verso le nove del mattino, molto dispiaciuto di doverti abbandonare. Ti abbiamo portato dal dottore. Ho supplicato Avadhutendraji di non cambiare i suoi piani e così è partito, sebbene molto indeciso. Ti ha lasciato la sua coperta e questa è una buona cosa perché non abbiamo niente di caldo per coprirti. Sei rimasto incosciente a lungo. Come ti senti?", gli chiesi.

"Morto", rispose, "Che peccato che non abbia potuto salutare Avadhutendraji. Avresti dovuto cercare di farmi alzare. Devo scusarmi con lui la prossima volta che ci vediamo".

Come la sua equanimità mentale, così anche la sua umiltà era immutabile. Quanto a me, che mi arrabbiavo alla minima provocazione e continuavo a nutrire un'alta opinione di me stesso, mi chiedevo se sarei mai arrivato a seguire l'esempio di Ratnamji in questa vita. Avevo l'impressione di essere una zanzara che aspira ad attraversare l'oceano.

Per due giorni Ratnamji prese il rimedio omeopatico e alla fine si sentì abbastanza in forma per pensare di poter partire il giorno stabilito.

"Sembra che Dio sia benevolo con noi", disse, "altrimenti sarei rimasto a letto molto a lungo. Ecco che adesso ci dà l'occasione di verificare se la mia gamba è guarita".

Il giorno dopo prendemmo il volo per Pokhara, dove ci mettemmo alla ricerca di un alloggio. C'era un tempio di Kali in cima a una collina, nei dintorni della città. Sarebbe stata dura salire fin lassù, ma una volta in cima l'atmosfera sarebbe stata molto tranquilla. Kali rappresenta l'aspetto feroce della Madre Divina. La Madre Divina è il Potere di Dio incarnato in un corpo; ha tre funzioni e tre aspetti legati rispettivamente alla creazione, alla preservazione e alla distruzione. Tutto ciò che è creato deve un giorno essere distrutto. Kali è l'aspetto del Potere divino che distrugge ogni oggetto creato. Saraswati è il Potere Creatore e Lakshmi quello Preservatore. Le persone mondane venerano Kali affinché distrugga gli ostacoli alla loro felicità quali, ad esempio, la malattia, la povertà o i nemici. Gli aspiranti spirituali La venerano affinché distrugga la loro ignoranza spirituale, che vela la Realtà interiore e mantiene l'illusione di essere limitati a un corpo e a una mente. Benché ogni indù sappia che Dio, l'Essere Supremo, è Uno e senza forma, crede anche che Dio possa manifestarsi sotto un'infinità di forme per la gioia e il bene dei Suoi devoti. Una donna sarà chiamata madre, sorella, figlia o nipote da diverse persone, secondo il loro legame di parentela, anche se lei rimane sempre la stessa persona. Visto da menti differenti, l'Essere Unico è chiamato Madre Divina, Krishna, Shiva o con un'infinità di altri nomi.

Preparammo il pasto e venerammo Madre Kali. Terminato di pranzare, ci incamminammo verso nord, informandoci, strada facendo, su come arrivare a Muktinath. Avevamo deciso di cucinare il nostro cibo e quindi, oltre ai vestiti e all'occorrente per dormire, avevamo con noi un fornello a kerosene, del kerosene, del riso e altri alimenti. Il bagaglio era molto pesante e quindi decidemmo di ingaggiare tre portatori per aiutarci e guidarci. A quel tempo ignoravamo che bisogna ingaggiare solo portatori nepalesi e questa ignoranza ci portò a fare amare esperienze, una dopo l'altra. Il primo posto dove trovammo della manodopera fu il campo di rifugiati tibetani all'uscita del villaggio. Incontrammo tre uomini, ma Ratnamji mi mise in guardia e mi disse di non assumerli. Per qualche motivo non gli piaceva il loro aspetto. Io insistetti perché non c'era alternativa e quindi ci accordammo infine con loro sul salario. Decidemmo di partire l'indomani.

Al sorgere del sole c'incamminammo sulla strada per Muktinath. "Strada" è una parola grossa per indicare il sentierino che si snodava attraverso l'Himalaya e conduceva a Muktinath, lontana circa centotrentacinque chilometri. La città si trova a breve distanza dalla frontiera cinese. Dopo Pokhara non c'erano più strade. Ratnamji e sua sorella Seshamma avevano deciso di fare tutto il tragitto a piedi nudi come pratica ascetica. Avrei voluto fare altrettanto, ma la sera prima mi ero fatto un taglio sulla pianta del piede calpestando un legno acuminato e quindi dovevo indossare delle infradito di gomma che in seguito si rivelarono fonte di grandi sofferenze.

A qualche chilometro da Pokhara cominciava la salita dei primi contrafforti himalayani. La salita era ripida e spossante, ma la purezza dell'aria e la bellezza del paesaggio, che mozzava il fiato, compensavano largamente lo sforzo. I portatori camminavano così veloci che dopo un'ora li perdemmo di vista. Questo era solo un assaggio di quello che sarebbe accaduto in seguito.

Per fortuna a mezzogiorno ritrovammo le nostre guide, che ci aspettavano in un piccolo villaggio sul pendio di una montagna, intenti a cucinare il loro cibo. Gli chiedemmo perché fossero andati così avanti e spiegammo loro che, non conoscendo la strada, contavamo su di loro per guidarci. Risposero che camminavamo troppo piano e che non potevano rallentare l'andatura per noi. Replicammo che, se non potevano camminare con noi, sarebbe stato meglio se fossero tornati indietro subito. Promisero di camminare più lentamente.

Dopo aver cucinato e mangiato, c'incamminammo verso il villaggio seguente, con la speranza di raggiungerlo prima del calare della notte. Nell'Himalaya, tra un villaggio e l'altro c'è solo la foresta e se non si arriva a un villaggio prima del tramonto si rischia di essere attaccati da animali selvaggi. Quella sera riuscimmo, Dio sa come, a raggiungere il villaggio, ma essendo troppo stanchi per cucinare, ci accontentammo di comperare del latte e dei biscotti che mangiammo prima di coricarci. Nel corso delle tre settimane seguenti scoprimmo con sorpresa che un bicchiere di latte al mattino, un pasto completo a mezzogiorno e qualche biscotto con del latte alla sera bastavano per farci proseguire.

In effetti, mentre salivo la montagna, la mia salute migliorava e la mia mente rimaneva in uno stato elevato senza sforzo, forse grazie all'esercizio fisico e a quell'aria. Il pasto di mezzogiorno era estremamente semplice: mettevamo in una pentola riso, lenticchie e banane verdi, le facevamo bollire tutte assieme e alla fine aggiungevamo del sale. Né prima né dopo questo pellegrinaggio ho mai assaggiato del cibo così delizioso. Sperimentammo molto chiaramente che la fame è il vero condimento.

Le cose funzionarono per i primi due o tre giorni, poi i portatori ripresero ad accelerare il passo e a distanziarci. Un giorno sparirono in lontananza, portando con loro anche la nostra torcia. Ci era rimasto solo un po' di denaro. Urlammo ripetutamente verso di loro, ma invano. Mentre camminavamo da soli, giungemmo a un bivio e scegliemmo d'imboccare il cammino di sinistra che però non portava da nessuna parte. In tal modo perdemmo due ore a tornare indietro. Erano già quasi le cinque del pomeriggio e non avevamo idea di quanto distasse il prossimo villaggio, non avendo nessuno che ci indicasse la strada.

Decisi di camminare più velocemente per cercare di raggiungere i portatori e allungai il passo. Ratnamji e Seshamma riposavano sul ciglio del sentiero. Nella fretta di ritrovare i portatori e i nostri beni, trascurai di lasciare un po' di denaro a Ratnamji. Una vocina interiore mi suggerì di farlo, ma non ne tenni conto e proseguii. Ho imparato per esperienza che, quando non la ascolto, accade immancabilmente qualcosa di doloroso ed è proprio quello che successe. Ben presto mi trovai di fronte a un masso che bloccava il sentiero. C'era un altro cammino che però portava in una fitta foresta. Stava già facendo buio. Pensando che il villaggio fosse all'interno della foresta, imboccai quella strada, ma dopo circa quattrocento metri comparve improvvisamente un uomo che proveniva dalla direzione opposta.

"Dove vai?", mi chiese in inglese, "Non sai che stai per addentrarti in una fitta foresta?".

A quel tempo, in Nepal, pochissimi parlavano inglese, anche nelle città, ed ecco che, nel bel mezzo di una foresta delle colline himalayane, ero stato avvicinato da uno sconosciuto che parlava un perfetto inglese! Dalla gioia d'incontrare qualcuno che sembrava conoscere la strada, dimenticai lo stupore. Gli dissi che mi ero perso, che i portatori mi avevano abbandonato e che li stavo cercando. Gli parlai anche di Ratnamji e di Seshamma che avevo lasciato dietro.

"Seguimi", disse lo sconosciuto, "troverò i tuoi portatori e gli darò una bella lavata di capo".

Sebbene fosse oramai notte fonda, s'incamminò spedito nella direzione da cui provenivo, ma in qualche punto della strada svoltò. Inciampavo continuamente tentando di seguirlo. Dopo un quarto d'ora di faticosa salita e dopo aver guadato un fiume in piena, giungemmo a un villaggio. L'uomo mi pregò di sedermi e di aspettarlo davanti ad una casa, mentre percorreva le strade chiamando ad alta voce i nostri portatori. Alla fine li trovò, gli diede una bella strigliata e poi ordinò loro di portare i nostri bagagli in una casa dove potevamo alloggiare confortevolmente. Iniziò a piovere a dirotto. Ero sfinito, ma come fare con Ratnamji e Seshamma? Mi resi conto che non avevano un soldo con loro e lo dissi allo sconosciuto. Afferrando un impermeabile, mi chiese di prestargli la torcia e, facendosi accompagnare da uno dei portatori, andò a cercarli. Stremato, mi coricai e mi addormentai.

Mi svegliai nel bel mezzo della notte per vedere Ratnamji e Seshamma entrare, bagnati fradici. Senza neppure cambiarsi né dire una parola, si coricarono e si addormentarono. Anch'io mi riaddormentai.

L'indomani mattina Ratnamji non si alzò. Vedevo che era sveglio, ma si rifiutava di rispondere alle mie domande. Rimase coricato fino alle undici o mezzogiorno. Alla fine lo supplicai di dire qualcosa, sebbene timoroso per quello che avrebbe detto.

"Come hai potuto abbandonarci così, senza lasciarci neanche un po' di denaro?", disse con una voce mista a dolore e collera, "Non avevo capito che eri così crudele. Devo essermi sbagliato completamente sul tuo conto".

"Non intendevo abbandonarvi", spiegai, "Mi sono detto che dovevo trovare il villaggio e i portatori e poi tornare a cercarvi con la torcia. Se tutti e tre ci fossimo smarriti, nell'oscurità, cosa avremmo fatto? Se almeno uno di noi fosse riuscito ad arrivare al villaggio avrebbe potuto tornare a cercare gli altri con una torcia. Questo era il mio piano. Disgraziatamente ero già lontano quando mi sono accorto che non vi avevo lasciato del denaro. Ho pensato che non sarei arrivato al villaggio se fossi tornato indietro e così ho proseguito. Miracolosamente, uno sconosciuto mi ha incontrato nella foresta e mi ha condotto al villaggio. Dopo aver ritrovato i portatori, li ho mandati a cercarvi. Sarei venuto anch'io, ma ero talmente esausto che mi era impossibile fare un altro passo e mi sono addormentato immediatamente. Ti prego, perdonami. Non vi ho lasciato con nessuna cattiva intenzione".

Sapendo ora la verità, Ratnamji si alzò, si lavò i denti e il viso. Dopo aver bevuto un bicchiere di latte, era tornato ad essere quello di sempre. Mi raccontò allora quello che era successo dopo la mia partenza: "Avevamo cercato di seguirti, ma camminavi troppo velocemente. Ho visto che stavi gridandoci qualcosa, ma non ho capito cosa. Anche noi abbiamo accelerato il passo e siamo arrivati sulla sponda di un fiume in piena quando oramai era buio. Non avevamo idea di dove fossimo, né di quale direzione prendere. Siamo entrati nell'acqua, ma Seshamma è scivolata e stava per essere trascinata via dalla corrente. L'ho afferrata con grande fatica. Abbiamo raggiunto l'altra riva più morti che vivi. Esausti ed affamati, siamo arrivati ad una casa appena fuori dal villaggio. Ho spiegato al padrone di casa che non avevamo soldi e che eravamo affamati. Vedendo com'eravamo ridotti, costui ha condiviso la sua cena con noi benché fosse povero. É in quel momento che sono arrivati i nostri portatori e un altro uomo che ci stavano cercando. Lentamente ci hanno portati qui, sotto la pioggia. Ero sicuro che, nel fiume, Seshamma sarebbe stata trascinata via e questa era la mia preoccupazione principale. Cosa avrebbe detto suo marito? Ad ogni modo avresti dovuto lasciarci un po' di denaro. Siamo arrivati qui solo per la grazia di Dio. Cosa dobbiamo fare con queste canaglie, i nostri portatori?".

Risposi che dovevamo disfarcene. Tuttavia la proprietaria della casa che ci ospitava ci informò che non c'erano altri portatori. Ci raccomandò anche estrema prudenza perché alcuni pellegrini che avevano recentemente ingaggiato portatori nel nostro stesso posto erano misteriosamente spariti tra un villaggio e l'altro. Si sospettava che fossero stati uccisi e derubati. La donna sembrava sinceramente preoccupata per la nostra sicurezza.

Ratnamji fece chiamare i portatori e disse loro che quel giorno non avremmo viaggiato. Li minacciò anche di cacciarli se avessero continuato a giocarci dei brutti tiri. Naturalmente costoro sapevano perfettamente che stavamo bluffando perché non c'erano altri portatori. Era gente calcolatrice, dal cuore duro. Quella sera vennero da noi e ci dissero che non avrebbero più portato i nostri bagagli se non avessimo dato loro un aumento. Cosa potevamo fare? Dovemmo per forza accettare.

Il giorno dopo ci rimettemmo in viaggio. La pioggia aveva reso il sentiero molto pericoloso e alcuni tratti erano franati. Ad un certo punto, mentre camminavamo costeggiando lentamente la montagna con il fiume in piena che scorreva trecento metri più in basso, apparve un gruppo di uomini nella direzione opposta. Era un sentiero a senso unico, ma dovemmo trasformarlo in uno a doppia corsia altrimenti qualcuno avrebbe fatto un bel tuffo. Irremovibili, quegli uomini insistevano nel passare lungo il lato della montagna mentre noi avremmo dovuto costeggiare quello del fiume. Stavamo eseguendo questa delicata manovra con il fiato sospeso quando il mio piede scivolò sulla terra smossa. Credetti che fosse la fine. Non so come, riuscii ad aggrapparmi a delle lunghe erbe che crescevano lì vicino e fui salvato dal precipitare e morire. Ci dissero che il giorno prima un cavallo era scivolato proprio in quel punto ed aveva imbrattato di sangue tutte le rocce. Inutile dire che non si rivide più quella povera bestia, scomparsa nella corrente impetuosa del fiume.

Una sera, avendo percorso circa la metà della distanza fino a Muktinath, ci riposammo in un villaggio. Durante la notte mi svegliai nel sentire Ratnamji che cantava alcuni versi ad alta voce. Poi si riaddormentò. Al mattino mi disse che durante la notte aveva avuto la visione di un tempio di fronte al quale vi era scolpita nella pietra una ruota o un disco immensi. Vedeva sacerdoti venire dal fiume con vasi d'acqua sulla testa e sentiva cantare a voce alta il nome divino di Narayana. Di colpo si era ritrovato seduto nella sua camera, ma il suono "Narayana" vibrava sempre nelle sue orecchie. Fu in quel momento che l'avevo sentito cantare dei versi in lode al Signore nella forma di Narayana. Mi disse di avere vissuto in passato esperienze simili durante altri pellegrinaggi, quando si trovava a una certa distanza dal tempio verso cui era diretto. Sapeva allora che era entrato nella "giurisdizione", se così si può dire, della divinità di quel tempio.

Man mano che procedevamo, la vegetazione diradava. Infine ci trovammo in una regione desolata, senza nessun albero: qua e là c'era soltanto qualche cespuglio pressoché spoglio. Il governo nepalese mi aveva rilasciato un permesso di viaggio valido unicamente fino a Jomson, situato a tredici o quindici chilometri a sud di Muktinath. In quel luogo c'era una base militare indiana che teneva d'occhio i cinesi e non era assolutamente consentito a nessuno straniero proseguire oltre. Implorai gli ufficiali che, pur mostrandosi molto comprensivi, rifiutarono di lasciarmi viaggiare oltre. Ratnamji mi disse di non preoccuparmi: nell'arco di qualche giorno sarebbe tornato con le offerte sacre o *prasad* del tempio. Rimasi appena fuori dalla città, guardandolo scomparire in lontananza.

Quando tornai nella mia camera, mi accorsi che Ratnamji aveva dimenticato la sua coperta. Come se la sarebbe cavata senza coperta in quella regione fredda e battuta dal vento? Corsi alla base militare, incontrai l'ufficiale responsabile e gli raccontai il fatto. Accettò che raggiungessi Ratnamji, accompagnato da uno dei suoi uomini. Partimmo di corsa e, un'ora e cinque chilometri dopo, lo trovammo. La gioia di vedere il suo viso mi ripagò largamente dello sforzo. Ritornai a Jomson, questa volta non così triste, ad aspettare trepidante il suo ritorno.

Nei quattro giorni successivi mi tenni occupato, come se fossi stato all'ashram di Arunachala. Alzatomi di buon'ora, mi lavavo in una sorgente gelida accanto alla caserma dell'esercito e poi svolgevo la mia *puja* quotidiana. Cucinare e mangiare prendevano una parte del mio tempo e poi passavo il resto della giornata a studiare e a meditare. Alla fine Ratnamji fu di ritorno.

"Se pensi che il nostro viaggio fin qui sia stato duro", mi disse, "avresti dovuto venire con noi a Muktinath! Ero convinto che non ti avrei più rivisto. Dopo averti lasciato per la seconda volta, siamo arrivati in un sentiero dove il vento spirava talmente forte che pensavamo ci avrebbe gettato giù nella gola. Abbiamo provato ad avanzare, ma era impossibile e così abbiamo cercato di procedere a carponi, ma anche questo non era fattibile. Alla fine abbiamo deciso di aspettare il giorno dopo. Quella notte abbiamo dormito all'addiaccio. Faceva terribilmente freddo. L'indomani il vento si era calmato e così siamo riusciti a percorrere velocemente il passo. Appena siamo arrivati alla fine, il vento si è rimesso a soffiare forte sibilando.

In qualche modo siamo arrivati a Muktinath. Con mia sorpresa ho scoperto che il tempio era quello che avevo visto nella mia visione. C'era perfino la grande ruota di pietra all'entrata. Dopo aver pregato, abbiamo organizzato un lauto pasto per i due sacerdoti che vivevano lì. Quando abbiamo chiesto loro qual era il loro piatto preferito, hanno risposto: "Il budino di riso al latte". Li abbiamo quindi pregati di procurarci del latte nel villaggio vicino. L'indomani hanno portato una quindicina di litri di latte in cui abbiamo bollito del riso e dello zucchero. Puoi immaginare la quantità di budino di riso al latte ricavata da quindici litri di latte! Erano mangiatori voraci e noi eravamo felici di poter esaudire il loro desiderio. Avevamo l'impressione di nutrire Dio stesso sotto la loro forma. Poi sono sceso al fiume per raccogliere le pietre Saligrama. Non riuscivo a distinguere quelle buone da quelle cattive e così ne ho prese circa duecento. Ecco qui i resti delle offerte delle *puja*".

Decidemmo d'iniziare il viaggio di ritorno verso Pokhara l'indomani, dopo una notte di riposo per Ratnamji e sua sorella. Ci mettemmo in viaggio di buon'ora, dopo aver preso congedo dai militari. Un piccolo foruncolo si era formato sul dorso del mio piede nel punto dove le infradito sfregavano contro la pelle. Ora si era ingrandito e dopo tre giorni di cammino era talmente grosso che non potevo più andare avanti. Il piede si era gonfiato e aveva la dimensione di un pallone da football.

"Ebbene, cosa facciamo adesso?", dissi, "Proseguite e lasciatemi qui. Cercherò di raggiungervi a Pokhara quando starò meglio".

"Che bella soluzione!", ribatté Ratnamji, "Sono tanto egoista da abbandonarti qui tutto solo? Bisogna trovare un altro modo. Chiederemo ad uno dei portatori di portarti sulle spalle almeno fino al villaggio seguente".

Con grande difficoltà e parecchi brontolii da parte dei portatori, arrivammo al villaggio seguente, lontano sei chilometri. Il dolore era insopportabile. Quella sera Seshamma applicò un impacco caldo sul foruncolo, ma non ne ebbi alcun sollievo. Ratnamji si informò nel villaggio se ci fosse qualche volontario disposto a portarmi fino a Pokhara, distante circa cinquantacinque chilometri. Non trovò nessuno. Non avevamo altra scelta che continuare a viaggiare in questo modo.

Al mattino, Ratnamji propose di partire per primo con Seshamma per raggiungere lentamente il villaggio seguente e preparare da mangiare. Io li avrei raggiunti più tardi con i portatori, uno dei quali era incaricato del mio trasporto. Accettai il piano e così partirono. Aspettai fino alle dieci e poi zoppicando cominciai a cercare i portatori. Li trovai seduti sotto un albero davanti alla casa.

"Perché non siamo ancora partiti?" domandai.

"Non vogliamo portarti", risposero, "e non vogliamo neppure trasportare il tuo bagaglio. Se ci dai un aumento porteremo il bagaglio, ma in nessun caso ti trasporteremo. Fa' come vuoi".

"Dio, perché giochi con me in questo modo? È così che tratti i tuoi devoti? D'accordo, darò loro il denaro, camminerò e farò in modo di raggiungere gli altri da solo". Con questo in mente, diedi loro la somma richiesta e ci mettemmo in cammino. Naturalmente dopo qualche minuto mi avevano distanziato. Ero stato lasciato a me stesso, con la prospettiva di una marcia di tredici chilometri in discesa su un versante della montagna nella foresta, sotto un sole cocente e con un piede che mi faceva molto male.

Mentre camminavo, cercavo di sentirmi felice come avevo visto essere Ratnamji in simili circostanze dolorose. Questa era davvero un'occasione propizia per praticare l'abbandono a Dio. Se mi fermavo anche solo per un minuto, il dolore al piede diventava talmente insopportabile da farmi urlare. Ad un certo punto, dopo aver zoppicato per più di sei chilometri, mi fermai, esausto. Le fitte ricominciarono e credetti che il piede stesse per scoppiare. "Amma!", gridai con tutte le mie forze, invocando la Madre Divina. Immediatamente il dolore svanì. "Cos'è questo prodigio?" mi domandai. Proseguii verso il villaggio seguente, senza più sentire tanto dolore. Ringraziai Dio per la Sua clemenza.

Non appena Ratnamji mi vide, balzò in piedi e chiese: "Cos'è successo? Cosa ti hanno fatto quelle canaglie?" .

Gli raccontai tutto. Né prima né dopo ho mai visto Ratnamji così furioso. Maledisse i portatori, augurando loro di dimorare nel più basso inferno dopo la loro morte e non dubitai un istante che si sarebbe avverato. I grandi santi possono sia maledire che benedire. È rarissimo che maledicano qualcuno e non lo farebbero mai per un loro interesse. La mia sofferenza addolorava talmente Ratnamji che non riusciva a controllare l'ira. Potevo solo pregare Dio di avere pietà di quei poveretti, oggetto di un tale furore.

In quel villaggio c'era fortunatamente un uomo disposto a portarmi fino a Pokhara. Dopo aver comprato una grande cesta, ne tagliò un lato affinché ci potessi entrare e sedermi e poi vi mise una coperta. La cesta era posta sulla sua schiena, sorretta da una fascia che cingeva la fronte. In tal modo aveva le due mani libere. Mi sentivo, a dir poco, molto imbarazzato e insistetti con Ratnamji e Seshamma affinché ingaggiassero altri portatori, ma non vollero sentire ragione. Viaggiare così prendeva molto tempo, in particolare perché l'uomo dovette portarmi su e giù da due montagne sotto la pioggia. Mi dispiaceva tantissimo per lui. Non si lamentò mai e continuava a chiedermi se avessi bisogno di qualcosa. Che differenza enorme con gli altri portatori! Ratnamji e sua sorella camminavano spediti. Il portatore ed io seguivamo lentamente e li incontrammo per pranzare. Ci ritrovavamo poi ogni sera.

In soli due giorni arrivammo a Pokhara. Strada facendo, il mio ascesso scoppiò, dandomi un po' di sollievo, anche se non avevo nessun farmaco per medicare la ferita. Arrivati a Pokhara, finimmo di pagare i portatori e demmo del denaro extra a colui che mi aveva trasportato.

Fortunatamente c'erano tre posti sul primo aereo in partenza per Katmandu e la sera stessa eravamo nella capitale.

Dopo esserci presi cura della mia ferita, comprammo i biglietti per l'India. L'amara esperienza con i portatori aveva fatto nascere in noi il vivo desiderio di rientrare in India e non vedevamo l'ora che arrivasse l'indomani.

CAPITOLO 4

Pellegrinaggio

India! Malgrado il calore, l'attività febbrile e la povertà, è tuttora la mia casa ed ero felice di esserci tornato. Mi era piaciuto il Nepal, ma alcune volte avevo creduto che non avrei più rivisto l'India e questa idea mi era sembrata intollerabile. Il Nepal è senza alcun dubbio una terra sacra, ma per me l'India lo è ancora di più.

La maggior parte dei turisti che viene in India è sconvolta dalla povertà, dalle malattie, dall'inquinamento e dall'aspetto trasandato della nazione. Oggi, dato che molti dei suoi abitanti emigrano per lavoro, persino molti indiani disprezzano il loro Paese e considerano l'America ed altre nazioni occidentali come il paradiso terrestre. Tutto quello che è straniero è buono, tutto quello che è indiano è di serie B. Questo è il sentimento condiviso attualmente da molti.

Avendo trascorso metà della mia vita negli Stati Uniti e l'altra in India, conosco le due facce della medaglia. Il popolo indiano, accecato dal luccichio del materialismo, non riesce a vedere il lato velenoso dell'Occidente e l'incomparabile grandezza della propria cultura. Lo stupro, l'omicidio, il furto e un clima di violenza dilagano in America. Se si dovesse fare un confronto del tasso di criminalità per abitante dei due Paesi, penso che ci si accorgerebbe che la criminalità dell'India non è che una goccia nell'oceano della criminalità americana. E questo non deriva certamente da differenze nei metodi di applicazione della legge, molto più efficaci in Occidente.

L'idea di vivere un'esistenza virtuosa e la paura di raccogliere le conseguenze delle cattive azioni in questa o in un'altra vita è profondamente radicata nella mentalità indiana. Non c'è un indiano che non conosca almeno un po' le Scritture indù quali il *Ramayana* e il *Mahabharata*. Queste opere furono scritte da saggi che avevano raggiunto gli apici della Realizzazione di Dio e desideravano condividere con l'umanità intera quella beatitudine e conoscenza. Essi scoprirono che la narrazione di storie era la forma più adatta per trasmettere il loro sapere e la loro esperienza. I personaggi descritti in questi testi incarnano le qualità umane più nobili. Gli antichi saggi incoraggiavano le persone ad emulare queste qualità sublimi nella loro esistenza e servendosi di un metodo scientifico dimostrarono che lo scopo vero della vita non è il piacere, ma la beatitudine e la pace che nascono dall'aver realizzato la propria vera natura. Costoro instillavano anche l'idea che sulla Terra la coesistenza pacifica dev'essere il nostro ideale. Tali idee e lo stile di vita che ne deriva sono stati seguiti per millenni e, nonostante il furioso attacco degli invasori stranieri, la cultura antica ha conservato la sua purezza fino ai tempi recenti.

L'influenza delle comunicazioni di massa ha praticamente rovinato l'antica cultura dell'India. Gli ideali occidentali di divertimento e di piacere si sono impadroniti dello spirito semplice ed ingenuo del popolo indiano, portandolo a dimenticare la grandezza della sua cultura. È tuttavia curioso notare come un numero sempre crescente di occidentali, deluso dalla cultura materialista e autodistruttiva del proprio Paese, si rivolga all'India, culla dell'induismo e del buddismo, per appagare la propria fame spirituale. Essendo tra questi, guardavo al di là della povertà evidente dell'India, semplice vernice superficiale, per vedere piuttosto la meravigliosa cultura spirituale sottostante. Scoprii che, per chi vuole ottenere la visione di Dio e la pace dello spirito, l'India è il luogo ideale grazie al suo patrimonio e alla sua eredità spirituali. Benché senta le persone lodare giorno e notte l'America per il suo progresso materiale, non presto alle loro parole più attenzione che a quella che si darebbe al parlottio infantile. Anche le ricerche della fisica quantistica, dopo enormi investimenti di tempo e di denaro, sono arrivate alle stesse conclusioni alle quali i saggi indiani giunsero migliaia di anni fa con il potere della meditazione.

Ad esempio, i saggi sapevano che l'universo è un tutto unificato costituito essenzialmente d'energia e che la coscienza dell'osservatore influisce sul fenomeno osservato. Questo è uno degli insegnamenti basilari della filosofia del *Vedanta*. Il fatto che l'universo sia composto da energia e dalla coscienza è stato espresso in modo conciso attraverso l'immagine dell'unione di Shiva con Shakti, l'Essere Supremo sotto il duplice aspetto di Coscienza statica ed Energia dinamica. Qualunque bambino indù vi può dire che questo mondo è *Shivashaktimayam*, ovvero che è costituito da Shiva e da Shakti. É gratificante vedere come l'antica cultura indiana venga pian piano riconosciuta ed apprezzata in tutto il mondo e fatta rivivere in parte dagli occidentali. Come ha recentemente detto un grande saggio indiano: "Gli indù s'interesseranno all'Induismo solo se anche gli occidentali lo faranno!".

Al nostro arrivo in India ci recammo a Durgapur, uno dei principali centri di produzione d'acciaio del Paese, dove vivevano il marito e il figlio di Seshamma. Ratnamji desiderava accompagnarli in un nuovo pellegrinaggio verso i vicini luoghi santi di Gaya, Benares e Allahabad. Dopo aver trascorso qualche giorno a Durgapur prendemmo il treno per Gaya, che raggiungemmo il giorno seguente.

Da quando avevo lasciato Tiruvannamalai per recarmi a Hyderabad, sperimentavo una grande pace nell'animo e avevo un rapporto armonioso con Ratnamji. Dopo il battesimo di fuoco del mio primo anno con lui, ero diventato molto vigile, in modo da non commettere il più piccolo errore. Se mi diceva di fare qualcosa, cercavo di farlo senza porre domande. Il mio livello di conflittualità interiore si era molto attenuato e adesso riuscivo a cogliere il senso e il valore dei suoi consigli. Mi sforzavo di dimenticare me stesso servendolo. Sentivo che avrei dovuto compiere tutto alla perfezione se volevo compiacerlo e ottenere la Grazia di Dio. In effetti dimenticavo tutto il resto e, in quei momenti solo lui, Ramana, ed io esistevamo, per così dire, nella mia mente.

Era meraviglioso notare come la mia meditazione fluisse spontaneamente quando seguivo le sue istruzioni. Sentivo una profonda unità con lui nel mio cuore. Mi misi ad ascoltare il cuore invece della mente e questo produsse una pace che cercavo di rendere permanente e costante. Mi ero accorto che tale pace, che aumentava di giorno in giorno, in genere la perdevo solo per qualche mia sciocchezza. Ero convinto che, mettendo attentamente in pratica i principi insegnati da Ratnamji, sarei giunto alla meta.

Gaya è il più importante dei luoghi santi in India dedicati al culto degli antenati. Secondo la credenza, ogni individuo ha un dovere verso i suoi antenati e una volta all'anno deve nutrire, placare le loro anime offrendo del cibo a uno studioso delle Scritture che ha il ruolo di intermediario. Questa cerimonia è accompagnata dalla ripetizione di mantra, formule mistiche che, come telegrammi, assicurano che la parte sottile del cibo giunga agli antenati ovunque si trovino. Nell'era della radio, della televisione e delle comunicazioni via satellite, è facile capire come gli oggetti sottili possano essere inviati a un altro essere con il solo potere del mantra, che dopotutto non è altro che un'altra forma di energia.

Presi parte anch'io a quella cerimonia, felice di adempiere almeno una volta nella mia vita a questo dovere filiale. Ero certo che niente di quello che raccomandavano gli antichi saggi fosse inutile. Poiché dimorano in uno stato al di là del tempo e dello spazio, ciò che hanno realizzato è applicabile in tutti i luoghi e in tutti i tempi.

Lo scopo della vita e i suoi problemi non sembrano cambiare nella sostanza, anche se le differenze di luogo o di epoca possono dare questa impressione ad una mente incapace di discernere. I saggi hanno dichiarato esplicitamente che l'obiettivo dell'uomo è la felicità, come tutti possono constatare. Se tuttavia si ricerca la felicità con mezzi mondani, non la si troverà mai ed essa, al contrario, non farà che sfuggirci. È solo dopo aver calmato la mente che si può raggiungere la pace. La pace perfetta e la felicità eterna sono la stessa, medesima cosa. Qualunque siano le circostanze, dobbiamo restare radicati nella pace interiore affinché nulla possa compromettere il nostro equilibrio. Benché questa idea sia estremamente semplice da capire, le pratiche che conducono a tale stato sono tra le più ardue, a causa della complessità della nostra mente e della sua agitazione. In teoria, si può riuscire a trovare un modo, procedendo per tentativi ed errori, per calmare la mente. C'è però una via molto più rapida, che consiste nel seguire gli insegnamenti dei santi e dei saggi le cui menti sono stabilite nella pace della Realtà.

Dopo aver trascorso un giorno a Gaya, proseguimmo per Benares, più comunemente detta Kashi. Questo luogo è giustamente considerato l'emblema della cultura indù. Ogni anno milioni di persone si recano in pellegrinaggio a Kashi per pregare Dio nel tempio e fare un bagno purificatore nelle sacre acque del Gange. Si potrebbe benissimo chiamare Kashi la Gerusalemme dell'India.

Fu lì che sperimentai con chiarezza l'esistenza di Dio non per un atto di fede, ma per un'esperienza diretta nel più profondo del mio essere.

Ratnamji, Seshamma e suo marito desideravano ardentemente osservare i riti tradizionali legati al pellegrinaggio a Kashi. Venne deciso che avrei avuto maggior libertà alloggiando separatamente. Mi venne data una stanza nella casa del sacerdote che aiutava a svolgere questi riti, mentre gli altri erano alloggiati in una pensione in riva al fiume. Sebbene non gradissi essere separato da Ratnamji, lui mi promise di venirmi a trovare ogni sera. In effetti alloggiare in tal modo si rivelò una benedizione.

Ogni mattina mi alzavo alla tre e mezza e scendevo al fiume. A quell'ora i *ghat* per le abluzioni, le gradinate che scendono fino al fiume, erano quasi deserti. Il Gange sembrava vivo. Lo salutavo e Gli chiedevo il permesso di bagnarmi nelle Sue acque. Avevo molta fede nel potere purificatore del Gange e lo consideravo un essere divino. La scienza medica stessa ha dimostrato che l'acqua del Gange ha un tale potere antisettico che il vibrione del colera e altri microbi letali non possono viverci. In ogni tempo, i santi, gli scienziati spirituali, hanno parlato degli effetti spiritualmente purificanti di questo fiume e l'hanno considerato sacro. Senza alcun dubbio per pensare così ne avevano fatto l'esperienza. Ciò è molto probabile, dal momento che io stesso stavo per farne una simile.

Dopo il bagno mattutino tornavo in camera e meditavo un po'. Poi mi recavo al tempio di Shiva, lontano quasi due chilometri, camminando per vicoli stretti e tortuosi. Anche a quell'ora del mattino molte persone erano già sveglie e andavano al tempio. Dopo aver dato uno sguardo alla Divinità, rientravo a casa lentamente, comperando dei fiori per la mia *puja* strada facendo. Preferivo i fiori di loto, che si potevano trovare solo di buon'ora al mercato. Rientrato in camera, celebravo la *puja* e poi leggevo delle storie sul Signore Shiva tratte dalle Scritture. La divinità che presiede alla città di Kashi, o Benares, è Shiva, detto anche il Signore *Vishveshwara*, il Signore dell'universo. Più tardi Ratnamji mi raggiungeva e, dopo aver parlato un po', mi portava a vedere i diversi templi e luoghi santi di Kashi o dei dintorni. Trascorrevo tutti i pomeriggi a studiare e ogni sera Ratnamji ritornava e mi portava ad uno dei *ghat*, dove discutevamo di spiritualità fino a tarda notte.

Nel corso della terza settimana del nostro soggiorno ebbi un'esperienza molto intensa. Un mattino, di ritorno dal tempio, mi sedetti per celebrare la mia *puja* quotidiana. Avevo praticamente terminato e stavo cantando il Nome Divino di Shiva quando improvvisamente persi coscienza del mio corpo e dell'ambiente che mi circondava. Non rimaneva che Dio, non ho altro modo per dirlo. Ero sommerso dalla percezione della realtà della Sua presenza. In maniera del tutto inspiegabile, ero uno con Lui, pur essendone leggermente separato.

Dopo un po', lentamente, ripresi vagamente coscienza del mio corpo. Sentivo distintamente la presenza del Divino, come se stesse danzando in estasi sulla mia testa. Per paura di perdere tale beatitudine tenevo gli occhi chiusi. Mi sentivo gridare ad alta voce "Shiva, Shiva", ma sembrava la voce di qualcun altro. L'intensità di questa beatitudine diminuì gradualmente mentre riprendevo più nettamente coscienza del mio corpo e di quello che mi circondava. Aprii lentamente gli occhi per constatare che avevo i vestiti e il viso inzuppati di lacrime, sebbene non mi fossi accorto di avere pianto. Rimasi seduto, sbalordito ed estasiato da questa improvvisa manifestazione della Grazia divina. È allora che Ratnamji entrò. Gli bastò uno sguardo per capire ciò che era appena successo.

"Credo di aver visto Dio", gli dissi.

"É ciò che succede quando ci si bagna tutti i giorni nel Gange avendo fede nel suo potere spirituale", mi rispose sorridendo, "Se si è sinceri nella ricerca spirituale e ci si bagna regolarmente nel Gange, dovrebbero arrivare delle esperienze. Ad ogni modo, l'innocenza e la purezza mentale aumenteranno notevolmente. Adesso hai verificato per esperienza la veridicità delle parole dei saggi".

Ero già convinto della verità delle parole degli antichi e ora non ne avevo più il minimo dubbio. Quello che mi era successo era chiaro come la luce del sole. Perfino mentre scrivo queste parole, venticinque anni più tardi, ricordo ancora gli avvenimenti di quella giornata come se fossero accaduti ieri.

Il nostro soggiorno a Kashi volgeva al termine, un soggiorno davvero benedetto, almeno per me! Il giorno dopo saremmo partiti per Allahabad, tradizionalmente chiamato Prayag, dove i fiumi Gange e Yamuna si incontrano. Si dice che bagnarsi in quel punto sia molto propizio per gli aspiranti spirituali e non vedevo l'ora di arrivarci. Ero indubbiamente felice di poter riprendere a stare costantemente con Ratnamji.

Il giorno seguente prendemmo il treno per Allahabad e dal ponte della ferrovia scendemmo sul lato del Gange, fino ad arrivare ad un piccolo villaggio di nome Jhusi, dove c'era l'ashram di Prabhudattaji, il guru di Swami Avadhutendra. Ratnamji pensava che l'ashram sarebbe stato il luogo ideale in cui soggiornare. Mentre procedevamo su di un carretto trainato da un cavallo, Ratnamji mi disse di scendere davanti all'ufficio postale e di chiedere dov'era esattamente l'ashram. E chi vidi entrando nell'ufficio postale? Avadhutendraji! Feci per prostrarmi, ma mi fermò abbracciandomi.

"Dov'è Ratnamji?", mi chiese.

Lo portai al carretto e ci dirigemmo allegramente all'ashram. Ci fornì un alloggio confortevole e poi ci fece incontrare Prabhudattaji, un uomo molto robusto, con dei lunghi capelli bianchi e la barba incolta. Aveva due occhi da folle. In verità lo era, era folle della beatitudine della Coscienza di Dio! Ci prostrammo tutti ai suoi piedi. Ci condusse in cucina e ci tenne compagnia mentre mangiavamo. Mi diede il nome di Neelamani, un appellativo di Krishna che significa "gemma blu". Prabhudattaji aveva scritto circa centocinquanta libri su argomenti spirituali, molto divulgativi e divertenti, presentando la Verità in una forma assai dolce e vivace. La sera ci lesse alcuni passaggi commentandoli. Parlava animatamente.

Ci raccontò di un uomo molto ricco la cui figlia era venuta all'ashram. Suo padre insisteva affinché ritornasse a casa e smettesse di frequentarlo. Le disse: "Ho tre macchine e anche il tuo Guru ne ha tre. Possiedo molte case, e pure lui. Lui sembra molto ricco, proprio come me. Allora, che differenza c'è tra noi due? Perché ci vai? Puoi benissimo stare qui". La figlia andò da

Prabhudattaji e gli riferì le parole del padre. Prabhudattaji fece chiamare l'uomo e lo fece accomodare.

"Razza di mascalzone!", gli disse, "Hai detto che siamo uguali? Vuoi sapere qual è la differenza tra noi? In qualunque momento io posso alzarmi e partire lasciando tutto dietro di me senza prendere neanche un vestito di ricambio e non ripensarci più finché vivo. Tu invece? Ogni più piccola spesa rappresenta per te una grande perdita! Ecco la differenza tra noi. Ed è per questo che tua figlia vuole stare con me e non con te!". Sembrava che un raggio di luce avesse illuminato l'animo di quell'uomo perché donò all'ashram una grossa somma per organizzare una festa religiosa e dar da mangiare a migliaia di poveri.

Tutti i giorni prendevamo una barca e andavamo a bagnarci alla confluenza del Gange con lo Yamuna. Prabhudattaji ci disse che in questa città ogni dodici anni si svolgeva una festa religiosa a cui prendevano parte ogni giorno quasi quindici milioni di persone! Non credevo alle mie orecchie. Quindici milioni di persone! Ci invitò al prossimo raduno che avrebbe avuto luogo dopo circa sei anni. In effetti mi recai a questa festa chiamata Kumba Mela. Prabhudattaji non aveva esagerato sul numero dei partecipanti. La folla era sterminata, al di là di ogni immaginazione, e si snodava per chilometri e chilometri lungo un tratto del letto prosciugato del fiume. Era praticamente una città senza la criminalità di una città. Non ci fu un solo furto, un solo litigio, un solo atto di violenza. L'intera folla dava prova di uno stesso intento, quello d'immergersi, purificandosi, nel fiume.

Il mio visto stava per scadere e così dovetti rientrare a Tiruvannamalai prima della fine del nostro pellegrinaggio. Ratnamji e Avadhutendraji mi dissero di raggiungerli a Hyderabad una volta rinnovato il visto. Dopo averli salutati, partii per il Sud.

Completate le formalità, ritornai ad Hyderabad e m'incontrai con Ratnamji e Avadhutendraji. Nei due anni seguenti viaggiai in diverse parti dell'India assieme a questi due santi uomini. Essere con loro era una festa e un apprendimento continuo. La loro pazienza verso di me, che ignoravo tutto della spiritualità e commettevo gaffe su gaffe con le azioni, le parole e i pensieri, era infinita. Li consideravo come le mie guide spirituali ed entrambi mi vedevano come un loro fratellino spirituale.

Da molti anni alcuni devoti volevano costruire una casa per Ratnamji, ma lui aveva sempre rifiutato. Ora che la salute cominciava ad abbandonarlo, sentì che una stabile dimora sarebbe forse diventata necessaria e acconsentì alle ripetute richieste dei suoi amici ed ammiratori. Con un po' di denaro ricevuto dal fratello, acquistò un fazzoletto di terra a Tiruvannamalai, accanto all'ashram. È allora che mi chiese se avessi intenzione di rimanere definitivamente. Volevo restare con lui finché era in vita e risposi affermativamente.

Curiosamente, l'appezzamento vicino al suo fu messo in vendita. Il proprietario aveva bisogno di denaro per il matrimonio della figlia e così mi propose di acquistare il terreno. Accettai immediatamente. Venne fatto il progetto delle due case e, con il denaro offerto dai devoti e quello che io avevo appena ereditato, iniziarono i lavori. L'anno seguente, sebbene Ratnamji continuasse a viaggiare, io rimasi a Tiruvannamalai per sovrintendere ai lavori. Bisognava che fossero ultimati in pochi mesi, ma a causa delle frequenti intemperie, dei problemi di manodopera e della scarsità di materiali, i lavori si protrassero per quasi un anno. Finalmente il progetto fu portato a termine e Ratnamji promise di tornare presto.

Le due case erano state completate contemporaneamente, ma Ratnamji mi inviò una lettera in cui diceva che in quel momento non era propizio inaugurare la sua casa, ma che potevo inaugurare la mia. Mi scrisse che dovevo invitare mia madre alla cerimonia perché nella madre risiede una manifestazione speciale del potere divino: l'affetto, che preserva e nutre la creazione. Disse che, non appena fosse stata decisa la data, avrebbe cercato di raggiungermi con Avadhutendraji. Scrissi immediatamente a mia madre, invitandola alla cerimonia e dicendole che avrei potuto fissare la data solo sapendo il giorno del suo arrivo. Erano trascorsi quattro anni dall'ultima volta che mi aveva visto e non appena ebbe mie notizie fece subito i preparativi. Arrivò qualche settimana più tardi, accompagnata dal mio patrigno. Anche Ratnamji e Avadhutendraji arrivarono e presero alloggio nell'ashram. Mia madre era ospite a casa di un devoto.

Il giorno prima della cerimonia portai mia madre e il mio patrigno all'ashram per conoscere Ratnamji e Avadhutendraji. Alcuni devoti di Avadhutendraji stavano congedandosi prima di tornare a Madras. In India ci si inchina davanti agli anziani e ai santi in segno di rispetto e di umiltà sia quando si arriva che quando si parte. Non lo si fa per adularli. Gli antichi avevano scoperto che ogni posizione o postura del corpo influisce sul sistema nervoso, che a sua volta influisce sulla mente o sugli stati d'animo. Ad esempio, puntare l'indice verso il proprio interlocutore mentre si parla rafforza in modo sottile il senso della propria importanza, l'arroganza e forse anche la collera. Analogamente, inchinarsi davanti ad un'altra persona mette la mente in uno stato di ricettività, pronta ad accogliere i consigli di chi potrebbe essere più saggio di noi.

Quando il mio patrigno vide i visitatori inchinarsi davanti ad Avadhutendraji, mi chiese: "Perché un uomo dovrebbe prostrarsi davanti a un altro? Non siamo tutti uguali?". Questo è di sicuro un concetto universalmente accettato e tuttavia fallace. Benché la scintilla di vita, o Dio, sia la stessa in tutti, tutto il resto non lo è. Fisicamente, mentalmente, moralmente e spiritualmente, ogni uomo è diverso dall'altro. Purtroppo, la sola cosa universalmente uguale in tutti è unanimemente ignorata e trascurata poiché volgiamo lo sguardo e l'attenzione solo a ciò che ci differenzia. Dico "purtroppo" perché se avessimo la visione dell'unità ci sarebbe molta più pace nel mondo. Ratnamji non era di quelli che si lasciano prendere alla sprovvista e subito ribatté con un'altra domanda: "Quando desidera una promozione, non si inchina davanti al suo superiore, magari in un altro modo? Quegli uomini desiderano ottenere la conoscenza e sperimentare lo stato che percepiscono essere in noi, ed è per questo che si prostrano. Certo, questo non basta, ma è un primo passo. Resta ancora da sapere se anche la mente si prostra. Non si può insegnare nulla se la mente non è ricettiva".

Avendo forse colto la verità di queste parole, il mio patrigno non disse nulla. Dopo aver conversato qualche minuto, lui e mia madre tornarono nella loro camera.

Ratnamji ed io parlammo della cerimonia d'inaugurazione della casa. In India non si usa fare una festa a riguardo, ma si entra semplicemente nella nuova abitazione e questo atto è considerato il simbolo di un inizio. Si tratta di una funzione religiosa e vi è la credenza che, se si svolgono alcuni riti prima di andare ad abitarci, le vibrazioni prodotte creeranno un'atmosfera propizia a vivere armoniosamente e serenamente in quel luogo. Si dice anche che la forma della casa e il suo orientamento influenzino

Nella casa di Tiruvannamalai. Da sinistra a destra: la madre di Neal, Swami Avadhutendraji, Neal e Ratnamji.

positivamente o negativamente chi la occupa. Tutte le antiche culture lo ritenevano vero. Forse un giorno la scienza scoprirà che le cose stanno proprio così, sebbene questi principi si fondino su leggi estremamente sottili che regolano le vibrazioni o le onde di energia che pervadono l'universo e influenzano gli avvenimenti e le variazioni degli stati mentali.

Decidemmo che Avadhutendraji sarebbe entrato per primo, accompagnato dal canto di mantra vedici, e che poi si sarebbero svolti determinati riti. Infine si sarebbe offerto del cibo a tutti gli invitati per assicurarsi le loro benedizioni. Ratnamji pensava che chiedere a Swamiji di entrare per primo nella casa sarebbe stato un gesto che avrebbe favorito la pratica spirituale. Come scoprimmo, Dio aveva altri piani, molto diversi dai nostri, ma sicuramente per il meglio.

Il mattino dopo ci riunimmo tutti nell'ashram e poi lentamente c'incamminammo verso la nuova casa cantando il nome di Dio. Sulla via, uno sconosciuto prese da parte mia madre e le disse che, essendo mia madre, toccava a lei entrare per prima nell'abitazione. Nessuno di noi udì queste parole. Mentre stavamo avvicinandoci all'ingresso, i sacerdoti cominciarono a recitare i mantra vedici. Avadhutendraji stava per superare la soglia quando... zàcchete! Mia madre sbucò improvvisamente da un lato, spinse da parte Avadhutendraji e trionfante entrò per prima! Sbalorditi, ci guardammo tutti sconcertati! Ratnamji scoppiò a ridere e disse: "Ebbene, sembra che Dio desiderasse entrare prima sotto forma della madre!". Tutti accolsero con gioia questa spiegazione e la cerimonia proseguì senza intoppi.

Mia madre e il mio patrigno volevano che li accompagnassi in un viaggio nell'India del Nord e così partimmo l'indomani. Al momento della partenza, Ratnamji m'informò che stava per andare a Bombay con Avadhutendraji e che avrei dovuto raggiungerli dopo la partenza di mia madre. Mi diede l'indirizzo di dove avrebbero alloggiato. Con la promessa di incontrarli di nuovo, partii per Madras.

Dopo aver visitato i luoghi turistici più importanti dell'India del Nord, mia madre e il mio patrigno ripartirono per l'America, lasciandomi a Bombay. Io mi diressi subito alla casa dove risiedevano Avadhutendraji e Ratnamji. Inchinandomi davanti a loro, raccontai dettagliatamente il mio viaggio. Infine mi dissero che erano stati invitati a Baroda, una grande città ad est di Bombay, e che sarebbero partiti l'indomani. Ero arrivato giusto in tempo per accompagnarli.

La sera dopo eravamo a Baroda. Avadhutendraji si mise alla ricerca di un suonatore di tabla o di tamburo per accompagnare i suoi canti della sera. Non conoscendo nessuno che sapesse suonare i tamburi a Baroda, si rivolse all'Accademia della Musica. Mentre stava chiedendo informazioni, incrociò il suo insegnante di musica di quarant'anni prima. Non l'aveva più rivisto da allora e il loro incontro fu festoso.

Il professore ci condusse a casa sua. Adesso insegnava il sitar in una scuola di musica. Ci mostrò un ritratto del suo maestro e ci disse che quel quadro era così raro che aveva dovuto sborsare una piccola fortuna per toglierlo da una collezione privata. Poiché il suo maestro era anche il suo Guru, aveva fatto tutto il possibile e lavorato sodo per poter comprare il quadro. Per circa un'ora suonò il sitar per noi, mentre Avadhutendraji e Ratnamji scivolavano in profonda meditazione.

Una volta Ratnamji era stato invitato a un concerto di Ravi Shankar a Hyderabad ed avevano invitato anche me. Mentre andavamo al concerto, Ratnamji mi disse: "Non perderti nella melodia, concentra la tua attenzione sulla nota di fondo. Allora il concerto sarà utile alla tua meditazione".

Prendemmo posto nell'auditorium, le luci si spensero e il concerto cominciò. Chiusi gli occhi e cercai di concentrarmi sulla nota di fondo. Dopo quelli che mi parvero due minuti, le luci si riaccesero e tutti si alzarono. Mi chiesi cosa stesse succedendo. Perché il concerto era stato interrotto appena cominciato? Lanciai uno sguardo interrogativo a Ratnamji, che si mise a ridere: "Vieni, andiamocene. Appena hai chiuso gli occhi, ti sei addormentato. È successo due ore fa. Ho pensato che dovessi essere molto stanco e quindi non ti ho disturbato. Una meditazione talmente profonda!". Adesso, quando ascolto il suono del sitar, sto ben attento a non chiudere gli occhi!

Dopo qualche giorno a Baroda, Avadhutendraji decise di tornare a Bombay. Quanto a Ratnamji, aveva ricevuto una lettera che lo invitava a Hyderabad, così comprai due biglietti del treno. Al momento dell'acquisto, dovetti chiedere dei soldi ad Avadhutendraji poiché li avevo dimenticati a casa. Quando il treno entrò nella stazione di Bombay, Avadhutendraji si alzò per scendere.

"Quanto devi ad Avadhutendraji?" mi chiese Ratnamji.

"Settanta rupie", risposi.

"E quante ne hai con te?".

"Centocinque".

"Dagliene cento. É una cifra tonda. Inoltre sembra brutto fare gli spilorci quando si rimborsa un sant'uomo".

A malincuore offrii il denaro ad Avadhutendraji, che lo accettò dicendo di non avere un soldo in tasca e che quindi gli avrebbe fatto comodo. Poi scese dal treno.

"Che si fa ora?", domandai un po' irritato, "Abbiamo ancora due giorni di viaggio davanti a noi. Come faremo a comprare cibo sufficiente per noi con cinque rupie?".

"Beh, vediamo come Dio provvederà ai nostri bisogni. Non dovremmo dargliene l'occasione di quando in quando?", aggiunse con un sorrisetto birichino, "Sulla strada ci sono due luoghi sacri che voglio vedere da tanto tempo. Uno è Dehu Road, dove visse tre secoli fa il grande santo Tukaram. Non lontano si trova Alandi e la tomba di Jnaneshwar. Jnaneshwar era un Essere realizzato che abbandonò volontariamente il corpo all'età di ventun anni, chiedendo ai suoi discepoli di seppellirlo mentre era ancora vivo. Seduto in meditazione, arrestò tutte le sue funzioni vitali e fu sotterrato. Molti devoti l'hanno visto vicino alla sua tomba durante la loro meditazione e anche ai giorni nostri alcuni sono stati benedetti con esperienze illuminanti.

Il guaio è che questo treno espresso non si ferma a Dehu Road. Se però scendiamo alla fermata dopo, possiamo prendere un autobus fino a Dehu Road e poi il treno seguente. Ma in questo caso non avremmo più una lira, neppure per comprare una banana. Vedremo. Per risparmiare soldi, oggi digiuniamo".

Digiunare? Appena udii queste parole, iniziai a pensare a quanta fame avessi. Dopo qualche ora, Ratnamji intavolò una conversazione con un uomo seduto sulla nostra stessa panchina. Costui aveva dell'uva in un sacchetto di carta. Come un lupo famelico che ha adocchiato un gregge di pecore, avevo gli occhi incollati sull'uva. Dio sia lodato! Ecco che stava mettendo la mano nel sacchetto ed offrendo dell'uva a Ratnamji! Signore, sapevo che non avresti deluso i Tuoi devoti! Ratnamji si volse verso di me e aprì le mani: sei piccoli chicchi d'uva. La generosità dell'uomo non era proprio all'altezza della mia fame! Vedendo la mia espressione, Ratnamji scoppiò a ridere. Personalmente non ci trovavo niente di divertente. Dio ci aveva abbandonato.

Qualche ora dopo il treno si fermò improvvisamente. Ratnamji si sporse dal finestrino e poi mi gridò: "Dai, salta giù! Siamo a Dehu Road! Dio ha fermato il treno per noi!". Raccogliendo in fretta i nostri bagagli, saltai giù dal treno, che subito dopo ripartì. Sembrava che una mucca stesse vagando sulle rotaie, costringendo il treno a rimanere fermo fino a quando l'animale non decise di spostarsi. E si dà il caso che questo accadde a Dehu Road!

Lasciammo i nostri bagagli in un negozio vicino alla stazione degli autobus e poi andammo a visitare tutti i luoghi legati alla vita di Tukaram. Benché perseguitato per tutta la vita da gente ignorante, questo santo usciva sempre vittorioso dalle traversie grazie al suo cuore puro ed innocente. Attraverso i canti che compose, Tukaram elargì insegnamenti spirituali. L'influenza che ebbe sugli abitanti di quella regione è tuttora viva. Si racconta che giunto alla fine della sua vita sparì misteriosamente e non fu mai più rivisto. La sua casa e il tempio dove sedeva e cantava sono stati preservati e fu proprio lì che ci recammo.

Ad un'uscita della città c'era un vecchissimo albero che sembrava rappresentare qualcosa di importante, ma non comprendendo la lingua locale non riuscimmo a capire di cosa si trattasse. Invece di sentirmi ispirato dalla vita di Tukaram, avevo fame ed ero un po' arrabbiato con Ratnamji per aver dato via tutto il nostro denaro. Tornammo alla fermata del bus ad aspettare quello successivo per Alandi, distante una trentina di chilometri. Il negoziante, che parlava inglese, ci disse che l'autobus sarebbe arrivato dopo un'ora. Ci chiese se avevamo visto il luogo dove Tukaram era sparito e ci spiegò che il santo era sotto un albero e che, dopo aver detto addio a tutti i suoi amici e benefattori, era salito su qualcosa di simile ad un aeroplano. Ogni anno, nello stesso giorno e alla stessa ora, l'albero si mette a tremare violentemente, come se avesse paura. Ci spiegò dov'era questo albero.

Ratnamji disse che dovevamo assolutamente vederlo prima di andarcene e partì di corsa sotto il sole cocente di mezzogiorno. L'albero dove il santo era sparito risultò essere quello che avevamo visto precedentemente. Quando ritornammo al negozio, spossati ed assetati, il bus era già passato. Brontolavo sottovoce. Avevamo la coincidenza con il treno alle sei ed era già l'una. Se l'avessimo perso, i biglietti non sarebbero più stati validi e saremmo rimasti a piedi, senza biglietti né denaro. Il prossimo bus per Alandi era alle tre. Se fossimo andati ad Alandi e avessimo preso l'autobus per la stazione dopo averla visitata, saremmo arrivati alle sette. Inoltre avevo fame ed ero stanco. Quando venne a sapere che il prossimo bus non sarebbe passato prima di due ore, Ratnamji si coricò nel retrobottega, mi chiese di svegliarlo prima delle tre e poi si addormentò. Questo significava che da parte mia non dovevo assopirmi. La collera e la preoccupazione agitavano la mia mente. Dov'erano finiti il mio abbandono e la mia fiducia in Ratnamji e in Ramana? Volatilizzati di fronte alle avversità.

Prendemmo l'autobus delle tre ed arrivammo ad Alandi alle quattro. Visitammo tutti i luoghi associati alla vita di Jnaneshwar ed infine ci sedemmo accanto alla sua tomba a meditare. Meditare? Per me era fuori discussione meditare con un animo così agitato. Alla fine salimmo su un autobus che ci avrebbe portato alla stazione in due ore. "E adesso", pensavo, "Dio sta per dare una bella lezione a Ratnamji. Perché ha così poco senso pratico?".

"Neal, ti sono piaciuti questi posti?", mi chiese Ratnamji, "Io mi sentivo letteralmente trasportato in un altro mondo, come se vivessi con quei santi. E tu?".

Con una voce tesa per la rabbia repressa, risposi: "Ho fame e sono stanco. Come avrei potuto apprezzare qualcosa? Adesso è quasi impossibile riuscire a prendere il treno. Se non fossimo ritornati a vedere quell'albero, saremmo già alla stazione".

"Peccato che ti preoccupi tanto del tuo corpo anche dopo aver vissuto così a lungo accanto a me. Invece di utilizzare questo pellegrinaggio per la tua crescita spirituale, lo impieghi solo per guastare la mente. Dov'è la tua fede in Ramana se non puoi stare senza soldi neppure per un giorno? Quando ci siamo incontrati mi hai detto che volevi vivere senza denaro. Che fine ha fatto quel proposito?"

Che potevo rispondere? Aveva ragione, come sempre. Infine l'autobus arrivò alla stazione e noi scendemmo. In stazione, venimmo a sapere che il nostro treno era in ritardo e quindi non era ancora arrivato! Ci precipitammo sul binario giusto in tempo per vederlo sbucare. Dopo esserci seduti, Ratnamji mi guardò sorridendo: "E adesso, compra qualche banana. Domani arriveremo a destinazione". Avevo ricevuto una bella lezione e feci voto di non dubitare più della mia guida spirituale. Nel corso degli anni Ratnamji arrivava regolarmente in ritardo alla stazione, ma non perse mai un treno.

A Hyderabad apprendemmo che lo Shankaracharya di Puri era arrivato da poco e che stavano organizzando una grande funzione religiosa. In effetti erano due o tre anni che non pioveva ad Hyderabad e la gente aveva chiesto aiuto all'Acharya. É stato più volte dimostrato che, se si svolgono determinati sacrifici vedici seguendo meticolosamente le istruzioni delle Scritture, ci sarà una pioggia torrenziale proprio al termine del rito. Io stesso ne sono stato testimone due volte: una a Tiruvannamalai e un'altra ad Hyderabad. Bisognerebbe avere molta immaginazione per affermare che, dopo due o tre anni di siccità, le piogge torrenziali che si abbatterono appena finito il rituale furono pura coincidenza.

Circa milleduecento anni fa, un bambino di nome Shankara nacque nel sud dell'India. Fin dalla più tenera età mostrò di possedere un intelletto acuto. Ad otto anni abbandonò la famiglia e viaggiò a piedi per tutta l'India finché non incontrò un Guru realizzato. Studiando sotto la sua guida, raggiunse la Perfezione. In seguito, scrisse commentari su numerose Scritture indù a beneficio dei ricercatori sinceri. Prima di morire a trentadue anni, istituì quattro o cinque ashram in diverse parti dell'India, ponendo alla loro direzione discepoli formati personalmente da lui. Essendo un rinomato insegnante di religione, gli era stato conferito il titolo di Acharya.

Da allora fino ai nostri giorni, questa tradizione viene tramandata ininterrottamente ed ogni suo successore a capo del monastero viene designato con il nome di Shankaracharya. Questi monaci sono stati scelti con cura dai loro predecessori per il loro sapere, austerità, devozione ed altruismo e sono i leader religiosi riconosciuti da una vasta parte della popolazione indù. L'attuale Shankaracharya di Puri era una di queste personalità insigni, noto per l'elevato grado di realizzazione spirituale e per la sua devozione a Dio. Era quindi ritenuto la persona più adatta a condurre tale funzione.

La cerimonia era suddivisa in due parti. I maggiori studiosi di Scritture indù del Paese erano riuniti sotto un tendone. Durante la giornata, gli eruditi svolgevano dibattiti su numerosi temi religiosi, citando versi tratti dalle Scritture per avvalorare la loro interpretazione. La sera, l'Acharya affrontava diversi argomenti che, pur avendo un interesse pratico, avrebbe anche aiutato l'uomo comune a conoscere meglio la sua religione e la sua cultura. Sotto un altro tendone erano state scavate mille buche per il fuoco sacrificale, lo strumento di culto con il quale offrire, assieme alla recitazione di mantra vedici, diversi ingredienti come oblazione a Dio. Questo tendone era così esteso che aveva circa un chilometro e mezzo di circonferenza. Il suono dei mantra era una delizia per le orecchie e la vista dei fuochi fiammeggianti un piacere per gli occhi. L'atmosfera era satura di devozione. Il rito completo sarebbe durato dieci giorni.

Desideravo tanto avere un colloquio personale con l'Acharya e chiesi a Ratnamji se fosse possibile. Ratnamji conosceva molto bene l'Acharya e trascorreva la maggior parte del tempo in sua compagnia. Dopo qualche giorno, infatti, era diventato il suo assistente personale. L'Acharya disse a Ratnamji che avrei dovuto assistere a tutti i suoi discorsi e che quando avrebbe avuto tempo mi avrebbe fatto chiamare. Per dieci giorni e dieci notti, dalle sei del mattino fino a mezzanotte, sedevo aspettando di essere chiamato da un minuto all'altro. Al termine dei dieci giorni la funzione era finita, la pioggia era caduta, e io non ero ancora stato chiamato.

L'Acharya sarebbe partito la sera stessa e la sua destinazione successiva era distante ottocento chilometri. Mi inviò un messaggio dicendo che, se desideravo ancora incontrarlo, potevo seguirlo fino alla sua prossima tappa. Ovviamente voleva mettere alla prova la mia sincerità. Dissi al suo messaggero di riferirgli che l'avrei seguito per tutta l'India se necessario. L'indomani, appena finì i suoi compiti più urgenti, l'Acharya mi convocò e, a porte chiuse, mi insegnò molte cose in presenza di Ratnamji. Mi disse che fin dai tempi antichi molti saggi avevano realizzato il Sé grazie alla ripetizione costante del Nome di Dio. Se volevo raggiungere la Beatitudine suprema e la Pace eterna dovevo seguire questa via.

Ero felicissimo di udire queste parole perché Ratnamji mi aveva già dato questo consiglio e stavo cercando di seguirlo. Dopo avermi incoraggiato a proseguire nei miei sforzi verso la Realizzazione, l'Acharya mi donò, come segno di favore, i frutti e i fiori che erano stati offerti a Dio durante la sua *puja*. Prostrandomi davanti a lui, mi congedai con il cuore colmo e appagato. Era valsa la pena attendere dieci giorni.

Ratnamji mi consigliò di tornare a Tiruvannamalai e di occuparmi di tutti i preparativi per l'inaugurazione della sua casa. Mi promise di raggiungermi due settimane più tardi. Mi diressi verso Arunachala, mentre lui accompagnava l'Acharya nel nord dell'India, dove si prese un forte raffreddore. Il raffreddore si trasformò in una grave malattia, in larga misura responsabile della morte di Ratnamji tre anni più tardi. Questo fu l'inizio di un periodo molto doloroso della mia vita spirituale.

"La notte scorsa ho fatto un sogno di cattivissimo augurio. Penso che d'ora in poi la mia salute si andrà deteriorando", mi disse mentre giaceva nella mia casa. Era arrivato la sera prima con Seshamma, sua sorella, aveva la febbre e tossiva dolorosamente. Mentre viaggiava, sulla pianta del piede gli si era formato un ascesso che, dopo avergli procurato molto dolore, aveva finito per scoppiare. In pratica, Ratnamji aveva bisogno di essere accompagnato e sostenuto ovunque andasse.

"Cerchiamo di finire la cerimonia d'inaugurazione della casa", disse, "e poi potremo rivolgerci a un bravo medico".

Appena avevo visto Ratnamji, avrei voluto cercare un medico, ma lui non me lo aveva permesso. Pensava che gli avrebbe potuto imporre delle restrizioni che avrebbero ostacolato la cerimonia. Erano già state invitate numerose persone che sarebbero arrivate nei giorni seguenti. Spostare la data avrebbe creato difficoltà e disagi a tutti.

Facemmo i preparativi necessari e, nel giorno stabilito, Ratnamji e i sacerdoti svolsero i riti. Circa cinquanta invitati erano venuti da tutta l'India, ma Avadhutendraji non aveva potuto esserci. Era ricoverato in ospedale per un infarto e, con suo grande dispiacere, i medici gli avevano proibito di viaggiare. Aveva inviato qualcuno a comunicare personalmente la notizia a Ratnamji, che lo stava aspettando. Dopo la cerimonia, Ratnamji si mise a letto. Era molto debole e soffriva di dolori al petto, ma il sorriso e il suo viso brillavano sempre dello stesso splendore.

Il mattino seguente ci comunicarono che un vecchio discepolo di Ramana stava morendo all'ashram. Corremmo subito all'ashram e trovammo il monaco sul letto di morte. Tutti stavano recitando ad alta voce il Nome Divino e qualche ora più tardi costui lasciò serenamente le sue spoglie mortali. Venne sepolto dietro l'ashram il giorno stesso e fu deciso che Ratnamji avrebbe eseguito sulla sua tomba per quaranta giorni i riti prescritti dopo la morte di un monaco. Questo significava rinviare di ancora quaranta giorni la possibilità di consultare un medico. Avevo il cuore spezzato, ma cosa potevo fare? Ratnamji non voleva sentire ragioni.

Dopo quaranta giorni di sofferenza, Ratnamji propose di far visita ad Avadhutendraji, che era stato dimesso ed era ospite di alcuni devoti. Promise che quando saremmo arrivati avrebbe consultato un medico. Lasciammo Arunachala e raggiungemmo Avadhutendraji, la cui salute era leggermente migliorata. Tuttavia aveva spasmi in una delle principali arterie del cuore e molte volte al giorno doveva mettersi improvvisamente seduto, lottando per ritrovare il respiro. Era davvero penoso vederlo in quello stato. Non appena l'attacco era passato, rideva e ci scherzava sopra. Dopo qualche giorno, dietro sua insistenza, Ratnamji accettò di andare da un medico. Gli fecero una radiografia che mostrò che la maggior parte dei polmoni era colpita da tubercolosi. Anche la sua glicemia era molto elevata. La sera, quando i nostri padroni di casa seppero della natura del male di Ratnamji, si allarmarono e non vollero più tenerlo sotto il loro tetto. Avadhutendraji fu estremamente addolorato da questo atteggiamento. Gli raccomandarono di non avvicinarsi troppo a Ratnamji. Arrabbiato, replicò: "Se vostro figlio fosse stato colpito da tubercolosi, lo evitereste per paura di contrarre la sua malattia? Dove c'è vero amore, come possono sorgere simili pensieri?" .

Con molta dolcezza e tatto, Avadhutendraji informò Ratnamji della situazione e ci suggerì di andare a Hyderabad e di far ricoverare Ratnamji in ospedale. Anche Ratnamji pensava che fosse la cosa migliore, ma dove trovare il denaro? Avevamo speso tutto per la cerimonia di inaugurazione della casa e ora non avevamo abbastanza soldi per i biglietti del treno o per le medicine. Ratnamji mi proibì di farne accenno ad Avadhutendraji o a chiunque altro, ma qualche minuto dopo Avadhutendraji venne da me porgendomi una grossa somma di denaro.

"Prendila per le cure di Ratnamji", mi disse, "Il mio guru, Prabhudattaji, me l'ha inviata dopo aver saputo che ero malato. Non mi servono così tanti soldi. Potranno esserti utili".

I miei occhi si riempirono di lacrime. Signore, Ti prendi davvero cura di noi, sebbene io ne abbia più volte dubitato.

Avadhutendraji ci venne a salutare mentre salivamo sul taxi che ci avrebbe portato alla stazione. Apprendemmo più tardi che pianse per quasi un'ora per il modo con cui era stato mandato via Ratnamji e per non averci potuto accompagnare.

Ad Hyderabad andammo di nuovo in una clinica dove i medici esaminarono i polmoni di Ratnamji. "Chi ha i polmoni in questo stato non può assolutamente avere un volto luminoso!" esclamarono.

Questa volta Ratnamji fu ricoverato in medicina, in una stanza assieme ad altri pazienti. Non avrebbe mai accettato una camera singola o un trattamento di favore. Che differenza c'è tra un povero comune e un monaco? Un monaco non dovrebbe vivere con il minimo indispensabile? Pensando in questo modo, non permise nessuna spesa superflua per se stesso.

Ovviamente lo spazio attorno al suo letto divenne ben presto un ashram. Quasi tutti i medici e gli infermieri venivano a parlare dei loro problemi e, benché gli fosse stato ordinato di riposare e di non parlare molto per permettere ai polmoni di guarire, lo facevano parlare dieci volte di più che se non fosse stato ricoverato!

"Che il corpo vada incontro alla sua sorte. Parlando di Dio, la mia mente è una con Lui e non pensa assolutamente alla malattia. Cosa ci potrebbe essere di meglio? Chi sa quando giungerà la nostra ora? In quel momento non dovremmo pensare a Dio?", diceva. Non badava alle nostre suppliche a parlare di meno e a riposarsi.

Nel reparto di medicina, la crudeltà inumana dei medici non era inferiore a quella sperimentata precedentemente in chirurgia. Un giorno entrò un chirurgo, seguito da un gruppo di studenti. Ratnamji era appisolato e io stavo leggendo un libro accanto a lui. Il dottore afferrò il piede di Ratnamji e con il manico del martelletto per i riflessi gli sfregò la pianta del piede dolorante fino a quasi scorticargli la pelle. Ratnamji lanciò un urlo. "Vedete, questa è quella che si chiama azione riflessa", spiegò il medico ai suoi allievi.

Ero sul punto di mostrare a questo tipo senza cuore alcune delle mie azioni riflesse quando Ratnamji mi guardò come per dire: "Non toccarlo, è un ignorante".

Un'altra volta uno studente era stato incaricato di fare un'iniezione a Ratnamji. Dopo aver affondato bruscamente l'ago, gridò: "Santo cielo, si è piegato!". Senza neppure toglierlo, cominciò a raddrizzarlo, allargando nel contempo il buco nel gluteo di Ratnamji di poco più di un centimetro. Non riuscii a trattenermi e gridandogli contro lo allontanai. Ratnamji si volse verso di me e disse: "Non permettermi di morire in quest'ospedale. Meglio morire per mano di un macellaio che qui". Se ci avesse permesso di ricoverarlo in una camera a pagamento non l'avrebbero trattato così, ma poiché era solo un poveretto, era lecito trattarlo come una cavia.

Durante la sua permanenza di due mesi in ospedale mi fu consentito, come in passato, di dormire accanto al suo letto. Una notte feci uno strano sogno, o forse lo si potrebbe chiamare una visione. Vidi una bella camera in cima ad una rampa di scale e cominciai a salire i gradini. In quel momento mi si avvicinò un uomo dicendomi: "C'è qui una ragazza che desidera avere un figlio. Non vorresti farle questa cortesia?". Senza riflettere, acconsentii alla proposta dello sconosciuto, ma l'istante successivo mi resi conto di cosa avessi accettato. Pentendomi della mia stupidità e temendo di rompere il mio voto di castità, scesi precipitosamente le scale. Mentre correvo per strada, notai un tempio e mi ci fermai di fronte. Potevo vedere all'interno l'immagine della Madre Divina. "Madre, perdona la mia stupidità!" la implorai. Mentre piangevo, l'immagine della Madre Divina sparì improvvisamente e al suo posto vidi la Madre Divina in carne ed ossa. Lei uscì dal tempio e, prendendomi per mano, mi portò nella camera da cui ero appena fuggito. Mostrandomi delle foto volgari sui muri, mi disse: "Figlio mio, questa giovane non è pura come pensavi. È una ragazza facile". Mi prese di nuovo per mano e mi condusse al tempio. Lasciandomi all'ingresso, indietreggiò lentamente senza smettere di guardarmi con amore e poi svanì all'improvviso. Al Suo posto c'era di nuovo l'immagine in pietra. Dal tempio si levava la melodia del canto: "Vittoria alla Madre, vittoria alla Madre Divina!".

Mi svegliai di soprassalto, ma quel canto era sempre nelle mie orecchie! Dopo qualche secondo mi resi conto che proveniva da una radio in un angolo del reparto. In quel preciso momento Ratnamji mi chiamò: "Neal!". La sua voce era quella della Madre Divina quando mi aveva parlato. Mi alzai e gli raccontai il sogno. Sorridendo mi disse: "Tu mi vedi come la Madre Divina venuta ad aiutarti a progredire spiritualmente. Anch'io ti vedo come la Madre Divina venuta a prendersi cura di questo povero corpo. Ci sono molti modi di vedere le persone. Ad esempio, potresti considerarmi come un malato che ha bisogno di aiuto o come qualcuno che riceve le tue attenzioni; oppure come un devoto, un santo o perfino un saggio al quale offrire i tuoi servizi. Ma il modo più alto, il migliore, sarebbe quello di vedere Dio nel corpo della persona che stai aiutando e, offrendole il tuo servizio, ritenerti fortunato di avere l'opportunità di servirLo. Alla fine il tuo ego si indebolirà e sorgerà la Coscienza del Divino. Non credere che io parli così nel mio interesse. Se non ci fossi tu, Dio avrebbe inviato qualcun altro ad occuparsi di me. Dipendo solamente da Lui e non da un qualche individuo".

Dopo due mesi di ospedale, lo stato di Ratnamji era nettamente migliorato e non c'era più traccia d'infezione nei polmoni. Venne dimesso e gli fu raccomandato di non affaticarsi e di continuare a prendere le medicine per diversi mesi.

Poco dopo Avadhutendraji ci mandò a dire che si sarebbe tenuto un festival religioso in un luogo santo chiamato Bhadrachalam dove, per una settimana, si sarebbe cantato il Nome Divino. Chiese a Ratnamji di raggiungerlo al più presto.

Arrivammo a Bhadrachalam il giorno seguente e trovammo Avadhutendraji assieme a centinaia di devoti. La sua salute era molto migliorata anche se, di quando in quando, aveva ancora degli spasmi arteriosi. Durante quel festival vidi raramente Ratnamji dormire, sia di giorno che di notte. Era sempre occupato a cantare o parlare di temi spirituali con i devoti o a seguire Avadhutendraji nei suoi spostamenti. L'atmosfera sacra di Bhadrachalam aveva su loro due un effetto particolarmente inebriante.

Il tempio di Bhadrachalam deve la sua esistenza unicamente agli sforzi di un santo di nome Ramdas, vissuto circa due secoli fa. Il Signore Rama gli apparve in sogno e gli chiese di costruire un tempio per la Sua immagine che si trovava in cima ad una collina, esposta a tutti i venti. All'epoca Ramdas era un funzionario di stato, incaricato di riscuotere le imposte e di inviarle ogni anno all'imperatore. Invece di consegnare il denaro raccolto, lo impiegò nella costruzione del tempio senza informare l'imperatore.

Qualche anno più tardi si scoprì la cosa. Ramdas fu costretto a camminare incatenato per più di cinquecento chilometri per essere poi incarcerato e rinchiuso in una segreta senza acqua né cibo per una settimana. Mentre era rinchiuso, compose dei canti carichi di pathos in cui si rivolgeva al Signore Rama chiedendoGli perché, avendo eseguito i Suoi ordini, dovesse soffrire così. Era sul punto di suicidarsi quando l'imperatore fu svegliato una notte da due uomini che si presentarono come i servitori di Ramdas. Gli consegnarono un sacco di monete d'oro dell'importo pari a quello che era stato sottratto e chiesero la liberazione di Ramdas.

Ramdas fu liberato. Nell'esaminare più attentamente le monete, si accorsero che recavano l'effigie del Signore Rama da una parte e di Hanuman dall'altra e avevano impresse delle lettere indecifrabili. Avendo compreso di avere avuto la visione del Signore, l'imperatore rimandò Ramdas a Bhadrachalam con tutti gli onori e ogni anno donò al tempio un'enorme somma d'oro per celebrare un festival. Io stesso vidi una delle monete date dal Signore Rama all'imperatore. Nel corso degli anni sono a poco a poco scomparse e ora ne sono rimaste solo due. Ho visto anche il tesoro del tempio di Bhadrachalam, che comprende molte corone incastonate di pietre preziose e diversi ornamenti d'oro che l'imperatore offrì ogni anno per tutta la sua vita.

Sembra che Ramdas avesse fatto un secondo sogno in cui il Signore Rama gli diceva che, poiché nella vita precedente aveva rinchiuso in gabbia un pappagallo per una settimana, in questa vita doveva essere incarcerato. Quanto all'imperatore, nella vita precedente era stato un re molto pio che aveva reso omaggio al Signore Shiva con un rito particolare: l'abluzione dell'idolo del tempio con mille secchi d'acqua attinta personalmente dal fiume. Spossato ed esasperato, invece di versare l'acqua del millesimo secchio con dolcezza, l'aveva buttata sull'icona e per questo si era dovuto reincarnare. Grazie però alla sua devozione nella vita passata, quando rinacque poté avere la visione di Dio in carne ed ossa. A giudicare dalla santità dell'atmosfera che tuttora regna a Bhadrachalam, questa storia dev'essere senz'altro vera. Per una

settimana Avadhutendraji e Ratnamji gustarono ininterrottamente la beatitudine divina.

Purtroppo, a causa dello sforzo, Ratnamji ebbe una recidiva
e la tubercolosi ricomparve con un forte attacco di febbre. Al
termine del festival, Ratnamji e io prendemmo il primo treno per
Arunachala. La sua salute stava deteriorandosi rapidamente. La
malattia aveva raggiunto il cervello e gli provocava atroci mal di
testa. La cosa peggiore era che il farmaco precedente non aveva
più effetto.

Non sapendo più cosa fare, andai sulla tomba di Ramana
pregandolo di guidarmi. Dopo averlo fatto, sentii che dovevo
ritrovare il medico europeo che inizialmente mi aveva sconsigliato
di frequentare Ratnamji. Quando mi vide, il dottore mi chiese
perché Ratnamji non si faceva più vedere. Gli dissi come stava e
subito venne con me per visitare Ratnamji. Mi consegnò alcune
compresse di forti analgesici e poi scrisse subito ad un altro ashram
in cui aveva notato che erano provvisti di un farmaco antitubercolo-
lare straniero in grado di fermare la progressione della malattia. In
pochi giorni arrivò la medicina e Ratnamji migliorò rapidamente.

Il medico lo avvertì che, se non fosse stato a completo riposo
per tre mesi, avrebbe sicuramente sofferto di un'altra ricaduta
più difficile da controllare, visto che era diventato resistente ai
farmaci utilizzati in precedenza. Ratnamji era disposto a seguire
le indicazioni mediche, ma sembrava che la Volontà Divina avesse
deciso diversamente. Ben presto sarebbe successo qualcosa che
l'avrebbe logorato causando una nuova recidiva. Sembrava che
le sofferenze di Ratnamji non finissero mai.

Un mattino mi disse sorridendo: "Mi ha scritto Avadhutendraji. Desidera venire qui e camminare 108 volte attorno
ad Arunachala in segno di adorazione. Se compirà un giro al

giorno, impiegherà almeno 108 giorni. Sai bene che il tragitto è di circa tredici chilometri e che la sua salute non è buona. Dovrò accompagnarlo. Si direbbe che Dio abbia altri progetti per me che non siano il riposo".

Questa notizia mi rattristò. Ero indubbiamente contento di sapere dell'arrivo di Avadhutendraji, ma ciò avrebbe significato più affaticamento e una sicura ricaduta per Ratnamji. Lui, invece, vedeva in tutto ciò solo la dolce volontà di Ramana, tesa a portarlo a trascendere, in questo modo doloroso, l'identificazione con il corpo.

Avadhutendraji arrivò poco dopo, accompagnato da due devoti che si sarebbero presi cura di lui. Mi sforzai di sembrare felice, ma credo che provasse stupore per la mia espressione di gioia poco convinta. In realtà avevo l'impressione che fosse giunto il messaggero della morte. Cosa potevo fare? Certo, Ratnamji era più bravo di me ad apparire contento o forse non ci pensava proprio: sembrava sinceramente felice di vedere Avadhutendraji. Trascorsero la giornata conversando, ma Ratnamji si guardò bene dall'accennargli i consigli del medico riguardo al suo riposo, non volendogli guastare il soggiorno.

L'indomani Avadhutendraji cominciò la circumambulazione della collina. Ratnamji lo accompagnava appoggiandosi alla mia spalla. Al ritorno era esausto. Quando gli misurai la febbre, constatai sorpreso che la sua temperatura era normale. Forse Dio l'avrebbe protetto, mi dissi.

Il giorno dopo l'andatura di Ratnamji era ancora più lenta e di conseguenza Avadhutendraji dovette rallentare la sua. Quando tornammo a casa gli misurai la temperatura e, desolato, vidi che aveva la febbre alta. Stava avendo una ricaduta, come il medico aveva previsto. Ratnamji mi ordinò di non dire niente ad Avadhutendraji.

Il giorno seguente Avadhutendraji ci venne a trovare e pregò Ratnamji di non accompagnarlo più perché si sarebbe affaticato troppo e inoltre l'avrebbe costretto a camminare molto lentamente. Grazie a Dio! Ma a cosa serviva oramai? Il danno era fatto. Andai dal medico, che si rifiutò di venire a visitare Ratnamji per una questione di principio: ci aveva chiesto di comportarci in un determinato modo e non l'avevamo fatto. In futuro avremmo potuto agire allo stesso modo. Perché dunque sprecare inutilmente il suo tempo e la sua energia? Non potevo biasimarlo e me ne andai, chiedendomi cosa fare. Il dottore ci suggerì di procurarci il farmaco tramite qualcun altro. Conoscevamo due persone negli Stati Uniti, una delle quali era mia madre. Decisi di scriverle.

Ratnamji mi disse che, poiché non riusciva più a rimanere seduto a lungo, faceva molta fatica a leggere. Il suo libro favorito era lo *Srimad Bhagavatam*, la storia della vita di Krishna in sanscrito. L'opera è composta da circa diciottomila versi e per leggerla tutta occorrono dieci giorni pieni. Uno dei devoti che accompagnava Avadhutendraji era un eccellente studioso di sanscrito. Ratnamji disse che, se fossimo riusciti a fargli leggere tutto il testo ad alta voce, avrei potuto registrarlo e lui avrebbe potuto ascoltarlo quando voleva. Questa idea piacque anche ad Avadhutendraji. Quando mia madre era venuta in India per l'inaugurazione della mia casa, aveva portato con sé un registratore di fabbricazione tedesca e me l'aveva lasciato. Decidemmo di cominciare subito la registrazione. Prima o dopo la lettura quotidiana, Avadhutendraji compiva il giro attorno ad Arunachala come d'abitudine.

Dopo due giorni di registrazione qualcosa non funzionò più bene nel registratore: i nastri si ingarbugliavano. Lo dissi a Ratnamji e ad Avadhutendraji.

"Puoi farlo riparare qui?" chiese Ratnamji.

"Dubito. È un apparecchio talmente caro. Dove potremmo portarlo? Potrebbero distruggerlo invece di ripararlo".

"Viene dall'America, vero? Lo possono riparare lì?" .

"Certamente, ne sono sicuro, ma ti prego, non chiedermi di andarci. Se non c'è un altro modo, d'accordo, farò ciò che mi dirai".

"So che non vuoi più tornare negli Stati Uniti e sarebbe sbagliato da parte mia chiedertelo. Conosci la situazione, tocca a te decidere", concluse Ratnamji.

Quella sera, quando mi coricai, pregai Ramana di indicarmi il da farsi. Appena mi addormentai, feci un sogno molto vivido: mia madre era di fronte a me e al mio fianco c'erano Ratnamji e Avadhutendraji. Tutti e due mi indicavano i suoi piedi. Comprendendo ciò che volevano, mi prostrai e non appena le toccai i piedi, mi svegliai. Chiamai Ratnamji e gli raccontai il sogno. Lui rimase in silenzio. Dissi che, secondo me, Ramana mi stava indicando di andare negli Stati Uniti. Ma dove trovare il denaro? Ratnamji mi disse di tornare a dormire: avremmo deciso al mattino. L'indomani mattina, quando Avadhutendraji entrò, Ratnamji gli raccontò il mio sogno.

"Sapete", disse Avadhutendraji, "ci sono alcuni devoti che vorrebbero che organizzassi un festival come quello di Bhadrachalam. In effetti mi hanno già dato del denaro per iniziare i preparativi. Prendi questi soldi, va' in America e torna al più presto. Ci prenderemo noi cura di Ratnamji fino al tuo ritorno, ma non tardare".

Il mattino stesso, dopo la colazione, mi congedai da loro e mi precipitai a Madras. Il caso volle che ci fosse un posto libero sul volo notturno per New York. Non avevo avuto neppure il tempo di avvisare mia madre. Cosa sarebbe successo se non fosse stata in città al mio arrivo? Sperando per il meglio, acquistai il biglietto d'aereo e m'imbarcai quella notte stessa. Ventiquattr'ore più tardi ero a New York. Mi sembrava di sognare: l'America e l'India sono due mondi completamente diversi. Avevo lasciato gli Stati Uniti sei o sette anni prima e in questo periodo avevo vissuto come un tradizionale monaco indù. Non mi ero neanche cambiato d'abito e viaggiavo indossando il mio *dhoti*. Uno scialle mi copriva il torace. Ero anche senza scarpe! Mi sentivo come un bambino piccolo spinto fuori dal calore e dal confort della sua casa per ritrovarsi in una strada fiancheggiata da grattacieli! Mi dissi che avrei fatto bene a chiamare mia madre a Chicago ed assicurarmi che fosse là.

"Pronto, mamma?".

"Chi parla?" chiese.

"Beh, chi se non io?".

"Neal! Dove sei? La tua voce mi arriva così chiara! Che succede?".

"Sono a New York, all'aeroporto, e sto aspettando la coincidenza per Chicago. Puoi venire a prendermi all'aeroporto? Ti spiegherò tutto più tardi".

Ero in lista d'attesa sul volo per Chicago, ma ottenni l'ultimo posto disponibile. Mia madre mi aspettava all'aeroporto, contentissima di vedermi, ma con la paura che fossi ammalato. Le spiegai tutto e le dissi che dovevo rientrare al più presto, se possibile già l'indomani. Non le piacque l'idea di vedermi ripartire così in fretta, ma accettò di fare ciò che era necessario. Il giorno stesso portammo a riparare il registratore ma poiché era venerdì, ci dissero di venire a ritirarlo non prima di lunedì. Chiesi a mia madre di prenotarmi un volo di ritorno per martedì. Credo che fosse in uno stato di choc simile al mio, altrimenti non avrebbe accettato così facilmente. Le dissi che in India avevo un amico molto povero che aveva bisogno di un farmaco antitubercolare costoso che non poteva trovare lì. Le chiesi di procurarmelo senza dirle che quell'amico povero era Ratnamji, altrimenti si sarebbe preoccupata di un mio possibile contagio. Contattammo il medico di famiglia: ci disse che occorrevano diversi giorni per procurarsi la medicina. Mia madre accettò d'inviarmela per via aerea non appena l'avesse ricevuta.

Il martedì ero a bordo di un aereo per l'India, lasciando mia madre in lacrime all'aeroporto. Per entrambi, tutto era stato come un sogno. Ventiquattr'ore più tardi ero di ritorno a Madras: erano passati solo sei giorni dalla mia partenza. Arrivato a casa, mi prostrai ad Avadhutendraji e a Ratnamji. Mi sorrisero e mi fecero domande sul mio viaggio. Pensavo che sarebbero stati felici di vedermi, ma il loro atteggiamento era quello di sempre: equanime. Le registrazioni ripresero e furono terminate in una settimana.

Un giorno sentii che mi mancava il tempo per studiare o meditare. In effetti, dovendo servire Ratnamji che era allettato, praticamente non avevo più un minuto per me. Quando riuscivo a non pensare a me stesso, avevo un assaggio della beatitudine di un'esistenza priva di ego, ma in altri momenti avvertivo il bisogno di dover vivere in solitudine, da qualche parte, e dedicare del tempo alle pratiche spirituali. Con questi pensieri in mente, servivo Ratnamji senza convinzione.

Avadhutendraji non tardò ad accorgersene e un giorno mi prese in disparte: "Figlio", mi chiese, "perché adempi ai tuoi doveri con così poco entusiasmo? Forse perché vorresti partire e meditare in solitudine? Una volta anch'io mi sono sentito così. Potrai sempre trovare il tempo necessario per tutto ciò, ma vivere con un vero saggio e avere una relazione stretta con lui è estremamente raro. Ci sono persone che girano tutto il mondo alla ricerca di un santo autentico e non lo trovano. Sia Ratnamji che io siamo entrambi malati e potremmo non restare ancora per molto su questa Terra. Non credere che dipendiamo dai tuoi servigi. Sta però a te prendere una decisione. Qual è il tuo dovere? Se vuoi andare a meditare intensamente non abbiamo nessuna obiezione, ma se decidi di rimanere devi svolgere il tuo compito con tutto il tuo cuore e con tutta la tua mente. Solo allora potrai trarre beneficio dal servire dei santi. Tocca a te decidere".

Sapevo già che Avadhutendraji diceva il vero. Lo assicurai che da quel momento in poi mi sarei dedicato con tutto me stesso al sentiero che avevo scelto: servire i saggi. Se avessi sentito il bisogno di meditare in solitudine, l'avrei fatto quando non sarebbero stati più in questo mondo.

Assolto il voto di compiere 108 volte il giro di Arunachala, Avadhutendraji organizzò come previsto il festival religioso. Circa cinquecento persone provenienti da diverse parti dell'India assistettero alle cerimonie, che durarono una settimana. Infine Avadhutendraji decise di partire per il Nord e regalò a Ratnamji un po' di denaro per acquistare delle medicine. Per tutto il tempo Ratnamji ebbe la febbre al di sopra dei 38 gradi, ma non glielo disse mai. Ora che Avadhutendraji stava partendo, progettavamo di andarcene pure noi, trovare un bravo medico e far curare Ratnamji. Il giorno dopo la partenza di Avadhutendraji facemmo i bagagli, con l'intenzione di partire l'indomani. Avevo messo il denaro in un armadio di casa mia, dove dormiva Seshamma.

Ratnamji e io dormivamo a casa sua. Improvvisamente, all'una del mattino, Ratnamji mi chiamò: "Neal, alzati e corri all'altra casa. Sento che sta avvenendo un furto. Sbrigati!".

Quando arrivai alla casa, vidi che la porta era bloccata dall'esterno. La aprii. Seshamma dormiva profondamente e il denaro era sparito. I ladri si erano introdotti dal camino, dopo aver tolto la lastra di cemento che lo sbarrava. Compiuto il furto, erano usciti silenziosamente, sbarrando la porta.

Al mattino chiamammo la polizia, che fece venire da Madras un cane poliziotto. Il cane ci condusse al fratello del nostro giardiniere, che lavorava in una casa vicina. Lo arrestarono, ma qualcuno usò la propria influenza per farlo rilasciare e questo pose fine alla faccenda. Non avendo più soldi, dovemmo attendere che degli amici ci inviassero abbastanza denaro per il viaggio e le spese mediche.

Qualche giorno dopo feci un sogno nel quale vedevo persone che si contendevano il corpo senza vita di Avadhutendraji. Lo dissi a Ratnamji, che si limitò ad annuire senza fare commenti. Poco dopo ci giunse la notizia che Avadhutendraji era morto improvvisamente, colpito da un infarto ad Hyderabad. In effetti le sue spoglie furono oggetto di un'aspra lotta che cessò solo alla scoperta di una lettera, scritta anni prima, nella quale Avadhutendraji chiedeva che il suo corpo fosse immerso nel fiume Krishna, nell'India del sud.

Raggiungemmo al più presto le rive del fiume Krishna e scoprimmo che i riti funebri non erano ancora iniziati. Ratnamji prese in mano la situazione e per i successivi quindici giorni si assicurò che tutti i riti prescritti fossero compiuti alla perfezione. Ciò richiedeva una supervisione costante e questo sforzo non fece che aggravare la sua salute. Ratnamji sembrava una vivida luce in una lampada rotta. Era determinato a compiere ciò che riteneva doveroso, anche a costo della sua vita, e non si può dire che Dio non gli stesse offrendo le opportunità, una dopo l'altra!

Terminate le esequie, tirai un lungo respiro di sollievo. Potevamo finalmente consultare un medico! Il dottore prescrisse diversi rimedi a base di erbe e minerali da assumere con miele o burro. Ci disse che, a suo avviso, Ratnamji non soffriva di tubercolosi ma di una sorta di bronchite cronica. Consigliò a Ratnamji di tornare a casa e di prendere queste medicine per alcuni mesi.

Prima di partire per Arunachala, alcuni amici consultarono un astrologo per sapere cosa riservasse il futuro a Ratnamji. L'astrologo rispose che non sarebbe vissuto più di nove mesi. Quando lo seppe, Ratnamji decise di fare testamento e di lasciarmi la sua casa e la sua biblioteca. Non possedeva altro. Pensava che li avrei usati come avrebbe fatto lui.

A Tiruvannamalai, Ratnamji si dedicò a riordinare la sua biblioteca di circa duemila libri rari. Aveva impiegato più di trentacinque anni per raccogliere questi volumi. Dovunque andasse nei suoi viaggi, appena aveva un po' di denaro comperava un libro. Adesso aveva la sensazione di doverli sistemare bene, così che in seguito non dovessi tribolare per classificarli. Lesse anche la *Garuda Purana*, un testo antico che tratta degli ultimi riti per le anime trapassate e del loro viaggio verso il successivo piano di esistenza. Prese degli appunti che tradusse in inglese e mi diede da studiare affinché potessi supervisionare gli ultimi riti che gli sarebbero stati resi, come lui aveva fatto con Avadhutendraji. Infine fece un elenco di nomi da avvertire al suo decesso. In effetti non mi lasciò nient'altro da fare che scrivere la data della sua morte!

"Perché fai tutto questo?", gli chiesi un giorno, "In qualche modo me la caverò. Non posso sopportare di vedere che ti stai occupando di tutte queste faccende. Chissà, forse starai meglio e vivrai ancora cinquanta o sessant'anni!".

"Anche se vivessi altri cent'anni, un giorno dovrò abbandonare il corpo. In quel momento sarai capace di pensare a tutti questi dettagli? Questa non è altro che una prova generale affinché tu non sia preoccupato quando sarà giunto il momento e tutto si svolga come si deve. Come sai, tutti celebrano il matrimonio dei loro figli, la nascita di un bambino o eventi simili. Essendo celibe da tutta la vita, questo è l'unico evento che posso celebrare: che sia grandioso. Il mio corpo sarà un'offerta al dio della morte. Potremmo dire che si tratterà dell'oblazione finale", rispose Ratnamji ridendo.

Per i successivi sei o sette mesi Ratnamji continuò la fitoterapia, che non sembrava farlo stare né meglio né peggio. Seshamma, la sorella, lo invitò nel suo villaggio per partecipare a una cerimonia speciale che lei e suo marito intendevano svolgere. Desideravano la sua presenza e la sua supervisione. Fissammo una data per il viaggio e facemmo i preparativi necessari. Ratnamji mi chiese di andare all'ashram a recuperare dei libri che un amico gli aveva chiesto in prestito qualche mese prima. Questo amico era un vecchio signore che aveva il dono naturale di predire l'avvenire. Mi chiese dove fossimo diretti e quando saremmo stati di ritorno. Gli raccontai il nostro programma.

"Dì a Ratnamji di terminare tutto prima del 21 febbraio", mi disse, "Verso quella data potrebbe succedere qualcosa. Ho anche la sensazione che tu dovrai chiedere un prestito per un anno a favore di una persona cara". Un prestito? Non avevo idea di cosa volesse dire. Tornai da Ratnamji e gli riferii il messaggio.

Arrivati al villaggio di Seshamma, Ratnamji cominciò ad organizzare l'imponente cerimonia che sarebbe durata parecchie ore e che avrebbe comportato la distribuzione di doni e l'offerta di un pasto agli invitati. I preparativi richiesero circa tre settimane. Ratnamji esigeva che venissero utilizzati solo i materiali migliori e rifiutava tutto ciò che non era di prima qualità. Poco alla volta, la sua salute migliorava. La febbre e il muco nei polmoni erano spariti. Forse il medico fitoterapeuta aveva visto giusto.

Finalmente giunse il giorno della *puja*, che si svolse dalle sei del mattino fino a mezzanotte: diciotto ore in tutto! Ratnamji fu presente per tutto il tempo, prendendosi cura di ogni minimo dettaglio. Non si alzò neppure per andare in bagno e non bevve né mangiò fino al termine della *puja*. Avevo paura di quello che sarebbe potuto accadere al suo corpo, ma lui era completamente su un altro piano, incurante della vita o della morte. Il suo corpo sprigionava una luce tale da attrarre persino i bambini piccoli. Era così evidente che tutti gli abitanti del villaggio gli fecero domande sulla natura di questo fulgore divino.

"Non so", rispose con semplicità, "forse è una manifestazione della grazia del mio Guru".

In effetti era il fulgore della sua Realizzazione del Sé, impossibile da nascondere.

Un giorno, circa due settimane dopo questo rito speciale, Ratnamji mi chiamò accanto a lui.

"Adesso sto molto meglio", mi disse, "Tra qualche giorno potremo rientrare ad Arunachala. Ciò nonostante, sento che lascerò il mio corpo questo mese, oppure potrebbe essere dopo sei mesi". Nel momento stesso in cui lo diceva la sua gamba sinistra si mise a tremare in modo incontrollabile. La afferrai con entrambe le mani. Anche l'altra gamba cominciò a tremare e in qualche modo riuscii ad afferrarla. Quando lo guardai in viso, vidi che anche le sue braccia tremavano e che stava per avere ciò che pareva una crisi epilettica. Mi precipitai in cucina per chiamare in aiuto suo nipote. Quando tornammo al suo capezzale, lo trovammo incosciente. Dopo venti minuti riprese conoscenza, ma ancora prima di dire una parola, sopraggiunse una nuova crisi e perse di nuovo i sensi. Gli attacchi si ripeterono ogni venti minuti. Mandammo a chiamare un medico, che arrivò prontamente e cercò di fargli assumere una medicina, ma era difficile fargliela ingoiare. Dopo la terza o la quarta crisi, Ratnamji pronunciò solo queste poche parole: "Signore, tutto questo non è che la Tua benevolenza!" .

Queste furono le sue ultime parole. Gli attacchi si susseguivano ogni venti minuti. A poco a poco il suo corpo era sempre più debole e l'intensità delle crisi andava attenuandosi a causa della sua debolezza. Chiamai alcune persone attorno al suo letto a recitare il Nome Divino. Era chiaro che si stava avvicinando l'ora della sua morte. Stranamente non avvertivo la minima apprensione né paura. Avevo l'impressione che tutta la scena che si stava svolgendo davanti a me fosse una rappresentazione teatrale in cui dovevo semplicemente recitare la mia parte. Infine, alle due e mezza del mattino del 18 febbraio, Ratnamji esalò l'ultimo respiro. Come mi aveva chiesto, gli offrii l'*arati* (l'ondeggiare della canfora accesa), al termine del quale lui aprì gli occhi, sorrise estatico e spirò. La pace perfetta e la beatitudine interiore che trasparivano dai suoi occhi mi fecero pensare che fosse in *samadhi*. Il suo corpo fu esposto nel capanno del giardino, in modo che tutte le persone che gli volevano bene potessero presentargli gli ultimi omaggi.

La recitazione del Nome Divino proseguì per tutta la notte, fino alla sera del giorno seguente, quando la salma fu lavata e condotta nei campi crematori alla periferia del villaggio. Io ero presente per assicurarmi che tutto si svolgesse correttamente, così come lui aveva desiderato. Parecchie centinaia di persone accorsero dai villaggi vicini per vedere il corpo di un grande santo prima che fosse offerto alle fiamme. Dopo che fu appiccato fuoco alla pira, tutti tornarono a casa. Solo io ed un amico rimanemmo sul luogo della cremazione, vicino alla pira in fiamme, per essere sicuri che nessun cane cercasse di mangiare il corpo o danneggiasse la pira.

Provavo un misto di gioia e al tempo stesso di dolore. Ratnamji era stato infine liberato dalla dolorosa gabbia del suo corpo dopo una vita d'intenso impegno spirituale. La sua anima era tornata al suo Guru: Ramana. Al tempo stesso io ero stato lasciato indietro a badare a me stesso. Negli ultimi otto anni Ratnamji era stato tutto per me, mi aveva insegnato tutto sulla vita spirituale. Ora se n'era andato. Ma lo era veramente? Sentivo con chiarezza la sua presenza in me come luce della coscienza. Nei giorni seguenti vissi un curioso sentimento di identificazione con lui. Senza sapere se gli altri lo percepissero o no, avevo l'impressione che le espressioni del mio viso diventassero le sue così come il mio modo di parlare e perfino di pensare. Mi pareva che il mio corpo e la mia personalità non fossero che l'ombra delle sue. Benché separato da lui fisicamente, assaporavo una profonda pace interiore. Credo che tutti fossero sorpresi nel vedermi in questo stato. Le persone pensavano che, poiché per lui ero stato come un figlio per gli ultimi otto anni, sarei stato inconsolabilmente triste alla sua morte. Furono quindi stupite nel vedere che, semmai, ero più felice. Non era tutto ciò dovuto alle sue benedizioni? Sentivo che era così.

Secondo le Scritture indù, dopo la morte, l'anima non va immediatamente nell'altro mondo: per fare questo viaggio ha bisogno di una sorta di corpo. Di solito, al momento della cremazione si mette una piccola pietra sopra la salma. Quando il fuoco si è spento, si raccoglie la pietra e alcuni frammenti di ossa. Per dieci giorni si prepara del cibo che viene offerto al defunto, accompagnato dai mantra appropriati, utilizzando la pietra come strumento. Si crede che ogni offerta quotidiana di cibo formi una parte del corpo sottile necessario al viaggio dell'anima nel mondo astrale. Ad esempio, l'offerta del primo giorno formerà i piedi, quella del secondo i polpacci e così via. L'offerta è chiamata "*pinda*" e il corpo formato dall'essenza sottile del cibo si chiama *pinda sariram* (*sariram* significa corpo). Il decimo giorno l'anima diventa consapevole di ciò che la circonda e della presenza del *pinda sariram*. Si reca nel luogo dove sono riuniti per gli ultimi riti tutti i suoi amici, guarda chi è venuto e poi intraprende il suo viaggio verso il mondo successivo.

Si eseguirono tutti questi rituali per Ratnamji. Il decimo giorno, avendo terminato il suo scopo, la pietra venne gettata in un fiume vicino. Guarda caso si trattava dello stesso fiume in cui era stato immerso il corpo di Avadhutendraji nove mesi prima. Quel giorno coincideva con la festa di Shivaratri, celebrata ogni anno in tutta l'India. Durante questa festività le persone digiunano e rimangono sveglie tutta la notte pregando Dio fino all'alba.

Spossato dai riti e di umore non molto allegro, verso le undici di sera mi coricai. Immediatamente, Ratnamji mi apparve chiaramente in sogno, sorridendomi e tendendomi la mano. Vidi che teneva la pietra sul palmo della mano. Poi Ratnamji la buttò nel fiume e mi disse: "Andiamo, vieni, questa sera è Shivaratri. Dobbiamo pregare il Signore". Poi si sedette e, invitandomi a sedermi accanto a lui, cominciò la *puja*.

Mi svegliai di soprassalto con la sensazione che ciò che avevo appena visto non era un semplice sogno e che lui aveva voluto mostrarmi che era più che vivo e al mio fianco, sebbene in una forma sottile invisibile ai miei occhi. Al colmo della gioia, riuscii a malapena a dormire per il resto della notte.

CAPITOLO 5

Badando a me stesso

Al termine del rito funebre, raccattai le poche cose di Ratnamji e rientrai ad Arunachala. Dopotutto ero venuto ad Aruna-chala otto anni prima per vivere accanto alla tomba di Ramana e giungere a realizzare la mia vera natura. Nel corso di questi otto anni sentivo di essere stato guidato da Ramana nella forma di Ratnamji. Ora dovevo mettere in pratica tutto ciò che avevo imparato. Le fondamenta erano state gettate, adesso bisognava procedere con la costruzione.

Durante il mio viaggio di ritorno in treno feci un altro sogno meraviglioso: ero arrivato all'ashram e c'era una grande folla riunita ai piedi della collina. Avvicinandomi, avevo visto il corpo di Ramana steso a terra, immobile. Era appena morto. Tutti piangevano. Avvicinandomi al suo corpo, mi ero messo a singhiozzare: "Ramana, sono venuto da così lontano per vederti ed ecco che te ne sei andato prima di poterti raggiungere!". Fu allora che lui aprì gli occhi e mi sorrise. Mi pregò di sedermi, pose i suoi piedi sul mio grembo e mi chiese di massaggiargli le gambe.

"Loro dicono che sono morto. Ti sembro forse morto?", mi chiese.

In quel mentre mi svegliai, sorpreso dalla nitidezza di quel sogno. Ramana era con me, non c'erano dubbi. Mi convinsi di questo fatto.

Le nostre case sembravano vuote e prive di vita senza Ratnamji. Come avrei potuto abitare a casa sua senza di lui? Lo sentivo presente in me, ma non c'era alcun dubbio che fosse fisicamente assente. L'immensa felicità che sentivo costantemente in sua compagnia era sparita. Decisi d'incontrare l'astrologo dell'ashram. Mi accolse molto cordialmente e mi chiese notizie di Ratnamji. Gli raccontai tutto. Gli dissi anche che le sue predizioni si erano rivelate esatte: non soltanto aveva avuto ragione di dire che Ratnamji avrebbe dovuto terminare il suo lavoro prima del 21 febbraio, ma anche che avrei avuto bisogno di chiedere un prestito a mia madre per poter celebrare i riti tradizionali che si svolgono ogni mese per un anno dopo la morte di una persona. Gli dissi quanto fossi sorpreso per l'accuratezza delle sue previsioni.

"Mi dici cosa mi riserva l'avvenire ora che Ratnamji non c'è più?", gli chiesi.

"La tua salute andrà progressivamente deteriorandosi", rispose, "e nell'arco di quattro anni c'è la possibilità che tu muoia. In caso contrario, andrai a casa di tua madre e proseguirai la tua vita spirituale. Allo stesso tempo ti occuperai di raccogliere fondi".

Morire? Ritornare negli Stati Uniti? Raccogliere fondi? Mi sembrava tutto troppo terribile per essere vero! Ringraziandolo, tornai a casa. Cominciai a preoccuparmi. Sapevo che le affermazioni di quest'uomo non potevano essere errate e mi sentivo molto triste e inquieto. Non avevo nessuno a cui parlarne. Per dieci giorni rimuginai in continuazione sulla cosa, incapace di meditare o anche di leggere qualunque cosa. Ciò sarebbe senza dubbio continuato se non avessi fatto un sogno: Ratnamji era in casa, in piedi, e mi guardava irritato.

"Perché ti comporti così?", mi disse, "Tutto è nelle mani di Ramana. Hai affidato a lui la tua vita, sì o no? Devi fare il tuo dovere, meditando su Dio giorno e notte. Ciò che avverrà di te è affare di Ramana. Non ti preoccupare".

Mi svegliai. Non avevo la minima sonnolenza e mi sembrava di essermi tolto un gran peso. A partire da quel momento, i pensieri sul futuro smisero di tormentarmi.

Nel corso dell'anno seguente andai a Hyderabad per partecipare ai riti mensili in suffragio dell'anima di Ratnamji. Un giorno, dopo aver finito il pasto, mi ero steso a riposare nella casa dell'uomo che li aveva celebrati quando sognai che Ratnamji e Ramana stavano uno a fianco dell'altro e mi guardavano. Indicando Ratnamji, Ramana mi disse: "Servendolo, è me che servi".

Benché indichi queste esperienze con il termine di "sogni", sia chiaro che non avevano per niente l'aspetto sfocato dei sogni. Possedevano la stessa nitidezza dello stato di veglia, ma con una loro specificità. Mi sembrava di non essere né nello stato di veglia né in quello di sogno. Mi lasciarono l'impressione profonda che questi due grandi esseri mi guidassero e si prendessero cura di me.

Circa sei mesi dopo la morte di Ratnamji, mia madre decise di venire in India con mia sorella e mio cognato. Per una decina di giorni visitammo il Kashmir, una delle regioni più pittoresche dell'India. Da lì prendemmo l'aereo diretto ad oriente e soggiornammo a Darjeeling, stazione di montagna nota per le sue piantagioni di tè, che offre un meraviglioso panorama dei monti Everest e Kanchenjunga. Mentre dalla pianura ci inerpicavamo con l'auto su per le colline, cominciai a sentirmi euforico senza una ragione apparente. In effetti iniziai a sbellicarmi dalle risate. Nessuno capiva cosa ci fosse di così buffo ed io ancora meno. Ebbi però la sensazione che un gran numero di santi vivessero in quella zona e la loro presenza mi inebriava.

Quando quella sera mi coricai, mi apparve Ratnamji. Mi guardò come se si aspettasse che dicessi qualcosa. Mi azzardai a domandare: "Ratnamji, quando sei morto, cosa ti è successo in quell'istante?". Mi era sembrato che fosse in *samadhi*, in unione perfetta con Dio.

Rispose: "In quel momento ho sentito una forza che mi saliva da dentro e mi travolgeva. Mi sono abbandonato e sono stato assorbito in Quello". Poi si volse, s'incamminò verso il cielo e a poco a poco svanì.

Quando terminò l'anno di cerimonie mensili in suffragio dell'anima di Ratnamji, decisi che sarei rimasto ad Arunachala un altro anno. Pregai i miei amici di non venirmi a trovare: volevo passare quell'anno in completo isolamento, a meditare e a studiare, cercando di assimilare l'esperienza vissuta negli ultimi nove anni. Cominciai ad avere forti dubbi su quale avrebbe dovuto essere la mia pratica spirituale più importante. Secondo Maharshi, esistono solo due cammini principali: quello della devozione a Dio, caratterizzato dall'assidua ripetizione del Nome Divino o di un mantra, e il cammino della Conoscenza, che consiste in un'indagine incessante su ciò che splende in noi come "Io".

Nei sei anni passati assieme, Ratnamji mi aveva consigliato d'intraprendere la via della devozione. Poi, un giorno, mi aveva chiamato per dirmi che dovevo praticare sempre più l'autoindagine perché quello era il solo mezzo per purificare la mia mente e renderla così immobile e idonea ad essere assorbita nella Realtà. Mi fece trascorrere molte ore al giorno in camera a meditare sul mio Sé più profondo. Adesso mi era sorto il dubbio su quale dovesse essere la mia pratica. Avevo l'impressione che la via della Conoscenza creasse in me, in modo sottile, una sorta di falso orgoglio. Pur trovando in me un riflesso della Verità, ero ancora molto lontano dal realizzare che questa Verità era il mio Io reale. Pensavo che essere l'umile devoto di Dio o del Guru fosse un cammino con meno insidie, ma allo stesso tempo non potevo ignorare le parole di Ratnamji. Com'è possibile fidarsi della propria mente?

Passai parecchi giorni indeciso tra questi due cammini. Poi, una notte, feci un altro sogno molto significativo. Lo Shankaracharya di Kanchipuram, un saggio realizzato del quale avevo il più grande rispetto, apparve seduto davanti a me. Mi disse: "'Possa io entrare in Te, possa io entrare in Te'. Devi ripeterlo tutti i giorni per nove ore". Gli chiesi di ridire questi versi in sanscrito. "Questo è sufficiente!", esclamò un po' irritato, e io mi svegliai.

A partire dall'indomani mi sforzai di ripetere queste parole per nove ore. Mi sentivo impacciato mentre lo facevo e così mi misi a recitare il mio mantra concentrandomi su quelle parole. Il mio corpo diventava ogni giorno più debole e scoprii che mi era impossibile stare seduto per così tante ore. In qualche modo riuscii a ripetere quella frase per cinque ore al giorno. Alla fine di ogni giornata ne avvertivo tangibilmente l'effetto sotto forma di una più profonda pace interiore. Continuai così per due-tre mesi.

Un giorno l'*Acharya* mi riapparve in sogno, seduto davanti a me come la volta precedente.

"Solo la mente è importante", mi disse, e poi mi porse una foglia di banano con un mucchietto di zucchero. Ne prese qualche granello, se lo mise in bocca, poi si alzò e se ne andò. Dal giorno dopo scomparve il desiderio di sedere e ripetere il mantra. Scoprii che mi era molto facile praticare l'indagine sul Sé e quindi mi immersi in questa pratica. Capii infine quello che l'*Acharya* aveva voluto dire con "solo la mente è importante": ciò che conta non è la pratica spirituale, ma la purezza mentale che crea. Bisognerebbe rivolgere l'attenzione solo a questo. Le diverse pratiche non sono che mezzi utili a raggiungere lo scopo.

Trascorsi due anni, quando venne il momento di celebrare la seconda cerimonia annuale per Ratnamji, i suoi devoti di Hyderabad espressero il desiderio di svolgerla a Benares. A quell'epoca mi sentivo troppo debole per viaggiare: soffrivo di un dolore intenso alla base della schiena e all'addome. Tutta la schiena mi faceva male e avevo spesso attacchi di emicrania. Seguivo la terapia prescrittami dall'ospedale pubblico della città senza notare un qualche miglioramento. Quando venni a sapere dell'intenzione di quei devoti, mi dissi: "Ebbene, Ratnamji ignorava il suo corpo per assistere ai programmi spirituali. In quanto suo figlio non dovrei fare altrettanto?".

Pensando in questo modo, partii per Hyderabad. Poco dopo il mio arrivo, in otto ripartimmo per Kashi, dove arrivammo due giorni più tardi. Ero molto felice di ritrovarmi a Kashi dopo dieci anni di assenza, ma riuscivo a malapena a camminare o a rimanere seduto. Potevo soltanto rimanere sdraiato in un angolo per tutto il tempo. La vigilia della cerimonia feci un sogno meraviglioso: ero ai piedi di una collina. Dopo esservi salito, scoprii una casetta nella quale era seduto Ratnamji. Splendeva di una luce celestiale e anche la casa era illuminata dalla sua presenza.

"Ah, hai fatto tutta questa strada solo per partecipare a questa cerimonia? Soffri molto, vero? Sono felice di vedere la tua devozione. Tieni, prendi questo e mangia". Con queste parole, mi porse un dolcetto e io mi svegliai in lacrime. Ratnamji vedeva davvero tutto ciò che stava accadendo e leggeva nel mio cuore, proprio come quand'era nel suo corpo fisico.

Non senza difficoltà, ritornai ad Arunachala. L'astrologo aveva detto che avrei rischiato di morire nei successivi quattro anni e ne erano già trascorsi due. Avevo due desideri che avrei voluto ardentemente soddisfare prima di lasciare questo mondo: il primo era circumambulare Arunachala 108 volte, il secondo raggiungere a piedi tutti i santuari importanti della regione himalayana. Ero troppo debole per farli entrambi, ma decisi comunque di tentare. Nel peggiore dei casi, ciò che sarebbe accaduto sarebbe stata una morte prematura del mio corpo. "Che almeno muoia mentre sto compiendo un atto sacro", pensavo.

Lentamente andai vicino alla tomba di Ramana e rimasi lì per qualche tempo, chiedendogli mentalmente di darmi la forza di realizzare il mio desiderio. Mi sentii percorrere da un'ondata di energia e quel giorno riuscii a girare attorno ad Arunachala percorrendo i tredici chilometri. Decisi di prendermi una pausa e di riposare a giorni alterni. Ogni volta che mi trascinavo fino all'ashram, mi sentivo così debole che pensavo di non poter fare un altro passo. Però, dopo aver sostato davanti al *samadhi* di Ramana, trovavo sempre abbastanza forza per camminare attorno alla collina. Questo fatto si ripeté finché non terminai le 108 circumambulazioni.

Era giunto il momento di cercare di realizzare il mio secondo desiderio. Presi il treno per Hyderabad e infine per Kashi. Pensavo di rimanere qualche giorno a Kashi e d'incamminarmi poi verso l'Himalaya. Calcolavo d'impiegare circa sei mesi camminando senza fretta. Sfortunatamente a Kashi ero talmente malato che giunsi alla conclusione che dovevo abbandonare la mia aspirazione. Accettando la sconfitta, tornai sui miei passi e ritornai in treno ad Hyderabad, dove mi feci ricoverare in un ospedale che curava con rimedi naturali. Ero convinto che, se c'era qualcuno che avrebbe potuto diagnosticare ciò che avevo e curarmi, questo sarebbe stato molto probabilmente un terapeuta che utilizzava la naturopatia, l'omeopatia o l'ayurveda (trattamento a base di erbe medicinali).

Rimasi due mesi in questo ospedale la cui atmosfera era simile a quella di un ashram: si svolgevano corsi di yoga, canti devozionali e si potevano scegliere regimi dietetici diversi. Ciò nonostante ero sempre più debole e così decisi di cercare un'altra strada. Consultai un rinomato omeopata che a quel tempo aveva tra i suoi pazienti anche il presidente dell'India. Mi curò gratuitamente per due mesi, senza però nessun miglioramento. Cos'altro dopo? Un mio amico, anche lui devoto, mi suggerì di andare in America per stare fisicamente meglio, nell'interesse della mia vita spirituale. Non pensava che farlo mi potesse danneggiare spiritualmente, come io avevo sempre temuto. Mi disse che, se anche là la mia salute non fosse migliorata, sarei dovuto ritornare subito in India.

Solo qualcuno che ha vissuto diversi anni in India può capire la mia paura e la mia avversione all'idea di vivere negli Stati Uniti. Vivendo in India, è molto facile seguire una vita disciplinata e consacrare il proprio tempo alla meditazione, allo studio e ad altre pratiche spirituali. Le distrazioni sono poche e la cultura stessa favorisce questo stile di vita.

Tutto ciò non avviene di certo in America. Essendo il confort e il piacere l'ideale americano, in qualunque direzione ci si muova ci sono opportunità per dimenticare il proprio scopo e immergersi nei piaceri. Non è nella natura umana ricercare la pace della mente attraverso la rinuncia e il volgersi all'interno per cercare Dio. La gente cerca piuttosto la felicità all'esterno, nelle cose del mondo. In questa ricerca esteriore della pace, tutti, senza eccezione, vanno incontro a delusioni più o meno intense e alcuni cominciano così a guardare dentro di sé come alternativa. Avendo sentito dire che esiste una felicità più grande e più sottile di quella che il mondo offre, molti conducono una vita tesa a ottenere la realizzazione spirituale e l'infinita beatitudine che genera. La vecchia tendenza a cercare la felicità all'esterno solleva però ripetutamente la testa ed è per questo che si sottolinea l'importanza di vivere in un'atmosfera favorevole per chi è impegnato a percorrere il sentiero della realizzazione del Sé, un sentiero simile al filo del rasoio.

Ecco una storia che si racconta in India per illustrare come le tendenze materialistiche non permettano alla mente d'interiorizzarsi per cercare la Luce. C'era una volta un gatto che a un certo punto ne ebbe abbastanza di dare la caccia ai topi per guadagnarsi da vivere. Si disse che, se avesse imparato a leggere, avrebbe forse trovato un impiego migliore. Una notte, mentre stava studiando l'alfabeto alla luce di una candela, passò un topo. Immediatamente il gatto gettò via il libro, soffiò sulla candela e con un salto agguantò il topo! Dov'era finito il suo desiderio d'imparare a leggere?

Sentendomi del tutto simile al gatto della storia ero convinto che, se avessi trascorso un po' di tempo in America, avrei ripreso a rincorrere i piaceri della vita e perso gradualmente la luce interiore acquisita tanto faticosamente.

Decisi di fare un tentativo per sei mesi, telefonai a mia madre per annunciarle il mio prossimo arrivo e comprai il biglietto. Ritornando ad Arunachala, andai sulla tomba di Ramana e lo pregai di guidarmi e di farmi tornare presto. Da Madras presi un volo per New York via Bombay. Mia madre mi venne incontro a New York e in auto mi portò nella casa in cui aveva appena traslocato a Santa Fe. Per tutto il tempo mantenni l'atteggiamento di un bambino nelle mani della mamma. Avevo deciso che per sei mesi avrei obbedito rigorosamente a mia madre, vedendola come un'immagine di Dio. Questo sarebbe stato un altro modo di abbandonarmi alla Sua Volontà.

Passai i sei mesi seguenti andando da un medico all'altro. Naturalmente iniziai con l'allopatia. Sebbene il medico riconoscesse la mia sofferenza e debolezza, non riusciva a trovarne la causa. Niente diagnosi significava niente trattamento. Seguì una terapia a base di erbe medicinali e successivamente una omeopatica associata a un regime alimentare speciale. Fu poi il turno dell'agopuntura e anche dell'ipnosi. Niente sembrava funzionare. Infine mia madre pensò che dovevo consultare uno psichiatra. Non potei che sorridere all'idea. "Molto bene", mi dissi, "se questa è la Tua volontà, Ramana, ci andrò".

"Si ricorda di suo padre?", mi chiese lo psichiatra.

"Certamente, ogni minuto della mia vita penso a mio Padre", risposi.

"Davvero? Molto interessante! Perché mai dovrebbe pensare così spesso a suo padre? Deve aver vissuto un'esperienza molto traumatizzante con lui", disse.

"In effetti traumatizzante è la parola giusta. Lui mi ha messo in testa il desiderio di vederLo e di essere uno con Lui. Da allora mi sforzo di pensare a Lui in continuazione e di vederLo in ogni cosa".

"Cosa intende esattamente per 'padre'?", mi chiese.

"Lei ed io e qualunque altra persona abbiamo un solo Padre: Dio. Noi siamo tutti Suoi figli. Lei è libero di non credere alla Sua esistenza, è una sua scelta. Quanto a me, non posso negarne l'esistenza, sento nettamente la Sua Presenza in me. Può chiamare tutto questo illusione mentale o quant'altro, come preferisce. Da parte mia, direi che percepire il Reale dentro di sé è del tutto normale e che essere soltanto pieni di pensieri e d'inquietudine, come succede alla maggior parte della gente, sia una sorta di malattia. Sebbene il mio corpo sia malato, mi sento perfettamente felice e sereno".

"Forse lei è in pace e questa è senz'altro una buona cosa per lei, ma io ho molti pazienti che vengono da me con gravi problemi mentali. Credere in Dio non è la soluzione per loro. Essi chiedono: 'Se c'è un Dio, perché tanta sofferenza?'. Non soltanto non ho risposte da dar loro, ma io stesso mi pongo questa domanda".

"Dottore", risposi, "lei è cresciuto in una società in cui predominano il cristianesimo e il giudaismo. É molto difficile dimostrare a un razionalista l'esistenza di Dio o il valore dell'abbandono alla Sua volontà con i principi su cui si basano queste religioni. Tutto verrebbe ridotto a una mera questione di fede o di cieca credenza. Oggigiorno le persone pensano a lungo prima di accettare le cose per vere. Se esplorasse il pensiero filosofico delle religioni orientali, scoprirebbe che si basa sulle conclusioni logiche di ricerche metodiche. Le conclusioni a cui giunsero i saggi indiani sono il frutto di una vita di pratiche spirituali che li portarono a fare determinate esperienze. Chiunque segua la via che hanno tracciato farà le esperienze che migliaia di altri hanno fatto prima di loro. La loro filosofia di vita è perfettamente logica ed in accordo con le scoperte attuali della scienza.

Ad esempio, la più alta concezione indù di Dio non è quella di un Essere che siede in paradiso e governa la Creazione come un dittatore. Dio è piuttosto il nucleo più profondo di ognuno e si può farne esperienza diretta controllando e rendendo sottile e tranquilla la propria mente. Il riflesso del sole non si vede bene sulla superficie di un lago agitato dalle onde. La nostra mente è simile ad un lago che, se acquietato, rifletterà la Presenza Divina. Perdendo di vista il gioiello che è in noi, si corre ovunque in cerca della felicità, incapaci di stare fermi un minuto. Nel momento in cui godiamo di qualcosa, la mente si acquieta temporaneamente ed è questa quiete che noi chiamiamo felicità. La conseguenza logica è che, se si controlla l'inquietudine mentale così che la mente riposi in se stessa senza ricorrere al godimento, la felicità diventa un'esperienza costante.

In Oriente, la religione non è una semplice questione di fede. É piuttosto la scienza del controllo della mente al fine di fare l'esperienza diretta della Realtà, che è la fonte stessa della mente. Possiamo definire nocive tutte le azioni che ci distolgono dal nostro centro interiore, e benefiche quelle che ci avvicinano. La fisica afferma che ad ogni azione corrisponde una reazione uguale e contraria. Questo principio è valido per tutti gli aspetti della vita sia fisica che mentale. Ciò che semini, raccogli. Se feriamo, fisicamente o mentalmente, gli altri, dovremo un giorno soffrire allo stesso modo. Questo vale anche per le buone azioni. Il frutto non sarà forse immediato, ma, se questa teoria è esatta, indubbiamente arriverà.

Naturalmente questo implica il credere in un'esistenza precedente e in una futura. Altrimenti, perché soffrire per un'azione che non ricordiamo di avere commesso, o conoscere la gioia senza averla meritata? Ci sono persone che compiono azioni malvagie per tutta la vita senza mai essere punite ed altre che fanno solo del bene agli altri e trascorrono nel dolore tutta la loro esistenza. Ciò che sperimentiamo in questa vita deriva in gran parte da ciò che abbiamo fatto in una vita precedente. Nessuno viene al mondo come una tabula rasa: prima o poi ciò che facciamo oggi ci tornerà indietro. Forse solo in una vita futura. Siamo gli artefici del nostro destino e non possiamo biasimare Dio per le nostre sofferenze. Saldare i conti è la legge della natura. È nostro compito conoscere queste leggi e vivere in armonia con loro per non soffrire e conseguire una pace e una felicità perenni.

Se, quando raccogliamo i frutti delle nostre azioni sotto forma di esperienze gradevoli o dolorose, ci ricordiamo che stiamo soltanto pareggiando i conti, la nostra mente rimarrà pacifica, senza diventare infelice o pazza di gioia. Grazie a questa pace, percepirà nitidamente e potrà immergersi nella luce spirituale, infinitamente sottile, la sorgente stessa della mente e dei suoi sporadici sprazzi di felicità, la quintessenza della beatitudine. Chi ne fa l'esperienza è chiamato saggio e splende come sorgente di ispirazione per l'umanità smarrita.

Anche se lei riesce a tranquillizzare i suoi pazienti e a risolvere alcuni loro problemi, immancabilmente ne sorgeranno altri. Solo se si comprende che è possibile controllare la mente liberandola da tutti i pensieri, compresi quelli fastidiosi, si potrà consigliare efficacemente la gente, di modo che i problemi smettano di sorgere, almeno a livello mentale. Non so se è riuscito a seguire tutto quello che ho appena detto. Potrebbe avere trovato strano questo modo di vedere le cose".

In effetti lo psichiatra aveva capito ciò di cui parlavo, avendo studiato un po' di filosofia indiana. Anche lui aveva l'impressione che gestire la mente e non ognuno dei suoi innumerevoli problemi, fosse un modo più logico di trovare la pace. Non avendo però ricevuto nessuna formazione, non era in grado di fornire consigli a riguardo. Mentre stavo per andarmene, gli porsi una copia del libro "*Chi sono io?*", che contiene molto concisamente gli insegnamenti di Ramana. Lo psichiatra mi invitò un giorno a pranzo ed avemmo una lunga conversazione su argomenti spirituali. Nel notare come stessero procedendo le cose, mia madre finì per concludere che la psichiatria non mi sarebbe stata di molto aiuto e non insistette più perché continuassi le sedute. Io le dissi anche che, per quanto mi riguardava, non era necessario spendere cinquanta dollari l'ora per dare un po' di pace interiore allo psichiatra!

Erano già cinque mesi che mi trovavo negli Stati Uniti. La data di partenza si avvicinava. L'unica cosa che mi tratteneva dall'acquistare il biglietto era l'avere inoltrato la domanda per un visto di lunga durata in India e l'essere in attesa della risposta. Nel frattempo, su un altro fronte, si stava creando una situazione piuttosto imbarazzante: da tre o quattro mesi veniva a trovarmi regolarmente una ragazza della mia età. Se un giorno non poteva venire, telefonava per sapere almeno come stavo. All'inizio pensavo che provasse qualche interesse per gli argomenti spirituali e che fosse questo a spingerla a cercare la mia compagnia. Io parlavo solo di spiritualità con lei. Ad un certo punto notai che, di quando in quando, aveva nei miei confronti dei gesti tipici di una innamorata. Accantonai l'idea pensando che fosse frutto della mia immaginazione o che forse si trattava di uno degli aspetti della natura femminile.

Cominciai a provare un certo piacere sottile quand'ero con lei e talvolta mi chiedevo da dove venisse la mia convinzione che una completa rinuncia ai piaceri del mondo fosse davvero la mia via. Ero sorpreso di veder comparire questi pensieri nella mia mente. Sapevo che, se anche avessi ceduto alla tentazione, sarebbe stato solo qualcosa di momentaneo perché avevo già fatto l'esperienza di una vita mondana e ne ero rimasto deluso. Una caduta è comunque una caduta e mi avrebbe fatto perdere tempo ed energia. Consapevole di queste mie tendenze mentali, decisi di rientrare in India appena possibile. Era chiaro che l'atmosfera in cui vivevo mi stava influenzando negativamente a livello spirituale.

Non dovetti attendere a lungo. Il mio visto arrivò qualche giorno più tardi e comprai subito il biglietto dell'aereo. Naturalmente mia madre non voleva che partissi, ma io fui inflessibile. Arrivò il giorno della partenza. La ragazza venne a salutarmi a casa. Prendendomi in disparte, mi disse: "Neal, devi proprio partire? Io ti amo veramente tanto".

"Anch'io ti amo molto", risposi, "ma solo come un fratello ama una sorella. Mi è inoltre impossibile amare una persona più di un'altra. La stessa scintilla splende in ognuno di noi ed è a lei che offro il mio amore. Benché ci siano tanti macchinari, la corrente elettrica che li fa funzionare è la stessa. Quel principio che infonde vita e bellezza ai nostri corpi è uno e lo stesso in tutti e appena li lascia ciò che resta è solo un cadavere! Dovremmo amare solo Quello" risposi, contento di stare per tornare in India.

Casa, dolce casa! Pensavo di non rivederti più, mia amata Madre India. Benché tu abbia pochi beni materiali, hai la ricchezza delle austerità spirituali di migliaia di tuoi figli che nel corso dei tempi hanno raggiunto la beatitudine scaturita dalla realizzazione di Dio. O Madre, fa' che non ti lasci più!

L'India mi era cara prima della partenza e ora, dopo il mio ritorno, lo era doppiamente. Andai subito ad Arunachala cercando di riacquistare il mio consueto stato mentale. Constatai che in effetti, come avevo temuto, i sei brevi mesi trascorsi in America avevano affievolito il mio distacco. Invece di provare costantemente piacere nel meditare sulla Luce interiore, il desiderio di godere dei beni esteriori e l'irrequietezza che va di pari passo si erano insinuati in un angolo della mente. Mi chiedevo se avrei

Sri Nisargadatta Maharaj

mai potuto ritrovare un giorno il mio stato precedente. Tuttavia, trascorrevo più tempo possibile accanto alla tomba di Ramana e ben presto ritrovai il mio consueto atteggiamento mentale.

Mi divenne perfettamente chiaro l'effetto insidioso e sottile prodotto dal vivere in un'atmosfera mondana. La tendenza a guardare all'esterno sottrae lentamente la ricchezza interiore duramente acquisita con una vita di intensa meditazione. Se un recipiente ha anche solo un minuscolo forellino, ci accorgeremo ben presto che tutta l'acqua che conteneva è sparita.

La mia salute continuava a peggiorare di giorno in giorno. Ero talmente debole che riuscivo a malapena a camminare per cento metri e non potevo rimanere seduto per più di qualche minuto. I miei dolori alla schiena si intensificarono e anche mangiare divenne doloroso. Avevo la sensazione di avere un'ulcera nella zona del duodeno. Su consiglio di un omeopata locale, cominciai a nutrirmi unicamente con della mollica di pane e del latte. Ma anche questo era doloroso. Mi chiedevo per quanti giorni il mio corpo avrebbe potuto sopravvivere in quel modo. Sarebbe stata preferibile la morte, ma questo non dipendeva da me. Avendo rimesso tutto nelle mani di Ramana, dovevo accettare le condizioni in cui mi metteva. Prendevo delle medicine, ma era lui solo a decidere se mi avrebbero fatto stare meglio oppure no.

Fu in quelle circostanze critiche che mi imbattei in un libro intitolato "Io sono Quello", conversazioni con Nisargadatta Maharaj, un'Anima Realizzata che viveva a Bombay. I suoi insegnamenti mi sembrarono gli stessi di Ramana e poiché non avevo visto Ramana quando era in vita, provai l'intenso desiderio d'incontrare qualcuno come lui. Poiché andare a Bombay sembrava fuori discussione, scrissi una lettera a Maharaj spiegando il mio stato fisico, mentale e spirituale e chiesi la sua benedizione.

Il giorno successivo, dopo aver imbucato la lettera, venne a trovarmi una signora francese che di recente aveva letto lo stesso libro ed aveva deciso di andare a Bombay per incontrare Maharaj. Le raccontai il mio desiderio e la mia impossibilità a viaggiare.

"Potresti prendere l'aereo per Bombay. Se vuoi, ti aiuterò ad andarci".

Pensai che fosse un dono del cielo e accettai subito la sua proposta.

La donna aveva letto molti libri sulla filosofia *Vedanta*, in cui si afferma che c'è una sola e unica Realtà, che il mondo è una manifestazione di Quello e che la nostra vera natura non è altro che Quello. È praticamente impossibile giungere a un tale stato di coscienza senza una devozione esclusiva verso Dio o un Guru e una completa purificazione del corpo, della parola, della mente e delle nostre azioni. Ananda, così si chiamava questa donna, pensava, come la maggior parte degli pseudo-non-dualisti, che ciò che occorre è solo la convinzione superficiale di essere Quello. Proclamando di essere la Verità Suprema, tali persone indulgono in ogni sorta di indisciplinati, irresponsabili, e talvolta immorali, comportamenti.

Mentre stavamo andando in taxi a Madras, Ananda mi chiese: "Perché tutta questa disciplina, tutte queste regole e norme? Anche la devozione a Dio non è necessaria. Tutto questo è solo per chi ha una mente debole. Dovresti continuare a pensare: 'Io sono Quello, io sono Quello' e un giorno giungerai a realizzare la Verità".

"Credo che ti sia sfuggito un punto importante della filoso-fia non-dualista", obiettai, "tutti gli scritti e i maestri di questa scuola di pensiero insistono sul fatto che, ancor prima d'iniziare questo studio, sono necessari determinati requisiti. Un bambino dell'asilo non potrà mai comprendere un libro di testo universitario. Potrebbe anche travisarne il senso. Allo stesso modo, prima di studiare o praticare il *Vedanta* bisogna che la mente abbia raggiunto l'immobilità che le permette di vedere dentro di sé il riflesso del Reale. Aggrappandosi a questo riflesso, si ritorna all'Origine. Se il riflesso non è visibile, su cosa si fisserà la mente mentre afferma di essere la Verità? Sui propri pensieri, sui propri sentimenti, sul proprio corpo? Stiamo già combinando abbastanza guai con questo povero corpo perituro. Se cominciamo a pensare di essere il Supremo, cosa non esiteremo a fare? Chi è un demone o un dittatore se non qualcuno che crede che la sua piccola persona limitata sia uguale, se non addirittura superiore, a Dio? Non c'è la minima negatività nel Supremo e chi non ha abbandonato qualità negative come la lussuria, la collera e l'avidità, non può essere considerato come qualcuno che ha realizzato la Verità. Sarebbe più sicuro ritenersi figlio di un'Anima Realizzata o di Dio. Per trarre beneficio dall'essere Suo figlio, occorre sforzarsi di conformarsi alla natura del Suo animo. Solo allora la mente verrà gradualmente purificata, non sarà toccata dalle passioni e sarà possibile vedere la Verità. Non prima".

"Sei proprio un debole. Vedrai, quando saremo da Maharaj, lui ti dirà di buttare via tutto questo sentimentalismo sdolcinato", ribatté alquanto irritata. Avendo già incontrato molte persone come lei, sapevo che non serviva a niente discutere e così non dissi nulla.

Arrivati a Bombay, un amico ci portò dove abitava Maharaj. In gioventù, Maharaj vendeva sigarette. Un giorno, uno dei suoi amici lo portò da un famoso santo che era in quel momento a Bombay. Costui iniziò Maharaj ad un mantra, gli disse di purificare la mente facendo tabula rasa di tutti i pensieri e di aggrapparsi al senso interiore di essere, o di "Io sono". Per tre anni Nisarga-datta si dedicò intensamente a questa pratica e, dopo numerose esperienze mistiche, scoprì che la sua mente si era immersa nella Realtà trascendente. Rimase a Bombay, continuando a fare il commerciante e istruendo gli aspiranti spirituali che si recavano da lui. Adesso aveva circa ottant'anni e viveva con il figlio in un appartamento di tre locali. Aveva anche realizzato un piccolo soppalco in soggiorno dove trascorreva la maggior parte del tempo. Fu lì che ci accolse.

"Entrate, entrate. Tu vieni da Arunachala, vero? La tua lettera è arrivata ieri. Stai assaporando la pace accanto a Ramana?", s'informò giovialmente, facendomi segno di sedergli vicino. Immediatamente percepii un'immensa pace accanto a lui, segno infallibile per me che lui era una grande anima.

"Sai cosa intendo per pace?", chiese, "Quando si getta la pastella di una ciambella (*donut*) nell'olio bollente, si creano tantissime bollicine finché tutta l'umidità della pastella è sparita. Inoltre lo sfrigolio è anche molto rumoroso, non è vero? Alla fine tutto tace e la ciambella è pronta. Lo stato di silenzio a cui perviene la mente grazie a una vita di meditazione si chiama pace. La meditazione è come mettere a bollire dell'olio: porta in superficie tutto ciò che c'è nella mente. Solo allora si sperimenterà la pace".

Ecco una spiegazione precisa e ricca di immagini della vita spirituale, se mai ne avevo avuto una!

"Maharaj, le ho scritto descrivendo le pratiche spirituali svolte fino ad oggi. La prego, mi dica cosa dovrei fare ancora", gli domandai.

"Figlio mio", rispose, "ciò che hai fatto è più che sufficiente. Basta che continui a ripetere il Nome Divino sino a quando raggiungerai lo scopo. La devozione al Guru è la tua via: devi renderla perfetta senza alcuna interferenza dei pensieri. Qualunque cosa ti succeda, accettala come la Sua benevola volontà per il tuo bene. Riesci a malapena a stare seduto, non è vero? Non importa, il corpo di alcuni si ammala quando meditano con sincerità e compiono altre pratiche spirituali. Dipende dalla loro costituzione fisica. Non abbandonare le tue pratiche, persevera fino a quando giungerai alla meta o finché il tuo corpo morirà".

Rivolgendosi ad Ananda, chiese: "Che tipo di pratica spirituale svolgi?" .

"Mi limito a pensare in continuazione che sono l'Essere Supremo", rispose con una punta di orgoglio.

"Ma davvero? Hai mai sentito parlare di Mirabai? É una delle più grandi sante dell'India. Fin dalla sua infanzia, sentiva che il Signore Krishna era il suo Amato e trascorreva la maggior parte dei giorni e delle notti adorandoLo e cantando le Sue lodi. Infine ebbe la visione mistica del Signore e la sua mente si fuse in Lui. Da allora cantò la gloria e la beatitudine dello stato in cui si è realizzato Dio. Alla fine della sua vita entrò in un tempio dedicato a Krishna e sparì nel sancta sanctorum. Dovresti seguire il suo stesso cammino se desideri la Realizzazione", disse Maharaj sorridendo.

Ananda impallidì. In un solo colpo, Maharaj aveva appena ridotto in polvere la sua montagna di *Vedanta*! La donna era senza parole.

"Posso parlare del *Vedanta* ad alcune persone che vengono qui", continuò Maharaj, "ma questo non è per te. Non dovresti prestare attenzione a ciò che dico ad altri. Il libro con le mie conversazioni non dovrebbe essere preso come l'ultima parola sui miei insegnamenti. Ho risposto alle domande di alcune persone e queste risposte sono solo per loro, non per tutti. Le indicazioni vengono date a seconda della persona a cui ci si rivolge. La stessa medicina non può essere prescritta a tutti.

Ai giorni nostri le persone sono piene di vanità intellettuale e non hanno nessuna fede nelle antiche pratiche tradizionali che conducono alla Conoscenza del Sé. Vogliono che tutto gli sia servito su di un piatto d'argento. La via della Conoscenza le soddisfa intellettualmente e così decidono d'intraprenderla. Quando infine scoprono che questo sentiero richiede un grado maggiore di concentrazione rispetto a quello che hanno, diventano a poco a poco più umili e si orientano verso pratiche più facili come la ripetizione di un mantra o l'adorazione di una forma. Poco alla volta, la fede in un Potere superiore si farà strada in loro e il piacere per la devozione nascerà nel loro cuore. Solo allora potranno ottenere la purezza della mente e la concentrazione. I presuntuosi devono procedere per vie tortuose, ecco perché ti dico che la devozione è la strada adatta a te", concluse Maharaj.

Era l'ora di pranzo e così prendemmo congedo da Maharaj. Mentre lo salutavo, mi chiese se sarei rimasto ancora qualche giorno a Bombay.

"Non so", risposi, "non ho nessun piano".

"Molto bene", disse, "In tal caso ritorna qui stasera, dopo le quattro".

La sera ero di nuovo nella camera di Maharaj. Mi chiese di sedermi accanto a lui. Lo conoscevo solo da qualche ora, eppure mi sentivo come suo figlio, come se lui fosse mio padre o mia madre.

Arrivò un europeo e mise una grossa banconota davanti a Maharaj.

"Per favore, la riprenda", esclamò, "non sono interessato al denaro di nessuno. Ho un figlio che mi nutre e provvede ai miei bisogni. Dopo che avrà raggiunto una certa pace interiore, ci sarà tanto tempo per questo genere di cose. Si riprenda il suo denaro, lo riprenda!".

Con grande difficoltà riuscii a restare seduto e osservai tutto ciò che si svolgeva fino alle sette. Mi sentivo perfettamente soddisfatto e in pace e pensavo che Maharaj non avrebbe potuto darmi più di quanto mi avesse già detto. Pensai di ritornare ad Arunachala l'indomani. Glielo accennai e chiesi la sua benedizione.

"Se è quello che vuoi, puoi partire. Sai qual è la mia benedizione? Che tu possa, fino a quando non lascerai il tuo corpo, abbandonarti completamente al tuo Guru ed avere una perfetta devozione per lui". Maharaj mi guardava con compassione. La sua bontà mi commosse fino alle lacrime, ma riuscii a controllarmi. Malgrado tutto, alcune lacrime rigarono le mie guance. Sorrise e mi porse un pezzo di frutta. Poi si alzò e, prendendo un paio di enormi cimbali, si mise a cantare dei canti devozionali di lode al suo Guru. Mi prostrai davanti a lui e ritornai nella mia camera per riposarmi.

Non avevo visto Ananda dalla mattina. Pensai che evitasse di farsi vedere, essendo stata troppo grande l'umiliazione subita. Con grande difficoltà raggiunsi in qualche modo, da solo, Arunachala, lasciando dietro di me un'Ananda più triste, ma più saggia.

CAPITOLO 6

Verso la Madre

Nei mesi successivi trascorsi ad Arunachala smisi di cercare di migliorare la mia salute. Maharaj mi aveva detto che la causa del mio male era di natura spirituale. Avevo già sentito questa affermazione. Un giorno Maharshi spiegò a un devoto che, mentre nella maggior parte delle persone la forza vitale si dirige all'esterno attraverso i sensi, l'aspirante spirituale si sforza di volgerla all'interno e farla sfociare nella sua sorgente interiore. Tale sforzo genera tensione nel sistema nervoso: lo potremmo paragonare allo sbarrare il corso di un fiume con una diga. Questa tensione può manifestarsi in diversi modi: mal di testa, dolori fisici, disturbi digestivi o cardiaci o altri sintomi. La sola cura è persistere nella pratica.

L'avere abbandonato la ricerca incessante di una cura mi diede tantissima pace. Restando per la maggior parte del tempo a letto, ripetevo il mio mantra come mi aveva consigliato Maharaj, aspettando di vedere cosa mi avrebbe riservato l'avvenire. Che fosse la vita o la morte, la mia sorte era nelle mani di Ramana.

Una notte feci un sogno molto vivido, l'ultimo dei miei sogni su Maharshi. Mi trovavo davanti all'ospedale nei pressi dell'ashram. Una folla di devoti gironzolava attorno in attesa. Chiesi cosa stesse succedendo. Mi dissero che Ramana era stato ricoverato e che sarebbe uscito dall'ospedale da un momento all'altro. Un uomo venne verso di me porgendomi una pastiglia che avrebbe migliorato la mia salute. "No grazie", gli dissi, "ho già provato ogni tipo di medicina senza nessun risultato". In quel preciso istante la porta si aprì, Ramana uscì e si sedette per terra nel cortile dell'ospedale. Andai a prostrarmi davanti a lui e, mentre m'inchinavo, lui mise la mano sulla mia testa e poi la passò lungo la mia colonna vertebrale fino a metà schiena. Sollevando la testa, vidi il suo viso raggiante. Ramana mi sorrise e disse: "Credi che non sappia quanto soffri? Non preoccuparti". Mi rialzai pensando che anche altre persone desiderassero avvicinarlo e in quell'istante mi svegliai. All'epoca non lo sapevo, ma le circostanze stavano rapidamente prendendo una piega imprevista.

Qualche giorno dopo bussarono alla mia porta: "Posso entrare?". Era la voce di un ragazzo.

"Sì, entra pure", risposi.

"Forse puoi aiutarmi. Vengo dal Kerala. Da là, una giovane mi ha mandato qui, a Tiruvannamalai, chiedendomi di fare voto di silenzio per quarantun giorni. Mi ha anche raccomandato di evitare tassativamente la compagnia di donne durante la mia permanenza. Ho provato ad abitare in una grotta sulla collina, ma il monaco che la occupa trascorre la maggior parte del tempo parlando con i visitatori giunti dalla città delle storie d'amore della gente. Sono fuggito e adesso sto cercando un alloggio dove portare a termine il mio voto. Conosci qualche posto?".

Lo osservai attentamente. Somigliava un po' a Ratnamji come immaginavo che fosse a quell'età. Doveva avere circa venticinque anni. Sembrava serio nel suo desiderio di meditare.

"C'è un'altra casa accanto a questa", gli dissi, "Apparteneva alla mia guida spirituale che ora non c'è più. Puoi stare lì".

Appena dissi queste parole, ebbi la sensazione che sarei scoppiato a piangere senza una ragione apparente. In effetti i miei occhi si riempirono di lacrime e un'ondata improvvisa d'amore riempì il mio cuore. Rimasi qualche istante senza voce, mentre mi chiedevo chi fosse la donna che aveva mandato qui quel ragazzo. Senza dubbio doveva essere una grande santa. In modo incomprensibile, il potere della sua grazia mi aveva benedetto nel momento in cui avevo dato rifugio a suo figlio. Sebbene possa sembrare piuttosto irrazionale, questa è la conclusione a cui giunsi in quel momento. In seguito, essa si rivelò perfettamente esatta.

Dopo averlo aiutato a sistemarsi nella casa, gli offrii del cibo. Vedendo che non aveva un orologio, gli diedi quello che avevo in più, in modo che potesse conoscere l'ora e rispettare la sua routine. Mentre cercavo l'orologio, i miei occhi caddero su un rosario che avrebbe potuto essergli utile. Gli diedi anche quello.

Visibilmente commosso, mi disse: "Mentre mi congedavo da Amma, le avevo chiesto un orologio e un rosario. Mi aveva sgridato, dicendomi che avrei dovuto chiedere solo ciò che c'è di più alto: Dio. Aveva anche aggiunto che avrei ottenuto tutto il necessario per le mie pratiche senza doverlo chiedere. Ed ecco che mi hai dato proprio queste cose".

"Chi è Amma?", chiesi un po' curioso.

"In Kerala c'è un piccolo villaggio di pescatori a circa cinquanta chilometri a nord di Quilon, situato su un'isola, circondata ad ovest dal Mar Arabico e ad est da una laguna che forma una rete di canali. Amma è la figlia di uno degli abitanti del villaggio. Da cinque o sei anni guarisce con il suo potere spirituale persone colpite da malattie incurabili quali cancro, paralisi o lebbra. La gente va da lei con ogni sorta di problema materiale e in qualche modo lei lo risolve con le sue benedizioni. Tre sere a settimana siede per tutta la notte ricevendo le persone. In quei momenti rivela la sua identità con il Signore Krishna e la Madre Divina".

"Cosa vorresti dire?", lo interruppi, "In quel momento viene posseduta da un qualche potere divino?".

"Beh, suppongo che tutto dipenda da quello che vuoi credere. Per me lei è la Madre Divina stessa, ma gli abitanti del villaggio credono che Krishna entri in lei e la possegga per la prima metà della notte e che in seguito Devi, la Madre Divina, sopraggiunga per il resto della notte. Prima e dopo questo evento, Amma è una persona completamente diversa e non ricorda nulla di ciò che ha detto in quei momenti".

Nel corso degli anni avevo visto molte persone di questo genere mentre viaggiavo con Avadhutendraji e Ratnamji. Alcune erano senza dubbio canali dell'energia divina, ma poiché le loro menti avevano diversi gradi di purezza, non si potevano prendere le loro parole come vangelo. Sembra che il loro normale stato di coscienza venga sospeso momentaneamente. In seguito non ricordano più quello che avevano detto o fatto. Da questo contatto con il Divino traggono tuttavia un certo beneficio quale un'intuizione più o meno sviluppata. Ma io avevo vissuto con dei veri saggi. Perché desiderare dunque d'incontrare una tale persona? Beh, forse avrebbe potuto aiutarmi a riguadagnare un po' di salute e a non dovere rimanere a letto tutto il giorno. Con questi pensieri, parlai al giovane delle mie condizioni e gli chiesi se Amma potesse fare qualcosa per me.

"Le scriverò", disse, "sperando di ricevere una risposta, ma potrò accompagnarti da lei solo al termine del mio voto di quarantun giorni". Poi mi raccontò alcuni casi che Amma aveva guarito. Uno di essi riguardava un lebbroso, coperto di piaghe purulente dalla testa ai piedi. L'uomo era più morto che vivo. Tutti i suoi fratelli erano infatti già morti dello stesso male. Gli occhi, le orecchie e il naso erano appena visibili, tanto erano devastanti gli effetti della malattia. Il tanfo del suo corpo era tale che doveva lasciare la ciotola per l'elemosina a una cinquantina di metri affinché coloro che avevano pietà di lui potessero deporvi del cibo. Un giorno qualcuno gli disse che nel villaggio vicino c'era una donna che manifestava un Potere Divino e che forse avrebbe potuto aiutarlo.

Non avendo niente da perdere, il lebbroso vi si recò anche se, quando arrivò, esitò ad avvicinarsi alla folla. Amma, che era seduta nel tempio come Devi, lo notò da lontano e balzando in piedi lo chiamò: "Figlio mio, non avere paura, sto arrivando". Poi corse da lui, lo strinse in un abbraccio confortante e gli rivolse parole rassicuranti. L'uomo tremava come una foglia per paura di ciò che sarebbe potuto accadere, dopotutto, ad Amma o anche a lui. Amma lo lavò versandogli secchi d'acqua mentre lui stava lì, in piedi, completamente vestito, ed infine cosparse più volte il suo corpo con manciate di cenere sacra. Gli raccomandò di tornare ogni settimana, nelle tre sere in cui lei era nel tempio e poi andò a cambiarsi, avendo le vesti imbrattate del pus delle ferite dell'uomo. Successivamente trascorse il resto della notte ricevendo gli altri visitatori.

Il lebbroso tornò regolarmente per sei settimane e ogni volta riceveva lo stesso trattamento. Dopo la sesta settimana, le piaghe smisero di suppurare e cominciarono a rimarginarsi. Adesso è completamente guarito, anche se porta le cicatrici lasciate dalla malattia. Quando Amma scopriva anche la più piccola fessurazione sulla pelle dell'uomo, la leccava e il giorno dopo la ferita si chiudeva.

Quarantun giorni più tardi, io ed il mio nuovo amico Chandru eravamo sul treno per il Kerala, a ottocento chilometri a sud-est di Arunachala. Il paesaggio era incantevole. Il Kerala è considerato il giardino dell'India: ovunque si posi lo sguardo, si vede una rigogliosa vegetazione. In tutti i giardini vi sono palme da cocco e banani. In particolare, la zona in cui viveva Amma era una fitta foresta formata da un'infinità di palme da cocco che si estendeva a perdita d'occhio in ogni direzione. Assomigliava a un paradiso terrestre, molto diverso dal clima caldo e secco di Tiruvannamalai. Scesi dal treno, comperammo della frutta e altro cibo da offrire ad Amma e poi prendemmo un taxi per percorrere gli ultimi quindici chilometri fino al suo villaggio. Per fortuna mi accompagnava Chandru, altrimenti questo viaggio non sarebbe stato possibile: ero così debole che potevo a malapena fare qualche passo.

Poiché Chandru non vedeva Amma da due mesi, pensavo che gli sarebbe piaciuto trascorrere un po' di tempo con lei in privato, senza essere distratto dalla mia presenza. Mi sedetti sulla veranda di una casa vicina e dissi a Chandru di venirmi a cercare dopo essere stato con Amma per tutto il tempo che desiderava. Tuttavia, con mia sorpresa, tornò dopo qualche minuto, preceduto da una giovane che indossava una gonna e una camicia bianche e aveva la testa coperta da un candido scialle. Avendo visto solo una sua piccola foto scattata alcuni anni prima, non la riconobbi. Ciò nonostante mi alzai dopo che Chandru disse: "Lei è Amma" e mi prostrai davanti a lei. Amma tese le mani affinché mettessi le mie nelle sue, ma io ebbi un momento di esitazione: da dodici anni non toccavo una donna né permettevo a nessuna di toccarmi: rientrava nella disciplina di un monaco che aveva fatto voto di castità. Che fare adesso? Mi guardai disperatamente attorno e il mio sguardo cadde sulla frutta che le avevo portato. Gliela misi tra le mani, sollevato di avere trovato la soluzione al mio problema. Il mio sollievo, ahimè, fu di breve durata: lei passò

Amma in samadhi, in estasi (1978)

la frutta a Chandru e di nuovo mi tese le mani. Dicendo a me stesso che si trattava di una santa e non di una donna tra le tante e senza smettere di ripetere il nome del Divino, misi le mie mani nelle sue. Mi condusse nel piccolo tempio in cui trascorreva la maggior parte del tempo. Si trattava di una stanzetta di neppure tre metri quadri che conteneva solo una sorta di sgabello o un posto dove sedersi al centro. I muri erano ricoperti da immagini di diverse divinità e santi indù. Non sembrava esserci un'immagine principale per l'adorazione. Amma prese della polvere vermiglia e la premette sul punto tra le mie sopracciglia, quello in cui gli yogi dicono si trovi il terzo occhio o l'occhio dell'intuizione. Per tutto quel tempo la sua mano vibrava. Sentivo una sorta di ebbrezza, ma non potei rimanere in piedi più di qualche minuto.

Fui quindi condotto in una capanna coperta da un tetto di paglia accanto al tempio, dove Chandru e Amma si sedettero per parlare. Mi sdraiai e mi misi ad osservarla attentamente. Era alta appena un metro e cinquanta, aveva piedi e mani piccole e la pelle scura. Non doveva avere più di venticinque anni. Non percepivo nessuna luce o lustro particolare come generalmente si vede sul viso di un grande santo. Era molto affettuosa con Chandru, come se fosse sua madre.

Dopo essere rimasto disteso per qualche ora, dissi a Chandru: "Scusa, è da molto che stai parlando. È già mezzogiorno passato. Non pensi che Amma possa avere fame? Questa mattina nel tempio, quando ha premuto il dito tra le mia sopracciglia, l'ho sentita tremare, come qualcuno che sta per svenire dalla fame. Forse si sente molto debole. Perché non le fai mangiare qualcosa?" .

Chandru tradusse quello che avevo appena detto e tutti e due scoppiarono a ridere.

"Quel tremolio non è causato da una qualche debolezza: è sempre presente. É dovuto alla forza che vibra continuamente in lei. Guarda bene le sue mani, tremano sempre leggermente in questo modo; non ha niente a che vedere con la malattia o la debolezza", replicò Chandru.

Andammo poi in una casa attigua al tempio. Mi fu detto che lì vivevano i genitori di Amma con gli altri figli. Sembrava che Amma preferisse vivere da sola, nel tempio o sulla spiaggia. Mi dissero che, perfino durante la stagione delle piogge, la si poteva trovare seduta o addormentata sotto la pioggia, del tutto dimentica del suo corpo. Amma venne a sedersi dietro di me e pose la mano nel punto esatto dove la spina dorsale mi faceva più male.

"Figlio", mi disse, "tutti debbono soffrire per gli effetti delle loro azioni passate. Stai soffrendo a causa delle cattive azioni compiute nella tua vita precedente. Ma, in definitiva, tutto ciò è per il tuo bene. Penso che nessun medico potrà scoprire la causa di questo male, che ti è stato inviato dalla volontà di Dio per farti progredire nella vita spirituale. Amma commetterebbe un errore togliendotelo. Se lo sopporti di buon grado pensando che provenga da Dio e Lo implori mantenendo la tua mente fissa su di Lui, non avrai bisogno di nascere un'altra volta. Per contro, se Amma ti libera da questa sofferenza, dovrai certamente rinascere e soffrire più di adesso".

Chandru chiese dell'acqua calda, mi preparò del latte con il latte in polvere e mi diede del pane.

"Da quanto tempo ti alimenti così?", mi chiese Amma.

"Da circa tre mesi", risposi, "Qualunque cosa mangi mi provoca un forte mal di stomaco. L'ho anche se digiuno, ma bisogna pure mangiare qualcosa, giusto?" .

Venni ospitato in una stanza della casa in cui si trovava un lettino. Spossato, mi addormentai, e quando mi svegliai nel bel mezzo della notte vidi Chandru e Amma che stavano conversando nella camera. Chandru mi diede nuovamente del cibo e io mi riaddormentai. Quando mi alzai alle quattro del mattino, stavano ancora parlando.

"Lei non dorme mai?", mi chiesi. Seppi più tardi che, in effetti, dormiva solo due o tre ore, di giorno o di notte, a seconda delle circostanze.

Quel mattino, Chandru e Amma vennero a sedersi accanto a me e lei iniziò il discorso chiedendomi: "In cosa consiste la tua pratica spirituale?".

"Ripeto il Nome Divino e pratico anche l'autoindagine. Pensi che sia necessario essere iniziato a un mantra? C'è qualche differenza tra ripetere il nome di Dio e recitare il mantra impartito da un Guru?" .

"Ripetendo il nome di Dio si può senza dubbio giungere a realizzarLo, ma l'iniziazione di un Guru infonde in un discepolo tantissima fede, che lo aiuta a perseverare e gli dà la fiducia di essere sorretto dal potere del suo Guru", rispose Amma, "É da molto tempo che sei sul cammino della conoscenza senza avere ancora raggiunto la meta prefissata. Perché non cerchi di piangere per Dio o per il tuo Guru, Ramana? Forse così ci arriverai".

"Com'è possibile piangere senza motivo? Bisogna pure che qualcosa provochi le lacrime, non è così?", le domandai.

"La tua malattia non è una ragione sufficiente? Puoi muoverti a malapena e devi restare disteso per tutto il tempo. Non puoi neanche mangiare. Dovresti prendere una foto del tuo Guru e, tenendotela vicino, implorarlo di rivelarsi a te e di liberarti di tutte le tue sofferenze. Provaci. Non è così impossibile come pensi", mi disse. Mentre si alzava e usciva con sua madre, aggiunse: "Devo andare a casa di un parente all'altro capo dell'isola e sarò di ritorno tra due o tre ore".

Dopo quattro ore, Amma non era ancora rientrata. Desideravo mangiare e chiesi a Chandru il solito pane e latte. Proprio mentre stavo per portare il cucchiaio alla bocca, scoppiai in lacrime. "Cosa succede?", mi chiesi abbassando il cucchiaio. Le lacrime cessarono. Di nuovo portai il cucchiaio alla bocca e le lacrime ricominciarono a scorrere. Rifeci tre o quattro tentativi, ma ogni volta il fenomeno si ripeté. Chandru mi osservava con aria preoccupata: "Lo stomaco ti fa così male?", mi domandò.

"No", risposi, "non so cosa stia succedendo. Improvvisamente l'immagine di Amma è balenata nella mente e mi sono messo a piangere come un bambino. Ho sentito un desiderio immenso di vederla e una grande impazienza. Forse ha fatto qualcosa perché mi senta così".

"Vado a sedermi al sole e a ripetere il mio mantra. Forse questo la farà tornare più in fretta", disse Chandru e uscì. Mi alzai e andai nella stanza vicina. Su una parete c'era una foto di Amma. Non appena i miei occhi vi si posarono, scoppiai in lacrime. Avevo l'impressione di vedere Dio in quella foto. Tremavo fin nel più profondo del mio essere e la mia mente era fissa sulla foto. Tornai nell'altra stanza e mi sedetti sul letto.

Proprio allora la madre di Amma entrò correndo.

"Sta arrivando Amma. Eravamo sull'altra riva della laguna e non riuscivamo a trovare una barca per attraversarla. Amma si è messa a gridare: 'Chandru sta aspettando sotto il sole cocente e Neal sta piangendo per me. Se non trovate velocemente un'imbarcazione, la attraverserò a nuoto!'. Non so come, ma poco dopo abbiamo trovato una barca", mi disse mentre, stupita, guardava il mio viso rigato di lacrime. In quel momento entrò Amma.

"Piangi?", chiese con aria innocente, come se non sapesse nulla. Non riuscivo ad alzare la testa e a guardarla. Mi aveva reso umile e mi sentivo una nullità davanti a lei. Il mio cuore e la mia mente non erano che giocattoli nelle sue mani. Arrivò Chandru e le raccontò cos'era successo in sua assenza. Non avevo voglia di parlare e rimasi seduto ad aspettare.

"Oggi c'è il darshan. Molte persone verranno per vedere Krishna e la Madre Divina. Stanno per iniziare i canti. Chandru, mostra a Neal dove sedersi quando inizierà il *bhava*". Dopo avere dato queste istruzioni, Amma se ne andò. Il darshan è l'udienza che Amma concedeva alla gente tre notti la settimana e *bhava* il termine da lei usato per descrivere la trasformazione che avveniva in lei in tali occasioni.

I canti erano iniziati da circa un'ora quando Amma si alzò ed entrò nel tempio. Chandru mi chiese di prendere posto sulla balconata del tempio per vedere bene cosa sarebbe accaduto. Amma intonò un canto dedicato a Krishna e mentre era quasi a metà del canto, il suo corpo fu improvvisamente pervaso da scosse. Ebbi la sensazione che un'invisibile onda di potere si sprigionasse dal tempio e mi travolgesse dalla testa ai piedi. I capelli mi si rizzarono e mi sentii colmo di beatitudine. Tutto il peso sul mio cuore, dovuto alla lunga malattia, svanì istantaneamente. Chandru venne da me per portarmi nel tempio.

Amma era in piedi in un angolo, vestita da Krishna. Indossava una piccola corona sulla quale era stata fissata una piuma di pavone. Non era un semplice travestimento: il suo viso brillava di uno splendore divino e si aveva l'impressione di essere davvero in presenza del Signore Krishna stesso. Chandru mi spinse vicino a

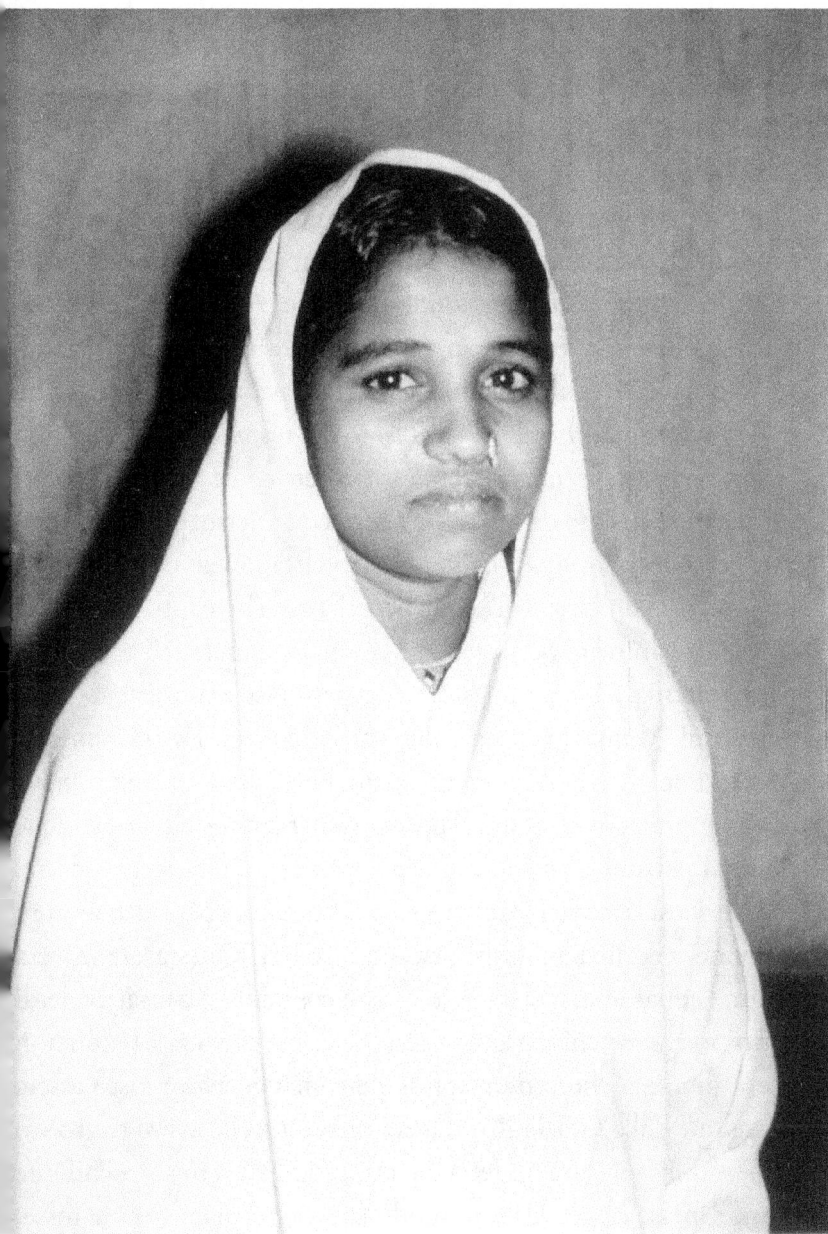

Amma (1979)

lei. Amma mi abbracciò affettuosamente e passò la mano lungo la mia schiena dolorante. Tutto il suo corpo vibrava a una velocità incredibile. Poi mi guardò dritto negli occhi. Quegli occhi… Dove li avevo già visti? Ratnamji aveva gli stessi occhi quando era assorbito e Ramana aveva sempre quegli occhi. Quelli erano gli occhi di chi è in unione con la Realtà suprema, è pieno di pace, e danza rapito dalla beatitudine interiore. Amma mi strinse di nuovo con affetto ed io scoppiai in lacrime.

Se mai Dio fosse esistito sulla Terra, aveva assunto la forma di Amma. Ero infine giunto al Tesoro dei tesori. Mi fece segno di restarle accanto. In tal modo potevo vedere come accogliesse tutti quelli che venivano da lei. Li stringeva con affetto, poi premeva il dito tra le loro sopracciglia per qualche istante ed infine gli dava un pezzo di banana e dell'acqua benedetta da bere, pronunciando parole di conforto. Se soffrivano di qualche malattia, toccava la parte inferma. Ai bambini piccoli era permesso entrare nel tempio per primi. Venivano soprattutto per la banana! L'espressione di beatitudine divina e di pace imperturbabile di Amma non mutava mai, neppure per un istante. Restava lì per cinque o sei ore finché l'ultima persona non aveva avuto il darshan, senza alcuna fretta. Manifestava la stessa pazienza e la stessa premura per tutti: uomini e donne, vecchi e bambini, ricchi e poveri. Questa era la vera visione equanime. Era perfettamente cosciente e consapevole di tutto ciò che avveniva attorno a lei. Ciò a cui stavo assistendo non aveva niente a che vedere con le persone che avevo visto essere possedute dalla Grazia. Amma era un'anima che aveva realizzato Dio, stabilita in una perfetta equanimità. Davvero sorprendente come sapesse dissimulare in modo così perfetto chi o cosa fosse, rendendolo incomprensibile a chiunque! Sedevo, pieno di meraviglia. In questo piccolo villaggio di pescatori viveva in incognito un tale essere. Avevo sentito dire che esistono persone simili, che celano la loro identità di saggi perfetti. Ora ne vedevo una con i miei stessi occhi. Ero venuto per dei motivi di salute, ma adesso mi vergognavo del mio egoismo e della mia chiusura mentale. Decisi di prendere rifugio in questa Grande Anima affinché mi indicasse la via per realizzare Dio.

Con grande riluttanza uscii dal tempio e andai a coricarmi nella casa. Il dolore e la debolezza non mi permettevano di rimanere più a lungo, seduto o in piedi, anche se avrei voluto restarci per sempre. Alla fine del Krishna Bhava, Amma entrò nella mia camera con qualche devoto e si sedette a terra. Mi alzai dal letto e mi stesi sul pavimento. Mi sentivo troppo piccolo per stare più in alto di dove lei sedeva.

"Come ti è sembrato Krishna?", mi chiese.

"Amma, tu sei molto furba e fai finta di non sapere nulla mentre invece sai tutto", risposi.

Si mise a ridere. "In verità, non so proprio nulla", disse, "Sono solo una ragazza folle". Davvero folle!

Dopo mezz'ora, Amma ritornò nel tempio. Questa volta intonò un canto dedicato a Devi, la Madre Divina. Di nuovo il suo corpo si mise a tremare e qualche minuto più tardi aveva assunto la forma di Kali, l'aspetto feroce della Madre Divina. Benché sia la grazia e la compassione stessa, la Madre Divina prende un aspetto feroce per instillare la paura nell'umanità, affinché cerchi seriamente di correggersi. Un buon genitore deve essere gentile e amorevole, ma contemporaneamente non dovrebbe esitare a punire o a disciplinare il bambino che sta prendendo una cattiva strada. Se il bambino non prova paura e rispetto per i genitori, non esiterà a fare quello che preferisce, bene o male che sia. Gli antichi non ritennero mai, come gli psicologi moderni, che vada bene permettere ai bambini di crescere come vogliono, come erbe selvatiche. La vita ha un senso e uno scopo che si può raggiungere avendo sviluppato durante l'infanzia uno spiccato senso del bene e del male. Tocca ai genitori insegnare tali valori ai figli. Il senso morale non è naturale nell'animale umano, ma va insegnato ed appreso.

L'aspetto feroce di Amma con la spada in una mano e il tridente nell'altra induceva la gente venuta a chiederle delle grazie a conservare la mente pura, almeno finché erano in sua presenza. In tal modo, il devoto, immerso nelle cose del mondo e incapace di concentrarsi su Dio anche solo per un minuto nelle ventiquattro ore, riusciva a mantenere una concentrazione intensa per due ore restando accanto a lei. Con il passare del tempo, man mano che sempre più aspiranti spirituali giungevano da lei, l'aspetto terribile di Amma durante il Devi Bhava si trasformò gradualmente, fino a diventare completamente calmo e sereno. Amma smise perfino d'impugnare la spada e il tridente, tenendo al loro posto solo dei fiori.

Entrai nel tempio. Mi chiesero di sedermi accanto ad Amma. Lei appoggiò la mia testa sul suo grembo e mi massaggiò la schiena. Avevo davvero l'impressione di essere in grembo alla Madre Divina. Il suo aspetto e la sua personalità erano totalmente diverse da quelle di Krishna o di Amma. Mi chiedevo come queste personalità distinte potessero coesistere contemporaneamente nello stesso individuo. Evidentemente lei era perfettamente cosciente di ciò che succedeva, in ogni momento. La persona era sempre la stessa, ma la personalità e l'aspetto mutavano. Decisi che glielo avrei chiesto più tardi.

Sedetti lì più a lungo che potei e poi andai a sdraiarmi in camera. Il darshan finì alle quattro del mattino, ora in cui Amma mi fece chiamare perché andassi nel tempio. Aveva ripreso il suo aspetto abituale. Come mi aveva suggerito Chandru, avevo con me un piccolo mangianastri per far ascoltare ad Amma qualche canto di Avadhutendraji. Mi chiese di accenderlo. Ascoltandoli, chiuse gli occhi mentre le lacrime le rigavano le guance. Era palesemente in estasi. Era proprio la stessa persona in cui avevo visto, appena qualche ora prima, Dio stesso? Rimasi con lei ancora un momento e poi tornai a coricarmi senza riuscire a prendere sonno. Mi sentivo caricato da una forte corrente di beatitudine che attraversava il mio corpo e rendeva impossibile il sonno. In effetti, nei tre giorni seguenti non dormii praticamente mai.

L'indomani mattina Amma venne a vedere come stavo. Decisi di approfittarne per chiarire il mio dubbio.

"Potresti dirmi cosa senti durante il *bhava*?", chiesi.

"Quando canto per Krishna o per Devi, vedo quell'aspetto particolare del Supremo. Offrendomi interamente a Quello, sento che mi fondo in Lui o Lei, identificandomi completamente con Loro". Mentre lo diceva, formò una V con due dita. Avvicinandole, mi mostrò che le due erano diventate uno.

"Perché fingi di non sapere nulla di quanto accade durante il *bhava*? È chiaro che ne sei pienamente cosciente. Chandru mi ha detto che hai sofferto molto a causa della tua famiglia e di alcuni abitanti ignoranti del villaggio che ti credevano folle. Non avresti potuto dire loro la verità?", domandai.

"Ho intrapreso un particolare compito affidatomi da Dio. Voglio che le persone adorino Dio, non me. Pensano che io sia posseduta da Lui tre notti alla settimana e con questa fede vengono qui e trovano una soluzione ai loro problemi. Inoltre la maggior parte di loro non conosce neppure l'ABC della vita spirituale. Anche se gli dicessi la verità, chi la capirebbe? E, soprattutto, se qualcuno vede ogni cosa come Dio, come potrebbe avere la sensazione che io e gli altri siamo due cose diverse? Chi si sente speciale e pensa che gli altri annaspino nell'ignoranza, per certo ha ancora una lunga strada davanti a sé prima di realizzare Dio".

Con grande difficoltà ebbi qualche altra informazione sulla storia della sua vita. Essendo per natura umile, Amma parlava di sé solo dopo averla lungamente pregata. Persino allora, diventava irrequieta e se ne andava prima di terminare il racconto.

Il seme della devozione era nel suo cuore fin dalla sua più tenera età. Krishna era il suo Amato ed Amma cominciò a comporre dei canti dedicati a Lui quando aveva appena cinque anni. Custodiva sempre nella sottogonna una piccola immagine di Krishna e spesso la tirava fuori per parlarGli. Quando ebbe otto o nove anni, la madre si ammalò e il peso dei lavori domestici ricadde su di lei. Anche se fu costretta a interrompere gli studi, frequentò una scuola di taglio e cucito organizzata da una parrocchia. La madre e il fratello erano fautori di una rigida disciplina e non esitavano a picchiarla o a prenderla a calci se trovavano anche la minima inadeguatezza nel suo comportamento. Il fratello, in particolare, era fonte di terribili sofferenze, essendo contrario alla sua devozione per Dio, e spesso la maltrattava quando lei cantava a voce alta il Nome Divino.

Dalle tre del mattino alle undici di sera, Amma era occupata a spazzare il cortile, nutrire le mucche, cucinare e lavare i piatti e le pentole, fare il bucato di tutta la famiglia e svolgere tanti altri compiti. Come se non bastasse, veniva mandata anche dai parenti per aiutarli nelle faccende di casa. Per tutto il tempo, ripeteva sottovoce il Nome Divino, aspettando il giorno in cui avrebbe visto il suo Signore, Sri Krishna. Aveva l'abitudine di donare tutto quello che c'era in casa ai poveri o agli affamati, finendo così nei guai quando veniva scoperta. Un giorno fu legata ad un albero e picchiata a sangue perché aveva regalato a una famiglia che stava patendo la fame il braccialetto d'oro della madre.

Nell'adolescenza, cominciò ad avere numerose apparizioni del Signore Krishna, sentendosi identificata con Lui. Si rinchiudeva nella piccola camera dedicata alla preghiera per cantare e danzare estatica, ricolma della Coscienza di Dio, oppure restava assorta per ore intere in profonda meditazione, dimenticando totalmente ciò che la circondava. Talvolta la si trovava seduta nel bagno, priva di sensi e con il viso rigato di lacrime, mentre mormorava "Krishna, Krishna". Solo con grande fatica, la madre riusciva a farle riprendere consapevolezza di questo mondo. Infine, anche il mondo esterno si accorse della sua evidente realizzazione spirituale.

Un giorno, mentre tagliava l'erba per le mucche, le capitò di sentire un discorso sul Signore Krishna provenire da una casa vicina. Incapace di controllarsi, Amma corse fino a lì rimanendo ferma in piedi, trasfigurata nello stesso Krishna. Gli abitanti del villaggio non capivano molto bene ciò che le fosse successo. Molti pensavano che fosse posseduta da Krishna, altri ritenevano che fosse stata colpita da qualcosa che le causava una sorta di convulsioni. Nessuno, ovviamente, aveva capito che Amma si era identificata con Lui. Cominciò ad arrivare una moltitudine di gente e le fu chiesto di dimostrare con un miracolo di essere proprio il Signore Krishna. All'inizio lei rifiutò, invitandoli a vedere il vero miracolo, Dio, in loro. In seguito, però, accondiscese.

Venne chiesto a un uomo di portare un bricco d'acqua e d'immergervi il dito. Ed ecco che l'acqua si tramutò in una sorta di budino che venne distribuito a tutti i presenti. Quasi mille abitanti del villaggio poterono mangiarne a sazietà. Per tutto il tempo il bricco rimase pieno. Da allora, molti credettero che Krishna fosse effettivamente venuto a benedire il villaggio.

Questo fatto non fu assolutamente una benedizione per Amma. Convinti che fosse un'imbrogliona e un'onta per il buon nome della famiglia, molti abitanti del villaggio e anche alcuni parenti prossimi di Amma fecero di tutto per ucciderla. Avvelenarono il suo cibo e tentarono persino di pugnalarla, ma ogni tentativo fallì e, in effetti, poco dopo costoro andarono incontro a diverse sventure.

Dopo sei mesi passati in questo modo, Amma cominciò a nutrire il desiderio di vedere la Madre Divina, proprio come prima si struggeva per ricevere la visione di Krishna. Pensando di attrarre il favore di Devi con la devozione e con le pratiche ascetiche, trascorreva tutto il tempo profondamente immersa nella meditazione sulla Madre Divina. Talvolta, sopraffatta dalla brama di ottenere la Sua visione, piangeva come un bimbo che chiama la sua mamma. La si trovava sovente distesa sulla sabbia, il viso solcato dalle lacrime e i capelli, le orecchie e gli occhi pieni di fango. Senza pensare di proteggersi dagli agenti atmosferici, rimaneva seduta o distesa sotto il sole di mezzogiorno o la pioggia battente. Grazie all'ardore del suo desiderio e al pensiero costantemente rivolto a Devi, cominciò a percepire l'universo intero come la forma della Madre Divina. Baciava gli alberi, abbracciava la terra, oppure scoppiava in lacrime alla carezza della brezza, sentendoli pervasi dalla presenza della Madre. Nonostante lo struggimento e le austerità intraprese, non riusciva ad ottenere la visione della forma personificata della Madre Divina, l'oggetto della sua brama.

Infine, un giorno la Madre Divina apparve ad Amma in forma vivente e le parlò. Le disse che era nata per il bene del mondo e che avrebbe dovuto mostrare alle persone come fondersi nel loro

vero Sé. Sorridendo con grazia, la Madre Divina si trasformò in una luce sfolgorante che si fuse in Amma. Ecco le testuali parole di Amma: "A partire da quel momento ogni percezione oggettiva sparì e giunsi a vedere ogni cosa come il mio proprio Sé". Era giunta a realizzare la sua vera natura, priva di forma e inclusiva di tutte le forme, anche quella di Dio. Da quel momento, oltre al Krishna Bhava cominciò anche il Devi Bhava. Questo però non significava assolutamente la fine delle traversie di Amma.

Forse per gelosia, perché attirava grandi folle, o semplicemente per il piacere di creare problemi, molti continuavano a tormentarla. Alcuni informarono la polizia e cercarono di farla arrestare con l'accusa di disturbare l'ordine pubblico, ma quando gli agenti la videro, raggiante di luce e di beatitudine, si prostrarono e se ne andarono. Un sicario ingaggiato per ucciderla durante il darshan entrò nel tempio con un coltello nascosto sotto i vestiti. La Madre lo inondò con un benevolo sorriso che lo riempì di rimorso per la sua intenzione malvagia. Cadendo ai suoi piedi, l'uomo implorò il perdono e divenne un'altra persona. Quando arrivai da Amma, la situazione si era un po' calmata, ma un certo numero di abitanti del villaggio le erano ancora ostili.

Un giorno il padre di Amma, avendone avuto abbastanza dei problemi creati dallo stato divino della figlia, le si avvicinò durante il Devi Bhava e, convinto che Devi la stesse possedendo, disse implorando:

"Voglio che Tu mi renda mia figlia, com'era prima della Tua venuta. Ti prego, vai via!".

"Se me ne vado", ribatté Lei, "tua figlia diventerà un cadavere".

Senza badare a queste parole, il padre insistette nella sua richiesta. Immediatamente Amma cadde a terra morta. Per otto ore il suo corpo non manifestò nessun segno di vita. Questo fatto causò grande scompiglio e il padre venne accusato di avere provocato la morte prematura di Amma. Vennero accese delle lampade attorno alla salma e offerte preghiere a Dio affinché la riportasse in vita. Divenuto consapevole del suo errore e amaramente pentito, il padre di Amma cadde a terra lungo disteso davanti al tempio e piangendo gridò: "Perdonami, Madre Divina! Sono un povero ignorante. Non pronuncerò più quelle parole. Ti prego, riporta in vita mia figlia". Lentamente si cominciarono a vedere deboli movimenti nel corpo di Amma. Infine le sue condizioni fisiche ritornarono normali. Da quel giorno in poi, i suoi genitori cessarono di imporle delle restrizioni e le fu permesso di comportarsi come desiderava.

Amma aveva due sorelle ancora nubili che si occupavano delle faccende di casa continuando ad andare a scuola. Diversi giovani, attratti dall'affetto materno di Amma e dai suoi discorsi spirituali, desideravano stare con lei ancora un po' dopo il darshan, ma il padre glielo proibiva, temendo che le loro intenzioni non fossero così innocenti e che questo avrebbe potuto essere fonte di problemi per le altre sue figlie. Non appena finiva il darshan, mandava via questi ragazzi.

Chandru era uno di questi giovani e l'atteggiamento del padre lo feriva. Un giorno ne parlò con Amma: "Se tuo padre continua a comportarsi così, come potrà questo luogo diventare un ashram o un rifugio per degli aspiranti spirituali sinceri? Lui è scortese con te e con tutti quelli che vogliono restarti accanto. Inoltre non c'è nessuno qui per prendersi cura dei tuoi bisogni. Non hai neppure una coperta per coprirti né del cibo decente da mangiare. Non ce la faccio più a vedere questo stato di cose".

Per consolarlo, Amma gli sorrise e gli disse: "Figlio mio, non preoccuparti. Va' ad Arunachala e fai voto di silenzio per quarantun giorni. Tutto si sistemerà dopo il tuo ritorno. Ad Arunachala incontrerai le persone che si occuperanno di me e del futuro ashram. Incontrerai anche alcuni dei miei figli provenienti da Paesi diversi dall'India. Vedrai. Verrà il giorno in cui mio padre ti accoglierà come suo figlio, con amore ed affetto".

Chandru si era quindi recato ad Arunachala e poco dopo ci eravamo incontrati.

Ero al mio terzo giorno con Amma. Per tutta la giornata avevo respirato un profumo celestiale. Pensavo che forse si trattava dell'incenso utilizzato nel tempio, ma non riuscii a trovarlo. Chiesi ad Amma dove avrei potuto procurarmi quell'incenso. Lei scoppiò a ridere e mi disse: "Tale profumo non si trova in nessun negozio. Esiste in ognuno di noi, ma solo gli yogi sanno sprigionarlo".

Avevo sentito dire che, in certe occasioni, Maharshi aveva benedetto alcuni suoi devoti con il potere dello sguardo. Era come se sottili raggi di luce emanassero dai suoi occhi e quando il suo sguardo si posava su qualcuno, questa persona viveva diverse esperienze spirituali. Chiesi ad Amma se potesse o volesse fare altrettanto. "Io sono una ragazza folle. Non posso fare niente", rispose ridendo.

Quella sera c'era il darshan. Restai nel tempio più a lungo che potei durante i due *bhava*. Sentivo l'atmosfera del tempio carica di pace spirituale. La meditazione accadeva senza grandi sforzi. Andai a sdraiarmi dietro il tempio, non avendo voglia di rientrare in casa. Desideravo rimanere il più vicino possibile ad Amma. Il darshan stava per finire e Chandru venne a cercarmi. Disse che Devi mi chiedeva di andare davanti al tempio. Feci il giro per arrivare di fronte al tempio e rimasi lì, di fronte a lei. Nel vedermi, venne velocemente verso di me e mi abbracciò affettuosamente. Poi, chinandosi, mi sussurrò all'orecchio: "Figlio mio, non preoccuparti, la salute del tuo corpo migliorerà". Poi indietreggiò lentamente verso il tempio. Quando arrivò all'ingresso mi guardò e, mentre lo faceva, vidi il suo viso diventare sempre più brillante. Gradatamente, tale splendore si estese al punto da avvolgere prima tutto il suo corpo, poi il tempio e infine i dintorni. Non vedevo che quella luce vivida ma rasserenante. A un tratto questo fulgore si concentrò in un solo punto, grande come una capocchia di spillo, talmente luminoso da farmi strizzare gli occhi. L'istante successivo era sparito e vidi nuovamente Amma sorridermi. Chiusero le porte del tempio e il darshan terminò.

Avevo la nettissima sensazione che Amma fosse entrata in me. Il pensiero di lei riempiva tutta la mia mente e percepii con chiarezza la sua presenza dentro di me. Sentivo di avere avuto un barlume della sua vera forma: la Luce divina. Ero stupito della sua capacità di nascondere sapientemente la sua identità di Grande Anima e di apparire come una persona piuttosto insignificante e a volte persino folle. Era una figura davvero unica.

Ci sono saggi che, dopo quaranta o cinquant'anni d'intensa meditazione, hanno realizzato il Sé, ma non era così per Amma. Da quando aveva sedici o diciassette anni, era stabilita in questo stato supremo di cui si serviva per operare in modo straordinario per il bene dell'uomo comune, senza rivelare la sua identità o preoccuparsi dei maltrattamenti a cui andava incontro. Non perdeva mai la pazienza e manifestava lo stesso amore verso chiunque andasse da lei, anche nei confronti di quelli che cercavano di farle del male.

Parlando di quest'ultimi, un giorno Amma disse: "Sono state le loro concezioni errate a spingerli a parlare e ad agire in questo modo. Erano incapaci di comprendere il significato e lo scopo della vita spirituale. Stando così le cose, perché arrabbiarsi con loro? Guardate queste magnifiche rose. Che profumo meraviglioso hanno! Ma cosa gli diamo per farle crescere? Letame! Che differenza tra uno splendido fiore e il letame maleodorante! Allo stesso modo, gli ostacoli sono il concime che ci fa crescere spiritualmente. È nella natura dell'ignorante creare problemi. Dobbiamo pregare Dio di perdonarli e di condurli sulla retta via".

L'indomani mattina Amma venne da me e mi chiese se mi fosse piaciuto il darshan del giorno prima. Le parlai della mia esperienza.

"Sei molto fortunato. Ho avuto l'impressione che la mia luce interiore uscisse dai miei occhi e si fondesse in te. Mi chiedevo se tu avessi sentito qualcosa", disse.

La celebrazione del centenario della nascita di Maharshi sarebbe iniziata entro tre giorni. Sarebbe stata una funzione grandiosa. Sebbene desiderassi rimanere con Amma, mi sarebbe anche piaciuto assistere a questa cerimonia ad Arunachala. Conoscendo il mio cuore, Amma mi disse di tornare ad Arunachala per seguire le celebrazioni e chiese a Chandru di accompagnarmi e di aiutarmi per tutto il tempo necessario. Sentiva che, poiché Chandru non poteva rimanere con lei, avrebbe dovuto almeno stare con un aspirante spirituale. Inoltre io avevo bisogno di qualcuno che si prendesse cura di me. Domandai ad Amma se sarei potuto tornare e rimanere definitivamente con lei perché questo era il mio desiderio ardente.

"Se mio padre non ha obiezioni, puoi tornare e rimanere", rispose. Andai da suo padre e gli chiesi il permesso di rimanere stabilmente. Lui acconsentì, ma mi disse che sarebbe stata una buona idea costruire una capanna per me. Poiché quella era l'unica condizione, risposi che sarei ritornato presto. In seguito Amma mi disse che ero sotto l'influsso di qualche forza negativa in parte responsabile della mia malattia e mi chiese di restare quarantun giorni a Tiruvannamalai e svolgere un rito particolare per neutralizzare questa forza. Mi spiegò anche ogni dettaglio del rito.

Poi chiamò suo padre e gli chiese di darci una dimostrazione di danza. Da giovane, il padre aveva imparato la danza tradizionale del Kerala, il *kathakali*. Cominciò a girare per tutta la stanza danzando. Non era più un ragazzo: adesso le gambe erano arcuate e il ventre era enorme, come un dirigibile. Amma si rotolava sul pavimento dalle risate. Più noi ridevamo, più lui ballava veloce, rimbalzando come una grossa palla. Infine si fermò ansimando.

Mentre la salutavo, Amma mi tolse il rosario di grani di rudraksha che indossavo. "Mi piace", esclamò. Le promisi di far infilare i grani su un filo d'argento e di consegnarglielo al mio ritorno. Abbracciandomi maternamente, mi disse: "Non preoccuparti, io sono sempre con te. Cerca di capire che Ramana e Amma hanno raggiunto lo stesso stato di realizzazione del Sé. Le differenze sono solo nel corpo fisico e nella personalità". Poi mi accompagnò al molo e rimase lì finché non raggiungemmo l'altra riva della laguna.

Un taxi ci aspettava per condurci a casa di Chandru, a circa sessantacinque chilometri da lì. Non appena salii nel taxi, scoppiai in lacrime al ricordo dell'affetto che lei mi aveva manifestato. Riuscii a ricompormi solo dopo sei, otto chilometri. Chandru mi guardava perplesso, ma questo pianto non era più una novità per lui e così si astenne dal farmi domande. La mia mente era colma di una beatitudine indescrivibile: non potevo pensare a nient'altro che ad Amma. Chandru cominciò a parlarmi di qualcosa, ma ero incapace di rispondergli. In parole povere, la mia mente si rifiutava di pensare. Pur essendo ancora infermo e debole, non mi preoccupavo più del mio corpo: Amma aveva detto che sarei stato meglio. Sarà senz'altro così, pensai.

Quando arrivammo a casa di Chandru, per la prima volta, dopo mesi, provai appetito. Chiesi a sua madre di cucinarmi del riso e dei legumi, che riuscii a mangiare senza che lo stomaco mi facesse male. A partire da quel giorno riuscii ad alimentarmi normalmente. In tal modo ripresi gradualmente le forze, così da potere camminare da solo e anche compiere qualche lavoretto. Anche se la debolezza e i dolori alla schiena persistevano, non erano paragonabili a quelli che avevo prima di andare da Amma.

Il giorno dopo prendemmo il treno per Tiruvannamalai. Dopo circa mezz'ora, cominciai a sentire il profumo divino percepito in presenza di Amma. Frugando tra le mie cose, scoprii che proveniva dal rosario che lei aveva toccato. Era talmente forte che sembrava che qualcuno vi avesse versato del profumo. Infilai il rosario in una busta di plastica e lo misi via. Qualche minuto più tardi avvertii la stessa fragranza. Sentii che stavo per mettermi a piangere. Improvvisamente l'odore cambiò: era quello dei fiori di gelsomino, poi dei limoni freschi, poi dell'incenso naturale e infine della tapioca cotta: tutte cose che si potevano trovare vicino ad Amma. Quando la incontrammo, il suo alimento principale non era il riso, ma le radici cotte di tapioca.

Chiamai Chandru e gli chiesi se anche lui avvertisse l'odore di quelle cose. Rispose di no. Gli dissi allora di avvicinare il suo naso a me e di notare se sentisse qualcosa. Indubbiamente gli altri passeggeri si saranno chiesti cosa stessimo facendo! Chandru continuava a non percepire nessun odore, benché le mie narici ne fossero piene. Era come se mi avessero messo quelle cose proprio sotto il naso. Dev'essere il gioco di Amma, mi dissi. Chandru si sedette di nuovo. Dopo due minuti gridò: "Ora lo sento! Ora lo sento!". Durante le sedici ore del viaggio, questi odori comparvero di quando in quando, accompagnati dalla sensazione della presenza di Amma. È di certo un'idea astrusa pensare che una persona possa essere presente benché invisibile. Tuttavia questa era proprio la nostra impressione, confermata in seguito da Amma stessa.

Trascorremmo i quarantun giorni seguenti a Tiruvannamalai. Le celebrazioni per il centenario della nascita di Ramana furono effettivamente grandiose e condotte su grande scala. Ero felice di potervi assistere, ma sebbene mi trovassi di fronte alla tomba di Ramana, la mia mente era con Amma. Mi sentivo come qualcuno che, benché aggrappato ad un albero, venga spazzato via da un tornado. Per undici anni il centro e il sostegno della mia vita era stato Ramana. Anche il mio legame con Ratnamji e Avadhutendraji sembrava essere stato indotto e guidato da lui. Dalla tomba di Ramana percepivo una presenza vivente che aveva soccorso e consolato la mia mente spesso confusa. In effetti, anche quella luce sottile o corrente di consapevolezza che avvertivo nella mia mente era, in un modo o nell'altro, associata alla sua presenza.

Adesso, pur trovandomi davanti a lui, la presenza interiore che avvertivo era quella di Amma. Era la conseguenza di quella notte prima della mia partenza in cui era entrata misticamente in me? Non ne avevo il minimo dubbio e questo non mi dispiaceva. La compagnia e la guida di un'Anima Realizzata ancora nel corpo è sempre preferibile a quella di un'Anima Realizzata che ha abbandonato l'involucro fisico. Mi consolavo pensando che il Padre mi aveva inviato dalla Madre dopo avermi accompagnato per un tratto della mia crescita.

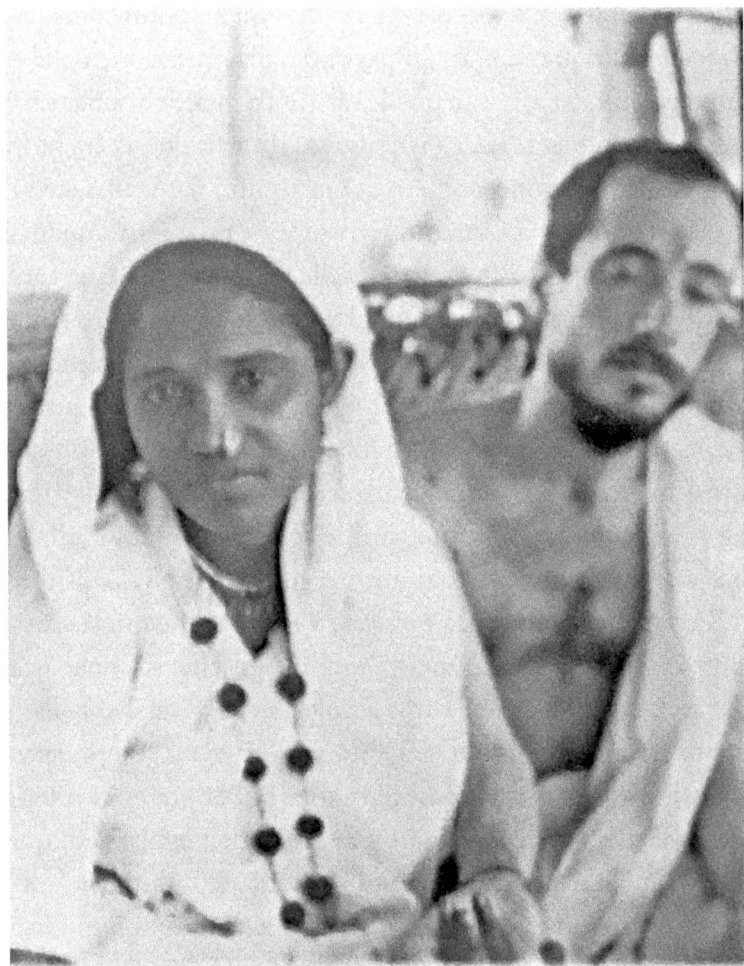

Amma e Nealu

Il rituale che Amma mi aveva consigliato di svolgere consisteva nel recarmi davanti ad un tempio dedicato a Devi prima delle due del mattino e, pregando Dio di liberarmi dell'influsso che mi aveva colpito, far ruotare una fiamma sopra e attorno alla testa. Lo feci per quarantun giorni. Per tutto quel tempo Chandru fece del suo meglio per provvedere ai miei bisogni. Fu un periodo difficile per lui. Ratnamji mi aveva formato in maniera così rigida che ogni azione doveva essere compiuta in un modo ben preciso. Neppure una scatola di fiammiferi poteva essere collocata a caso. Volli che Chandru facesse lo stesso. Fu certamente messo a dura prova per tutti i quarantun giorni, ma più tardi riconobbe che ciò gli era stato di grande aiuto quando dovette lasciare Amma e andare a Bombay per quattro anni a studiare il *Vedanta*.

È a quell'epoca che incontrai Gayatri. Era australiana, giunta ad Arunachala senza un piano ben preciso, portata in qualche modo dalle circostanze. Viveva lì da circa un anno, cucinando per dei devoti locali e conducendo una vita estremamente austera. Non aveva soldi e talvolta doveva perfino cogliere delle foglie dagli alberi per mangiare e dar da mangiare anche agli altri. In qualche modo misterioso, di quando in quando, le arrivava un po' di denaro o di cibo, permettendole così di continuare a vivere in questo modo. Aveva sentito parlare di Amma da Chandru nel corso di una conversazione e nutriva l'intenso desiderio d'incontrarla. In effetti desiderava essere così vicina ad Amma da poterla servire come sua assistente personale.

Gayatri aveva una mente straordinariamente innocente ed era incapace di nutrire per molto tempo il più piccolo cattivo pensiero verso una persona, indipendentemente dall'entità del sopruso subito. Desiderava inoltre non condurre una vita mondana e si affidava completamente a Dio affinché provvedesse alle sue necessità e le mostrasse come realizzarLo. Un giorno, mentre meditava, vide un lampo di luce e poi la forma vivente di Amma dentro di sé. Il grido "Amma, Amma, Amma" scaturì spontaneamente da lei e poi tutto sparì in una quiete profonda. Da allora fu presa dall'impazienza d'incontrarla. Quando venne a sapere che saremmo presto ritornati da lei, ci chiese di portarla con noi. Chandru mi lanciò un'occhiata e disse: "Penso che questa ragazza potrebbe diventare l'assistente personale di Amma. Portiamola con noi". Dopo avere trovato chi potesse prendersi cura delle case di Tiruvannamalai, partimmo tutti e tre, ignari che davanti a noi si stava aprendo una nuova vita.

"Amma è andata a lavarsi. Ritornerà presto", ci disse uno dei ragazzi che venivano da Amma nei giorni in cui non c'era il darshan. L'avevamo trovato seduto intento a meditare davanti al tempio. Ci sedemmo ad aspettarla. Arrivò dopo qualche minuto, correndo come una bambina, e ci salutò con affetto. Ci prostrammo ai suoi piedi e le presentammo Gayatri. Dopo averla scrutata con attenzione, si sedette con noi. Chandru le raccontò della nostra esperienza in treno.

"Quando sei partito da qui eri molto malato", disse guardandomi, "ti pensavo ed è per questo che hai sentito la mia presenza".

"Amma", le chiesi, "è sufficiente che tu pensi a qualcuno perché lui senta la tua presenza come se tu fossi lì? Com'è possibile?".

"Figlio, occorre concentrazione. Solo allora è possibile. Prima penso: 'Il tal dei tali si trova in un certo posto, ma questo e tutti gli altri posti sono dentro di me'. Pensando così, la mia mente si dirige verso di lui. Se c'è un po' di purezza nella sua mente, avvertirà senz'altro qualcosa. Se mi chiedi perché vado da qualcuno in particolare, non saprei dirlo. Questo è ciò che mi accade, ecco tutto". Mentre lo diceva, si mise a ridere. Alcuni piccoli giocavano lì vicino. Amma si alzò e cominciò a rincorrerli, giocando a "ce l'hai". Correva e strillava come loro. A parte la statura, uno avrebbe pensato che avesse sei o sette anni. Dopo circa un quarto d'ora tornò da noi, ansimando.

"Ogni giorno si dovrebbe trascorrere un po' di tempo con i bambini piccoli", disse, "La loro innocenza ci contagerà e proveremo la felicità di un bambino. In effetti, la nostra vera natura è di essere un figlio innocente di Dio, ma abbiamo lasciato che qualità come la cupidigia, la collera e l'avidità la coprissero. La stessa innocenza che leggete negli occhi di un bimbo la potete vedere negli occhi di chi ha realizzato Dio".

Amma – così ci rivolgevamo a lei – chiese a Gayatri di sederle accanto e di meditare. Dopo qualche minuto, premette un dito tra le sopracciglia di Gayatri e la fissò intensamente. Sembrava che lo stesse facendo con uno scopo ben preciso. A un tratto, dopo aver tenuto il dito così per qualche minuto, sorrise. Qualunque cosa avesse voluto fare, sembrava ci fosse riuscita. Gayatri aprì lentamente gli occhi. La giovane era molto timida e insicura davanti ad Amma.

"Figlia, non essere così timida. Se una ragazza vuole progredire nella vita spirituale, deve vincere questa timidezza. Per riuscire, deve fare sue qualità maschili come il distacco e il coraggio. In genere le donne non sono interessate a rinunciare al mondo per raggiungere Dio. Chi assicurerebbe la continuità della creazione? Se però si suscita in qualche modo il loro interesse, possono fare progressi ancora più rapidi degli uomini".

Fu deciso che avrei alloggiato nella casa, che Amma e Gayatri avrebbero dormito nel tempio e che Chandru avrebbe riposato ovunque avesse trovato un posto al riparo dal freddo e dalla pioggia. Quella notte Amma fece sdraiare Gayatri accanto a lei e si addormentò con le gambe posate sulla giovane. La sua innocenza infantile, unita all'affetto materno e ai suoi consigli, avevano toccato il cuore di Gayatri e l'avevano immediatamente legata ad Amma. Già il secondo giorno aveva deciso di non ritornare più ad Arunachala.

In quel periodo, a parte quando meditava, Amma trascorreva tutto il tempo con noi, nutrendoci con le sue mani, scherzando o cantando e raccontando aneddoti interessanti. Non ci si annoiava mai in sua compagnia e con il passare dei giorni scoprimmo che nei nostri pensieri c'era solo lei.

Amma davanti alla prima capanna (1980)

Il darshan iniziava alle sei di sera e continuava fino alle sei o sette del mattino seguente. Persino a quell'ora, Amma sedeva davanti al tempio parlando con i devoti venuti in visita fino alle dieci o alle undici. Non riuscivamo a capire come potesse reggere tale fatica giorno dopo giorno. Nelle tre notti di darshan non avevamo nessuna voglia di dormire: come avremmo potuto dormire serenamente quando lei stava in piedi tutta la notte per aiutare gli altri? All'inizio le persone del posto non riuscivano a capire perché due stranieri volessero fermarsi in un piccolo villaggio di pescatori con una ragazza "folle" come Amma, ma presto giunsero a considerarci come due di loro che semplicemente sentivano la stessa potente attrazione verso Amma. Amma ci proibì di rivelare la sua vera natura di *Mahatma* ai visitatori o agli abitanti del villaggio. Riteneva che non bisognasse turbare la loro fede perché era attraverso questa fede che trovavano la soluzione ai loro problemi.

"Ogni cosa a suo tempo, figli. Chi vi ha condotto qui? Quell'Uno provvederà a tutto il necessario, quando sarà necessario. Continuiamo quindi a compiere il nostro dovere senza desiderarne i frutti. Amma non ha bisogno di pubblicità. Quelli che hanno il cuore puro e sete di Dio verranno alla sua ricerca e la capiranno". Seguitava a svolgere la doppia veste di Dio durante il darshan e di una ragazza un po' folle, ma incantevole, per il resto del tempo.

Poco dopo esserci stabiliti definitivamente accanto ad Amma, venne costruita una capanna che sarebbe diventata il primo edificio dell'ashram. Si trattava di un'unica stanza, abbastanza ampia da poterne utilizzare metà come cucina e il resto come luogo in cui vivere e dormire. Amma e Gayatri occupavano un lato e Balu – un giovane abbastanza fortunato da aver ottenuto il permesso del padre di Amma di stare con noi – e io l'altro. Gayatri era incaricata di cucinare. Sebbene costruita con le fronde della palma di cocco, la capanna bastava a proteggerci dagli elementi della natura. Sfortunatamente, essendo il solo rifugio disponibile, durante le notti di darshan i visitatori vi si ammassavano come sardine, lasciandoci a malapena uno spazio per sdraiarci.

Passavamo la maggior parte del tempo a cercare di adattarci al flusso incessante della gente che entrava e usciva dalla capanna ad ogni ora del giorno e della notte. Impedire alle persone di disturbare Amma quando infine si addormentava, divenne un lavoro a tempo pieno. La gente veniva non appena ne trovava il tempo, senza mai prendere in considerazione il fatto che forse lei non dormiva da due o tre giorni. Tante volte dovetti stendermi sulla soglia affinché nessuno entrasse e Amma potesse godere di qualche ora di riposo. Vederla dormire senza essere disturbata divenne la mia gioia più grande. Il mondo si profonde in lodi per chi ogni tanto ha un atteggiamento altruistico. Amma è l'incarnazione stessa dell'altruismo, pronta a dare la vita per alleviare le sofferenze dell'uomo più comune. Per farlo, rinunciava al sonno, al cibo e a tutto quello che poteva chiamare suo. Questo esempio illustrerà molto bene tale punto.

Una notte il darshan finì un po' prima del solito, verso le quattro del mattino. Era la stagione delle piogge e quindi c'era poca gente. Dopo il darshan, Amma si sedette davanti al tempio e parlò con alcuni devoti fino alle cinque o cinque e mezza. Dopo molte nostre insistenze affettuose, accettò di andare nella capanna a riposare. Avevamo appena finito di coricarci e di spegnere le luci quando sentimmo una voce dall'ingresso: una donna aveva perso l'autobus per venire qui. Aveva camminato tutta la notte per potere vedere Amma durante il darshan. Avendo constatato che il darshan era finito, desiderava almeno vederla prima di tornare indietro, ma noi non avevamo nessuna intenzione di aprire la porta.

"Aprite la porta!", insistette Amma, "Non sono qui per godere del riposo e delle comodità. Se posso alleviare anche di poco le sofferenze degli altri, questo mi basta. La loro felicità è la mia felicità. Vi rendete conto di quanto sia stato difficile per questa donna arrivare fin qui e solo per aprirmi il suo cuore? Tra le persone che vengono qui, alcune sono così povere che per giorni devono mettere da parte qualche centesimo per potersi pagare il viaggio in autobus. Prima che tutti voi veniste qui, ero libera d'incontrare chiunque arrivasse, a qualunque ora. Mi dev'essere permesso anche in futuro, altrimenti tornerò a dormire all'aperto, come prima. Ho bisogno di questa coperta o di questo cuscino? Non avevo nulla prima e anche adesso non ho bisogno di nulla. Utilizzo questi oggetti solo per farvi piacere". Così dicendo si alzò, parlò con la donna e tornò a dormire solo dopo averla confortata.

Dopo avermi legato a lei con il suo comportamento affettuoso, Amma iniziò pian piano e in modo sottile ad istruirmi. Non mi dava mai lunghe spiegazioni: diceva solo qualche parola o suggeriva un piccolo cambiamento nel mio modo di pensare e di agire. Solo dopo tre o quattro giorni dal mio arrivo, osservò che il tempio non era stato pulito, nonostante fossero già le sette del mattino. Mi chiamò. Ero ancora molto debole fisicamente e sempre dolorante e quindi trascorrevo la maggior parte del tempo coricato. Essendo completamente distaccata dal suo corpo e volendo che io giungessi al suo livello, sebbene fosse praticamente impossibile, Amma mi chiese di pulire il tempio e cominciò lei stessa a farlo. Con grandi sforzi e stringendo i denti, riuscii in qualche modo a portare a termine il compito. Sembrava che Amma trovasse sempre qualcosa che solo io potevo fare. Non è

I bhajan nei primi anni dell'ashram

che non volessi lavorare, ma il lavoro fisico significava sofferenza, proprio ciò che volevo evitare. Pur sapendo che costituiva un ostacolo al mio progresso spirituale, ero riluttante a sopportare il dolore.

Si dice che, come ci sono tre tipi di dottori, così ci sono anche tre tipi di Guru. Il primo consiglia il paziente e poi se ne va senza nemmeno preoccuparsi di sapere se il paziente ha preso le medicine. Assomiglia a un Guru che prodiga consigli, ma non gli importa di verificare se vengono ascoltati e se i discepoli progrediscono. Il secondo tipo di dottore prescrive un rimedio e induce il paziente a prenderlo. Costui assomiglia a un Guru che, essendo un po' più sincero, mostra grande pazienza verso il discepolo e si premura di spiegargli e di persuaderlo a seguire le sue indicazioni. L'ultimo dottore, il migliore, non esita a salire sul petto del paziente e mettergli con forza la medicina in bocca, sapendo che altrimenti non la prenderà. Amma appartiene a quest'ultimo tipo. Sapendo che da solo non avrei abbandonato l'attaccamento al corpo, faceva in modo che vi fossi costretto. Anche durante il darshan, ogni volta che stavo per alzarmi mi diceva di sedere di nuovo e trovava qualche buona ragione perché rimanessi.

"Io sono la Shakti[1] stessa", diceva, "Vuoi che non ti dia la forza di rimanere? Preoccupato di come ti sentirai domani, vuoi alzarti e andartene oggi". Sebbene irrequieto, pieno di dolori e debole, scoprii con stupore di essere in grado di restare seduto accanto a lei fino alla fine del darshan. In effetti, in quei giorni avvenivano le migliori meditazioni.

Un giorno, durante la stagione delle piogge, mi venne un leggero raffreddore e la febbre. Quando la febbre sparì, iniziai a tossire. Questa tosse divenne talmente forte e persistente che

---

[1] Potere

cominciai a pensare di avere contratto una malattia che colpisce i polmoni. Questo stato di cose continuò per circa un mese. La notte tossivo per ore mentre sedevo fuori e lontano dalla capanna per non disturbare il sonno di Amma e degli altri. Infine decisi di consultare un medico, che mi prescrisse delle medicine dicendomi di prenderle per una settimana.

Quando tornai nell'ashram, le misi nelle mani di Amma e le chiesi di benedirle. Questo era ciò che abitualmente faceva chi intendeva prendere le medicine ma aveva al tempo stesso la fede che, con la grazia di Amma, sarebbe senz'altro stato meglio. Amma chiuse gli occhi per un momento e poi me le restituì. Aveva fatto una risoluzione, un *sankalpa*, capace con il suo potere di produrre una guarigione certa. Si dice che la volontà di un Essere Illuminato sia perfetta e possa compiere qualunque cosa, anche ciò che sembra impossibile. Se una Grande Anima formula una forte risoluzione, essa certamente si realizzerà indipendentemente dagli ostacoli.

Assunsi quindi le medicine per un giorno o due senza però avvertire alcun miglioramento. Quando respiravo, il petto mi faceva molto male ed ero impaziente di trovare un qualche sollievo. Decisi di andare da un altro dottore. Tornai con altre medicine che consegnai di nuovo ad Amma, la quale chiuse un'altra volta gli occhi e poi me le rese. Le presi per qualche giorno senza notare il minimo miglioramento. Qualcosa non funzionava nel potere del suo *sankalpa*? Quel giorno, Amma andò in un villaggio vicino per fare visita a un devoto che l'aveva invitata. Avendo la sensazione che avrei potuto diventare un peso per gli altri, decisi di farmi ricoverare in un ospedale privato con l'idea di restarvi finché non fossi stato meglio. Sapevo che Amma, materna com'era, non mi avrebbe permesso di andare via e stare in un ospedale e così approfittai della sua assenza per recarmi con suo padre in un ospedale a una quindicina di chilometri dall'ashram.

Vi rimasi tre giorni senza che la situazione migliorasse. Mi diedero tantissimi antibiotici senza nessun risultato. Nel frattempo, Amma aveva saputo della mia fuga, ma non aveva detto nulla. Durante la mia terza notte di ospedale cominciai ad avvertire molto intensamente la sua presenza. Piangendo senza riuscire a controllarmi, fui preso dall'ardente desiderio di andare da lei. Ma com'era possibile? Avevo deciso di non uscire dall'ospedale prima di essere guarito. L'indomani mattina il medico venne nella mia camera e mi diede alcune compresse, dicendomi che forse soffrivo di una forma di allergia e non di un'infezione. In quel preciso momento entrò Amma accompagnata da una quindicina di persone.

"Figlio, la notte scorsa ho cominciato a pensare intensamente a te. Mi spiaceva così tanto per le tue sofferenze che ho scritto questo canto per la Madre Divina:

Ishwari Jagadiswari

O Dea, Dea dell'universo,
Protettrice e Dispensatrice di Grazia,
Tu che doni l'eterna liberazione,
Ti prego, rimuovi ogni mio dolore.

Ho visto i piaceri di questo mondo
così pieno di sofferenza.
Ti prego, non farmi soffrire
come la falena che cade nel fuoco.

Dinanzi a me il cappio dei desideri
e alle mie spalle quello della morte.
Non è un peccato, o Madre,
giocare ad annodarli insieme?

Non indicarmi la via sbagliata,
effondi su di me la Tua Grazia, o Eterna!
O Madre che dissipi ogni tristezza,
rimuovi il mio fardello di dolore.

Ciò che appare oggi, domani sarà scomparso.
Pura Coscienza, questo è il Tuo gioco.
Ciò che realmente è non può venire distrutto.
Tutto ciò che perisce è transitorio.

O Madre dell'universo,
a mani giunte Ti supplico:
'Fa' che possa realizzare il fine della nascita umana'.
O Signora dell'universo
che risiede in ogni forma,
mi prostro ai Tuoi piedi.

Ho deciso di venirti a prendere oggi. Devi ritornare all'ashram. Non ti preoccupare. Presto starai meglio".

"Amma, perché le medicine che hai benedetto non hanno fatto effetto?", chiesi.

"Quando ho fatto quel *sankalpa*, pensavo: 'Che il suo stato migliori prendendo questa medicina', ma tu le hai prese solo per un giorno o due. Non avresti forse dovuto avere più pazienza e lasciare che il *sankalpa* avesse il tempo di fare effetto? Come un bambino irrequieto, sei corso da un medico all'altro. Anche se benedico le medicine, tu devi prenderle perché funzionino".

Naturalmente il medico accettò di lasciarmi uscire dall'ospedale e ritornammo all'ashram. Era una sera di darshan. La mia tosse era ancora molto forte. Durante il Krishna Bhava andai da Amma. Mise una mano sulla mia testa e l'altra sul mio cuore e rimase così, sorridendomi per qualche istante. Poi mi fece segno di andarmi a sedere in un angolo del tempio. Dopo essermi seduto, quando mi guardai attorno, scoprii con stupore una Luce Divina illuminare con grande chiarezza ogni volto che guardavo. Inoltre il mio corpo sembrava di legno, non pesante ma insensibile. Sebbene tossissi, non me ne importava. Provavo un profondo distacco dal mio involucro fisico e la mia mente era ebbra di beatitudine.

Mi alzai e uscii dal tempio. La nostra cena veniva servita ad un'ora stabilita. Gironzolai in cucina senza riuscire a mangiare niente. Il cibo aveva l'aspetto e il sapore simile a quello della gomma. Chi avrebbe desiderato mangiare in quel momento? Chi avrebbe potuto anche solo pensare di farlo? Tornai al tempio e vi rimasi ancora un'ora. Dopo tre ore trascorse in questo stato, ritornai gradualmente alla normalità. In due giorni la tosse cominciò a diminuire e presto sparì completamente.

CAPITOLO 7

Con la Madre Divina

A mma è la Madre di tutti coloro che vengono da lei, uomini o donne, giovani o vecchi. Considera tutti come suoi figli e questo, a sua volta, ispira la gente a vederla come la propria madre. Questo fatto ha prodotto un cambiamento radicale nella mente di molti, che quindi desiderano essere in sua presenza: hanno capito che lei non si aspetta nulla da nessuno, al contrario offre tutto il suo tempo, il suo cibo, la sua salute ed anche le sue ore di riposo, senza alcun limite, a chiunque, a prescindere dalla posizione sociale. Da nessun'altra parte della Terra esiste un amore così disinteressato. Una madre avrebbe potuto arrabbiarsi se le si fosse disobbedito e mancato di rispetto, ma Amma ha perdonato anche coloro che hanno cercato di ucciderla e li ama come se fossero soltanto dei figli cattivi. Non chiede mai niente a nessuno ed accetta ciascuno così com'è, pulito, sporco, o comunque sia.

Questo Amore disinteressato legò parecchie persone ad Amma con un attaccamento molto forte. Parecchi si accorsero che senza di lei non trovavano un senso nella vita e che Amma era sempre presente nei loro pensieri. Cominciarono a sentire di dover abbandonare le loro cattive abitudini perché tale comportamento non era degno di uno dei suoi figli, anche se lei non aveva mai detto loro nulla a riguardo. Ve ne furono alcuni che, nonostante le obiezioni di Amma di non poter nutrire né provvedere ai bisogni di nessuno, vennero a stabilirsi accanto a lei, abbandonando

Amma e Neal

famiglia, lavoro e studi. Per la maggior parte si trattava di giovani laureati che avevano scoperto, di fronte a questo meraviglioso e puro amore altruistico, che la vita nel mondo non offriva possibilità di una vera felicità.

Parlando a questi giovani, Amma poneva l'accento sull'illusione di trovare la felicità nella vita del mondo e di come si sarebbe pagato qualche momento di piacere con anni di sofferenze. Il desiderio dei piaceri ci rende inquieti e dopo averlo appagato sorge il bisogno imperioso di goderne ancora ed ancora. Lungi dal causare una completa soddisfazione, i piaceri ripetuti all'infinito generano noia e infine disperazione. Se la felicità reale e duratura non si trova in una perpetua soddisfazione dei sensi, allora dov'è?

Nelle sue conversazioni, Amma richiamava l'attenzione dei ragazzi sul fatto che la stessa energia orientata a scopi materiali poteva essere rivolta a produrre l'esperienza della beatitudine interiore e della Conoscenza divina. I piaceri del mondo prosciugano la nostra energia e ci conducono a una morte lenta, mentre l'esperienza spirituale ci riempie di energia, portandoci sul piano della realizzazione e della Beatitudine estremamente sottile, sconosciuto all'uomo comune. A questo proposito, diceva: "Il nettare è custodito sulla sommità del capo, nel loto mistico dai mille petali, ma l'uomo è così occupato con i cinque sensi dei livelli inferiori che non si preoccupa mai di alzare lo sguardo verso l'alto".

Avendo lei stessa fatto esperienza della Verità, le sue parole avevano più peso di tutti i libri. Viveva i suoi insegnamenti. Tuttavia non insisteva affinché si intraprendessero pratiche spirituali: si limitava a far familiarizzare i giovani con questi concetti.

Due anni dopo il mio arrivo, un gruppo di cinque o sei ragazzi venne a vivere accanto alla Madre. Non essendoci alloggi, dormivano all'aperto, sotto un albero o sulla veranda del tempio.

Non badando al cibo o ai vestiti, si accontentavano di ciò che arrivava spontaneamente. La Madre gli aveva più volte ricordato che non poteva provvedere ai loro bisogni; ciò nonostante non erano disposti a lasciarla. Tutto quello che volevano erano la sua compagnia e le sue parole. Non si poteva che provare ammirazione davanti al loro spirito di rinuncia. Pur non avendo il desiderio ardente di realizzare il Sé, ritenevano tuttavia che la vita nel mondo non fosse la soluzione al problema di dove trovare la felicità. Indifferenti ai piaceri del mondo, l'unica loro fonte di pace e di felicità era stare con la Madre.

Ma a parte il chiudere gli occhi in raccoglimento qualche minuto, o cantare canti devozionali durante il darshan, non si poteva comunque dire che fossero sul cammino spirituale. Benché cosciente del loro vissuto e del loro legame con Amma, la loro mancanza di serietà nella pratica spirituale cominciò ad irritarmi. Si comportavano con Amma come avrebbero fatto dei bambini con la propria madre. Il bambino non vuole fare nulla che non sia stare con la mamma. Perché sforzarsi di diventare come Amma? A costoro bastava la felicità di essere in sua compagnia.

Quanto a me, avendo cercato la compagnia della Madre per progredire nella vita spirituale e considerandola mio Guru e mia guida, ero molto dispiaciuto quando qualche ragazzo non le mostrava il rispetto dovuto in quanto Anima Realizzata. Lei mi ripeté molte volte che non la vedevano con i miei stessi occhi e che di conseguenza non dovevo aspettarmi che si comportassero come me. La loro totale mancanza di disciplina cominciò ad innervosirmi e iniziai a chiedermi perché rimanessi. La compagnia di un santo è senza alcun dubbio il più grande aiuto nella crescita spirituale, ma anche l'atmosfera che lo circonda dev'essere favorevole.

Avevo desiderato e sperato di trovare l'atmosfera presente in un ashram attorno ad Amma ma, non trovandola, ne gettavo il biasimo su chi vi abitava. Cominciai a vedere i difetti e la mancanza di spiritualità in questi giovani piuttosto che le loro qualità positive e il loro distacco dalla vita materiale. La mia mente divenne molto irrequieta e pensai di ritornare ad Arunachala. Forse avevo sbagliato a stabilirmi qui per sempre. Non pensavo che le cose avrebbero preso questa piega. Avevo sperato che sarebbe giunto il giorno in cui la Madre sarebbe stata riconosciuta e rispettata come un Essere Illuminato e che attorno a lei si sarebbe formato un ashram. Ero deluso.

Quando avevo praticamente deciso di partire, una notte feci un sogno. Amma mi guardava, mentre nel cielo la luna piena brillava alla sua sinistra e il sole alla sua destra. Indicandomi il sole, mi disse:

"Vedi quei raggi brillanti del sole? Così come vedi quei raggi, cerca di vedere i raggi della Luce divina negli occhi di ciascuno". Al risveglio mi sentivo felice. L'indomani chiesi spiegazioni alla Madre su questo sogno.

"Sì", rispose, "devi sforzarti di vedere questa Luce in ogni persona. Se non vedi al di là dei difetti degli altri, come potrai vedere questa Luce innocente? Devi cercare di vedere tale innocenza in ognuno".

Constatai che il consiglio era davvero appropriato. Infatti, se si fosse seguito fino in fondo, quale spazio avrebbero avuto la cupidigia, la collera, la gelosia o l'antipatia? Vedendo con chiarezza la Luce divina in tutti, Amma poteva dunque offrire questo consiglio. Tutta la sua vita non rivelava forse questa sua esperienza? La Madre aggiunse che, anche se inizialmente occorre immaginare Dio in ognuno come quando si fa la prova generale prima di uno spettacolo, in seguito se ne fa l'esperienza. Osservando le sue parole, la mia avversione verso i residenti e i visitatori svanì e potei accedere a un nuovo piano di pace interiore, sempre meno turbato dalle circostanze. Continuavo a desiderare che alla Madre si rendesse il rispetto dovuto, ma per questo avremmo dovuto aspettare ancora qualche anno. Dovevo lasciare da parte i miei ideali e le mie grandi speranze e immergermi più profondamente nella sottile presenza interiore di Amma, senza altre distrazioni.

Nei giorni successivi nuove persone vennero a vivere vicino a lei. Amma non insisteva sul fatto che meditassero o seguissero una routine quotidiana. La ragione era semplice: nessuno cercava la sua compagnia mosso dal desiderio della realizzazione spirituale, ma semplicemente per la pace e la felicità che gustavano in sua presenza. Se la Madre avesse preteso che seguissero qualche forma di disciplina, sarebbero ritornati immediatamente a casa loro e alle loro attività nel mondo. Li stava legando a sé con il suo amore disinteressato e poi, a tempo debito, avrebbe iniziato a plasmarli spiritualmente.

Questo è il modo di agire di un vero Guru. Non sono né la sua filosofia, né i suoi ideali, a mantenere integro il rapporto tra il maestro e i suoi discepoli durante i lunghi ed estenuanti anni di pratica spirituale, ma unicamente la certezza, da parte del discepolo, di quanto egli stia a cuore al maestro e dello sconfinato amore che il Guru prova per lui. Un vero Maestro, dopo aver legato con l'amore il discepolo, a poco a poco lo guida con la disciplina a prendere consapevolezza di come operi la mente a livello sottile e grossolano, e a giungere infine al punto più sottile, da dove essa ha origine. Raggiungendone il fondo, il discepolo riconosce il suo vero Sé nella Verità che brilla in lui e capisce che il corpo e la mente sono solo proiezioni prive di realtà di questo Sé,

Amma (1982)

la sua vera natura. Per la maggior parte degli aspiranti spirituali, si tratta di un processo assai lungo che può richiedere anche più di una vita. Il cammino della conoscenza del Sé e della rinuncia alla mente ingannevole è disseminato di molte prove e sofferenze. L'amore è il motore principale dell'universo e solo l'amore può farci perseverare fino alla meta, nonostante le difficoltà sul sentiero. Se l'amore manca dall'inizio, il discepolo fuggirà alle prime difficoltà. É quindi dovere del Guru instillare nel cuore del discepolo fin dall'inizio della loro relazione un sentimento d'amore e di fiducia che va oltre ogni altra cosa.

Sopportare il dolore, fisico e mentale, è una qualità essenziale per dimorare nel Sé, in cui la beatitudine interiore che si prova non è toccata neppure dal dolore e dalla sofferenza più grande. Avevo l'impressione che Amma mi stesse offrendo molte opportunità per praticare e approdare a quello stato. In effetti, me ne convinsi presto grazie a un fatto curioso che accadde poco tempo dopo.

Un giorno Amma venne invitata a fare visita alla casa di un devoto lontana circa quindici chilometri. Quella sera si sarebbe tenuto un programma di due ore di canti devozionali e all'epoca solo quattro di noi sapevano suonare l'armonium (organo provvisto di un mantice azionato manualmente), indispensabile per accompagnare la musica. Uno di questi era un ragazzo che, uscito per delle commissioni, non era ancora tornato. Io ero un altro. Da tutto il giorno soffrivo di un atroce mal di testa. Potevo stare a malapena seduto. Amma mi chiamò e mi disse di andare con lei.

"Amma, la testa sta per scoppiarmi", mi lamentai, "non può accompagnarti qualcun altro con l'armonium?"

"Cosa?", esclamò, "Com'è possibile? Sarà un problema se non vieni. Devi venire".

Avevo deciso di abbandonarmi al mio Guru qualunque cosa fosse successa e adesso avevo l'opportunità di mettere in pratica la mia decisione. Accompagnai Amma nella sua visita e mi sedetti all'armonium. Le lacrime rigavano le mie guance, non perché fossi addolorato o pieno di devozione, ma per la tensione e il dolore alla testa. Dovevo per forza distaccare la mente dal corpo e suonare senza curarmi delle conseguenze. Quella volta pensai che la morte doveva essere un'esperienza simile. Non potevo che sopportare il dolore, non c'era altra scelta. Quando più tardi venne servita le cena, la nausea mi impedì di mangiare. Tornato a casa, riuscii finalmente ad addormentarmi. Il giorno dopo, Amma venne vicino a me e parlando con qualcuno che mi era accanto disse: "Guarda come sono crudele! Anche se soffriva di un terribile mal di testa, l'ho costretto a suonare l'armonium". In effetti, pensava che farlo mi avrebbe aiutato ad evolvere spiritualmente.

Non si dovrebbe però pensare che Amma sia crudele con i suoi figli. Al contrario, è proprio l'opposto, non esiterà ad agire per il bene spirituale dei suoi discepoli, a prescindere dal tipo di esperienza che dovrà creare.

Un'altra volta, quando soffrivo di un simile mal di testa, Amma mi mandò a chiamare e iniziò a parlarmi di qualcosa. Le dissi che il dolore era tale da impedirmi di concentrarmi su ciò che mi stava dicendo. Mi disse di andare a coricarmi. Tornai in camera mia mentre lei andava di fronte al tempio per i *bhajan* della sera. Smise di cantare a metà del secondo canto. In quel preciso momento, una luce benefica apparve nel mio campo mentale e poi svanì. Dopo qualche istante tornò e, per così dire, risucchiò tutto il mio dolore. Poi sparì e la Madre riprese a cantare. Sentendomi bene, mi alzai, andai al tempio e mi misi a sedere, ascoltando il resto dei *bhajan*.

Vi furono altre occasioni in cui la Madre mi tolse l'intenso dolore che provavo. Una volta, durante il Krishna Bhava, mi recai nel tempio e rimasi in un angolo a guardarla. Sentivo dei dolori particolarmente forti in tutto il corpo. Ero venuto nel tempio con l'idea di meditare. Amma si volse verso di me e mi fissò a lungo. Sentii tutto il dolore abbandonarmi, come se fosse stato aspirato. Scoprii che in sua presenza la mia meditazione diventava rapidamente profonda, scorrevole come un flusso d'acqua. Ciò che è difficile da ottenere in molti anni di meditazione solitaria, lo si raggiungeva facilmente alla presenza divina della Madre.

Col passare dei giorni compresi quale grande maestro fosse Amma. A prescindere dal numero di persone che veniva da lei, la Madre capiva il loro livello spirituale, i loro problemi, come operava la loro mente e come elevarli spiritualmente e, se necessario, materialmente. Sapeva esattamente come agire in qualunque momento, indipendentemente dal numero dei presenti. Le sue azioni non sembravano richiedere nessuna riflessione, ma parevano piuttosto fluire da una sorgente spontanea sempre appropriata alla circostanza. Quello che è un rimedio per l'uno può essere un veleno per un altro e lei conosceva perfettamente questo principio. Infatti, ciò che un giorno funge da medicina per una persona può, in altre circostanze, farle del male.

Notai un cambiamento progressivo, ma molto netto, nel mio rapporto con Amma. Quando andai da lei la prima volta, fui avvolto dal suo amore materno. Mi nutrì addirittura con le sue mani. Trascorreva la maggior parte del tempo con me e con una o altre due persone che vivevano lì. Mi sentivo molto inquieto se per qualche momento non potevo starle vicino e glielo dissi.

"Presto sentirai sempre la mia presenza in te", mi assicurò, "e non ti preoccuperai più della presenza esteriore". Le sue parole si rivelarono profetiche.

Giorno dopo giorno, grazie alle sue indicazioni e alle curiose situazioni in cui mi trovai, cominciai ad avvertire sottilmente e con chiarezza la sua presenza nella mia mente. Preferivo rimanere solo, raccolto interiormente, invece che stare seduto in sua presenza. Naturalmente durante i darshan il livello di concentrazione diventava particolarmente intenso e ne facevo buon uso, ma man mano che mi addentravo in me stesso mi accorsi di un cambiamento singolare nel comportamento di Amma verso di me. Ogni volta che mi avvicinavo a lei, mi ignorava. Anche quando le rivolgevo la parola, si alzava bruscamente e se ne andava. All'inizio non riuscivo a capire questo cambiamento. Fu allora che avvenne qualcosa che mi aprì gli occhi.

Benché meditassi da molti anni, la beatitudine dell'unione con Dio sembrava ancora lontanissima. Sapevo che un'Anima Realizzata ha il potere di rimuovere, dalla mente del discepolo, la cortina dell'ignoranza che copre la Realtà. Ne avevo parlato ad Amma: aveva ammesso che questo era possibile, ma il discepolo doveva avere la maturità necessaria. La pratica spirituale da lui svolta avrebbe dovuto purificarlo al punto tale da renderlo simile ad un frutto maturo pronto a cadere dall'albero. Decisi di chiedere alla Madre se mi volesse concedere tale grazia, dato che mi stavo impegnando da così tanto tempo. Non avevo compreso che la mia domanda racchiudeva un certo grado di falso orgoglio, ovvero che avessi raggiunto una maturità perfetta. Mi avvicinai a lei quando era sola.

"Amma, hai detto che gli Esseri Realizzati hanno il potere di liberare i loro discepoli. Lo faresti per me?", le chiesi, "Ho sentito parlare anche di numerose occasioni in cui il Guru ha benedetto il discepolo con la realizzazione dello stato supremo". Cominciai così a narrare storie di grandi santi che avevano raggiunto la più alta Realizzazione per mezzo della grazia del loro Guru.

"Avevano una devozione suprema verso il loro Guru", mi disse, "Quando un discepolo ha nei confronti del suo Maestro una devozione improntata sull'umiltà, allora, anche senza chiederlo, il pensiero di benedirlo rimuovendo completamente la sua ignoranza, conferendogli la liberazione, comparirà nella mente del Guru. Prima di allora, se il discepolo non ha raggiunto quel livello di maturità, anche se si sdraia ai miei piedi minacciando di suicidarsi se non gli concedo la Realizzazione, non posso e non accorderò questa grazia. Nell'istante in cui sarai pronto, il pensiero di liberarti balenerà nella mia mente, non prima".

"Ma allora cosa devo fare fino ad allora?", chiesi, "devo semplicemente aspettare?"

"Se ti accontenti di aspettare, dovrai davvero aspettare a lungo. Invece di aspettare, lavora!", esclamò con forza.

"Non puoi suggerirmi qualcosa da fare per ottenere questa grazia?" insistetti.

La Madre rimase in silenzio. Attesi pazientemente qualche minuto e poi ripetei la domanda. Continuò a non rispondere. Cosa avrebbe potuto dire? Mi aveva già risposto e non c'era nient'altro da aggiungere. Infine si alzò e si allontanò.

Qualche giorno più tardi andai di nuovo da lei con la stessa richiesta. Di nuovo venni accolto con il silenzio. Poco alla volta arrivai a comprendere che il suo silenzio significava che anch'io dovevo stare in silenzio. In realtà, il fatto stesso di porre la domanda dimostrava che il mio abbandono e la mia fiducia in lei non erano totali e, in questo caso, dov'era la mia completa

maturità? Se fossi riuscito a svuotare la mente da ogni desiderio, avrei capito per esperienza diretta che il mio Sé più profondo, coperto da una nube di desideri sottili e grossolani, era proprio ciò che stavo cercando. Chiedendo ad Amma di rivelarmi la Verità, non facevo altro che rendere il velo più spesso e ritardare il momento della Realizzazione. Tenere la mente sull'Amma interiore ed impedire ai pensieri di comparire sembrava essere il cuore di ogni pratica spirituale. Decisi che da quel momento mi sarei dedicato con tutto me stesso a questo. Ciò nonostante mi capitò ancora di chiedere ad Amma di chiarire alcuni miei dubbi non importanti e, come risposta, lei rimase in silenzio. Pensai che questo silenzio voleva dire che dovevo controllare la mente e renderla perfettamente silenziosa. Non c'era altro modo.

Poiché uno straniero non può rimanere in India più di sei mesi se non è legato a un'istituzione per motivi di studio o di lavoro, divenne indispensabile che il governo riconoscesse ufficialmente l'ashram. A seguito di questo, Amma ritenne che era arrivato il momento per i residenti di cominciare ad osservare un po' di disciplina. A tale scopo stabilì un programma giornaliero che tutti coloro che sceglievano di vivere accanto a lei dovevano seguire. Fu allora che il suo atteggiamento poco a poco cambiò, passando dal ruolo di madre a quello di guida spirituale. Pur continuando a dimostrare la stessa attenzione e lo stesso affetto materno, adesso era impegnata a suggerire ai suoi devoti quale fosse la pratica spirituale più adatta a loro. Arrivò persino a dire che chi non intendeva meditare od osservare una disciplina spirituale poteva tornare a casa sua con il primo autobus. Una cosa alquanto sconcertante per quelli che fino ad allora avevano condotto un'esistenza spensierata, pensando che sarebbe durata per sempre.

Per me, fu un grande sollievo e un po' anche una sorpresa vedere la Madre impugnare le redini della situazione per trasformare i suoi figli in santi. Cominciai a sentirmi di più a casa e l'atmosfera cominciò a cambiare: da quella di una grande casa a quella di un'ashram, abitato da aspiranti spirituali dediti a una vita austera e focalizzati sulla meta. La Madre mi chiese di controllare che i residenti seguissero le norme, essendole impossibile stare sempre con tutti. Dovevo informarla di ogni trasgressione alla routine giornaliera.

Mentre la vita dell'ashram stava attraversando profonde trasformazioni, anche la situazione esterna stava cambiando. Sempre più persone cominciavano a riconoscere in Amma una santa vivente che aveva realizzato la Verità suprema. Divennero noti il suo amore universale così unico, la sua pazienza e le sue premure per tutti. Venne invitata in tutti i templi più importanti del Kerala e ricevuta con tutti gli onori. E anche tra i visitatori che venivano all'ashram venivano sempre più persone che desideravano progredire spiritualmente.

Le cose erano infine diventate come le stavo sognando da tanto tempo. Assaporando una grande pace interiore, ricordai le parole della Madre così come le canta in un *bhajan* che descrive lo scopo della sua vita:

Mentre danzavo sul sentiero della Beatitudine,
attrazioni ed avversioni scomparvero
e, dimenticando me stessa,
mi fusi nella Madre Divina,
rinunciando a ogni piacere.

Innumerevoli sono gli yogi nati in India
che hanno osservato

i sublimi principi della saggezza divina
così come sono stati rivelati dagli Antichi.
Numerose sono le pure verità
enunciate da loro
che possono salvare l'umanità dall'infelicità.

La Madre Divina
mi chiese d'ispirare le persone
con il desiderio della Liberazione.
Proclamo quindi al mondo intero
la Verità eccelsa che pronunciò:
"O uomo, fonditi nel tuo Sé!".
"O uomo, fonditi nel tuo Sé!".

Il tempio originario in cui avvenivano
i darshan e la casa di Amma (1979)

Il vecchio tempio in cui Amma dava i darshan (1979)